O S T S E E
Bornholm
Kolberg
Köslin
Belgard
Stolp
Hela
DANZIG
Dirschau
Elbing
Marienburg
KÖNIGSBERG
Braunsbg.
Tilsit
Memel
Insterbg.
Gumbinn.
Bartenstein
Heilsbg.
Allenstein
Lyck
Marienwerder
Graudenz
Thorn
Bromberg
Schneidemühl
Stargard
Landsbg.
Netze
Warthe
Küstrin
Frankfurt
Gnesen
Posen
Kolo
Weichsel
WARSCHAU
P o l e n
Lodz
Kalisch
Piotrkow
Guben
Forst
Sorau
Glogau
Lissa
Rawitsch
Ostrowo
Liegnitz
Oels
Görlitz
BRESLAU
Hirschbg.
Schweidnitz
Brieg
Oppeln
Neisse
Glatz
Beuthen
Königshütte
Gleiwitz
Leobschütz
Ratibor
Krakau
Königgrätz
Elbe
Schlesien
Olmütz
Brünn
WIEN
Pressbg.
Linz
Steyer
Neustadt
Odenbg.
Kanäle
Eisenbahn Hauptrouten
16
18
20
22
54
52
50
48
Maßstab 1:4,500,000
Deutsche geogr. Meilen
Kilometer
Königreich
Grossherzogtum
Hrzgtm.
Preussen
Bayern
Württemberg
Sachsen
Baden
Mecklenbg.-Schwerin
Hessen (Darmstadt)
OLD.
Oldenburg
S.Weimar-Eisenach
Str.
Mecklenbg.-Strelitz
Br.
Braunschweig
S. Meiningen
Hrzgtm.
A.
Anhalt
S. Koburg-Gotha
S. Altenburg
Fürstentum
L.
Lippe (Detmold)
W.
Waldeck-Pyrmont
Schwarzburg-Rudolstadt
" " Sondershausen
Reuss j.L.
S.L.
Schaumburg-Lippe
Reuss ä.L.
Freie Städte: Hamburg, Lübeck, Bremen
Reichsland Elsass-Lothringen

Hans Riehl

Als die deutschen Fürsten fielen

*Mit 31 Fotos auf Tafeln und
17 genealogischen Stammtafeln
erstellt von Rainer A. Müller*

Schneekluth

CIP-Kurztitelaufnahme der Deutschen Bibliothek

Riehl, Hans
Als die deutschen Fürsten fielen: Sachbuch/Hans Riehl. 1. Auflage
Mit 31 Fotos auf Tafeln und 17 genealogischen Stammtafeln
erstellt von Rainer A. Müller
München: Schneekluth, 1979
ISBN 3-7951-0588-9

ISBN 3-7951-0588-9

Gesamtherstellung Mohndruck Graphische Betriebe GmbH, Gütersloh
Printed in Germany 1979

Inhalt

Für Eva

»Die allerunglücklichste Lage, in die ein Staat geraten kann, ist die, daß er weder den Frieden annehmen noch den Krieg fortsetzen kann . . . In eine solche Lage gerät man nur durch ungeschickte und fehlerhafte Politik und dadurch, daß man seine eigenen Kräfte überschätzt hat.«

Niccoló Machiavelli

»Warum denn wie mit einem Besen
Wird so ein König hinausgekehrt?
Wären's Könige gewesen,
Sie stünden alle noch unversehrt.«

Johann Wolfgang von Goethe

»Ach, wie ist diese deutsche Revolution –
deutsch,
wie ist sie nüchtern, ohne Schwung,
ohne Glanz, ohne Größe.«

Rosa Luxemburg

Danksagung

Danken möchte ich an dieser Stelle Herrn Kurt Winschiers, der mit großem Sachverstand, hartnäckiger Geduld und erstaunlicher Findigkeit in Archiven und bei Privatpersonen das dokumentarische Gerüst dieses Buches erstellt hat. Auch meinem Freund und Kollegen Otto Merk sei gedankt für manche kritische Anmerkung und für sachliche Einwände, insbesondere zu militärischen Aspekten der Arbeit. Schließlich stehe ich noch in der Schuld meiner Sekretärin, Frau Gerda Hullik, die in Zusammenarbeit mit meiner Frau das Manuskript erstellt hat: ihnen beiden möchte ich ebenfalls herzlich dafür danken.

Hans Riehl

Betreten verboten!

Deutsche Revolutionäre, so spottet die internationale Geschichtsschreibung, stürmen ein Schloß nicht auf dem direkten Weg über die Rasenflächen, wenn das Betreten derselben amtlicherseits verboten ist. Deutsche Revolutionäre besetzen keinen Bahnhof, sie hätten denn vorher eine Bahnsteigkarte gekauft.

Die deutsche Revolution von 1918 ist, wenn nicht überall in deutscher Zucht und Ordnung, so doch weitgehend unblutig über die Bühne gegangen, bald in geregelte Bahnen gelenkt von den Sozialdemokraten, die diese Revolution nicht oder nicht so gewollt hatten. Keinem deutschen Fürsten wurde ein Haar gekrümmt, keinem der Prozeß gemacht. Vor Gericht trafen sich die neuen und alten Machthaber nur, um über Abfindungen und Vermögensregelungen zu streiten.

So sehen also die ›Novemberverbrecher‹ aus, denen nicht nur Treubruch an den angestammten Fürstenhäusern vorgeworfen wurde. Man machte sie verantwortlich für den Diktatfrieden von Versailles, obwohl sie nur die Suppe auslöffeln mußten, die ihnen deutscher Größenwahn und alliierte Rachsucht eingebrockt hatten. Als ihre größte Schuld aber galt, daß sie einem ›im Felde unbesiegten Heer‹ in den Rücken gefallen seien. Längst hat

die Geschichtsforschung diese Anklage widerlegt und als Legende, als ›Dolchstoßlegende‹ entlarvt. Die Revolution war nicht Ursache, sondern höchstens Folge der Niederlage.
Die später das lauteste Geschrei über die ›Novemberverbrecher‹ anstimmten, waren die größten Leisetreter in den Revolutionstagen von 1918. Als die Linke auf die Straßen ging, war von der nationalen Rechten nichts zu sehen: Diese hatte sich verkrochen, ohne auch nur den Versuch zu unternehmen, sich für die Dynastien zu schlagen. Später, als diese reaktionären Kräfte endlich die Republik von Weimar ruiniert hatten, dachten sie auch nicht einen Augenblick daran, die alten Fürsten wieder zu rufen. Und die bürgerliche Mitte, die das Begräbnis so mancher Fürsten zu einer Demonstration für den monarchischen Gedanken machen sollte, rührte damals im November 1918 keinen Finger für die angestammten Herrscherhäuser. Ihr Beitrag zum Geschehen beschränkte sich vielfach darauf, eiligst die Schilder abzuschrauben oder zu überdecken, auf denen ›Hoflieferant‹ zu lesen stand.
Heute ist die Revolution, in deren Verlauf zwei Kaiser, drei Könige, fünf Großherzöge, fünf Herzöge und fünf regierende Fürsten fielen, für viele immer noch ein Erregungsthema, obwohl sie Geschichte geworden ist, von der nur noch ein paar Namen, Zahlen und Fakten im Gedächtnis geblieben sind. Wilhelm II., Deutscher Kaiser und König von Preußen, ist allen geläufig. Aber daß es gleichzeitig einen anderen Wilhelm II. gab, den König von Württemberg, wissen nur wenige.
Dem Autor lag deshalb daran, nicht nur die Vorgänge in Berlin, Wien und München zu beschreiben. Sein besonderes Augenmerk galt den kleineren und kleinsten Residenzen, wo die Revolution häufig nach einem verblüffend gleichen Schema verlief, das die Morschheit ei-

nes überlebten Systems überaus deutlich enthüllt. Der erste Windstoß genügte oft schon, um so ein dynastisches Kartenhaus zum Einsturz zu bringen.

Wie dieses System beschaffen war, wer im Deutschen Reich wo und wie regierte – auch darüber will dieses Buch Auskunft geben. Es will sich also nicht beschränken auf die letzten Tage der Monarchen, auf ihre politische Naivität und Blindheit, auf ihre Unbeholfenheit in der Stunde der Krise. Aus vielen Mosaiksteinen entsteht das Porträt einer Zeit, die sich überlebt hatte: Auf der einen Seite die Fürsten, wie sie herrschten und repräsentierten, wie sie für ihren ›hohen Beruf‹ erzogen wurden, wie und wo sie Karriere machten, womit sie ihre Tage in Krieg und Frieden verbrachten. Daneben als Kontrast das Bild der Untertanen, mit ihren politischen Ansprüchen und mit den Alltagssorgen, die im Weltkrieg gerade für die unteren Schichten existenzbedrohende Ausmaße annahmen.

Das vorliegende Buch wendet sich bewußt speziell an die junge Generation, die von der ›guten alten Zeit‹ – die so gut auch wieder nicht war – nur verschwommene Vorstellungen hat; die vom Kaiser gehört hat, aber nicht weiß, daß in Dresden bis 1918 ein König, in Oldenburg ein Großherzog, in Meiningen ein Herzog oder in Detmold ein Fürst regierten. Das Buch will Geschichte (und Geschichten) erzählen, will die Lücken, die zwischen den trockenen Jahreszahlen aus dem Schulunterricht stehen, mit Leben erfüllen. Es beginnt mit dem Versuch, den historischen Hintergrund auszuleuchten: Wie diese deutschen Kleinstaaten, diese Fossilien der Feudalzeit, sich in unser Jahrhundert hinübergerettet haben.

Hans Riehl

Der Krieg als Vater aller Dinge

»Der Krieg«, so lehrte der griechische Philosoph Heraklit 500 Jahre vor Christus, »ist der Vater aller Dinge.« Am Anfang unserer Geschichte überziehen die Armeen der Französischen Revolution Europa mit Krieg und verändern die politische Landkarte Deutschlands. Auch an der Wiege des Zweiten Reichs steht Mars Pate. Die deutsche Einheit wird 1866 und 1870/71 in zwei Kriegen mit Eisen geschmiedet und mit Blut besiegelt. Und im November 1918, am Ende des schrecklichsten Krieges, den die Welt bis dahin gesehen hatte, stürzen die deutschen Fürsten, deren Throne Napoleon und Bismarck überdauert hatten, in der Revolution: Der Krieg als Vater aller Dinge – ein Rabenvater freilich, der Neues zeugt und sich herzlich wenig um das kümmert, was er hinterlassen hat.

Napoleon Bonaparte, der General der Revolution, der Kriegsgott der Franzosen, der Konsul der Republik und Kaiser der ›Grande Nation‹, hat die Welt nicht nur verändert, weil er ein militärisches Genie war. Napoleon war ein Staatsmann von Vision und Gestaltungskraft zugleich. Und er war ein gerissener Politiker, ein Taktiker von außergewöhnlichem Zuschnitt. Er steht am Anfang unserer Geschichte, weil ohne ihn die politische

Landkarte Deutschlands im 19. Jahrhundert gewiß anders ausgesehen hätte.
Johann Wolfgang von Goethe hat diese Zeitenwende als erster erkannt, zumindest als erster davon gesprochen. »Von hier und heute geht eine neue Epoche der Weltgeschichte aus«, sagte er am Abend des 20. September 1792 nach der Kanonade von Valmy. Es war der Tag, an dem der Herzog von Braunschweig als Befehlshaber einer europäischen Strafexpedition nicht wagte, das französische Revolutionsheer anzugreifen, sondern sich mit einer eher symbolischen Schießerei begnügte. Die militärische Unsicherheit des Herzogs, die Angst vor der Stoßkraft der französischen Volksarmee entsprach der politischen Verunsicherung der europäischen Dynastien angesichts der Ideen der Französischen Revolution. Vor allem die Parole von Freiheit, Gleichheit und Brüderlichkeit klang den benachbarten deutschen Fürsten unangenehm in den Ohren.
Die Revolution wurde zunächst von vielen Deutschen begrüßt als das Signal, das die Befreiung von Feudalismus und von kirchlicher Gängelei ankündigte. Allerdings machte diese anfängliche Begeisterung dann einer Ernüchterung Platz, als die Köpfe in Paris zu rollen begannen und auch der König und die Königin nicht vom Fallbeil des Dr. Guillotin verschont blieben. Ein Grund, weshalb die Versuche verschiedener europäischer Militärkoalitionen, die Französische Revolution zu disziplinieren, nicht völlig unpopulär waren. Sie schlugen aber dennoch fehl, weil dem Volksheer auf der Basis der allgemeinen Wehrpflicht ganz offensichtlich die Zukunft gehörte.
Die Generale der Revolution, nach ihrer Tüchtigkeit ausgesucht (»Jeder Soldat trägt den Marschallstab im Tornister«) und von Paris aus mit brutalsten Methoden zum Erfolg verdammt, führten ihre Soldaten von Sieg zu

Sieg. Der bedeutendste unter diesen Heerführern war Napoleon Bonaparte. Einer verarmten korsischen Advokaten-Familie entstammend, hätte er es im Heer Ludwigs XVI. schwerlich weit gebracht, hatte wohl auch nur begrenzten Ehrgeiz, weil er ohnehin mehr von der Befreiung Korsikas träumte als von militärischen Ehren unter der Bourbonen-Fahne.

Des 28jährigen Napoleons Siege waren es, die den ersten Koalitionskrieg entschieden. Im Frieden von Campoformio gab das Heilige Römische Reich Deutscher Nation unter anderem die Rheinlande und damit eigentlich schon sich selbst preis. Joseph Görres kleidete seine Erbitterung in Spott: »Am 30. Dezember 1797, am Tag des Übergangs von Mainz, nachmittags um 3 Uhr, starb zu Regensburg im blühenden Alter von 955 Jahren, 5 Monaten, 28 Tagen sanft und selig an einer gänzlichen Entkräftung und hinzugekommenem Schlagfluß, bei völligem Bewußtsein und mit allen heiligen Sakramenten versehen, das Heilige Römische Reich schwerfälligen Andenkens . . .«

»Testamentsvollstrecker«, so notierte der Spötter weiter, »wird Seine Exzellenz, der Herr General Bonaparte.« Görres irrte sich nicht. Napoleon machte Karriere und dem Revolutionsspuk ein schnelles Ende, wurde Erster Konsul der Republik und ließ sich nur allzugern drängen, die Kaiserwürde anzunehmen. Daß er kein militärischer Fachidiot war, bewies er nach dem zweiten Koalitionskrieg im Frieden von Lunéville, in dem er den deutschen Fürsten ein wahrhaft fürstliches Geschenk anbot. Napoleon konnte so großzügig sein, weil ihn seine Geschenke nichts kosteten.

Die deutschen Fürsten sollten für den Verlust ihrer linksrheinischen Gebiete überreich entschädigt und so bei franzosenfreundlicher Laune gehalten werden. Napoleon gab den Startschuß zur deutschen Flurbe-

reinigung, zum ›Großreinemachen‹ im sterbenden Reich.
Die Fürsten sollten sich zuerst aus dem kirchlichen Besitz bedienen, die Bistümer und Abteien schlucken. Und sie griffen mit vollen Händen zu! Wenn die Kirche, wie es in Goethes ›Faust‹ heißt, »einen guten Magen hat« – die deutschen Fürsten hatten einen noch besseren. Und da Essen Appetit macht, ließ Napoleon die nächste Mahlzeit schon bereiten. Jetzt sollten auch die kleinen Fürstentümer, die Reichsgrafschaften und Reichsrittergüter, die kleinen Reichsstädte und die noch kleineren Reichsdörfer verschwinden.
Damit alles seinen rechten Gang ginge, wurde ein Ausschuß eingesetzt, der den Schlußstrich ziehen sollte: der Reichsdeputationshauptschluß. Seine Deputierten waren die Interessenvertreter in eigener Sache, die Großen, die die Kleinen schlucken sollten. Sie sorgten schon dafür, daß ihnen dabei keiner in die Suppe spuckte. Das Wort Legitimität war nicht besonders in Mode. Der Kaiser, Schutzherr der Glieder des Reiches, saß in Wien und sah dem Treiben ohnmächtig zu.
Den größten Hunger entwickelten die süddeutschen Staaten. Und weil Napoleon ihnen am meisten weggenommen hatte, für die Zukunft aber mit ihnen besonders viel vorhatte, deckte er für sie die Tafel überreichlich. Nach dem großen Fressen blieben von ungefähr 1800 unmittelbaren Reichsteilen nicht einmal vier Dutzend übrig, davon sechs Freie Reichsstädte: die erste große Gebietsreform!
Bis es soweit war, spielten sich, vornehmlich zu Regensburg, am Sitz des Reichstages, aber auch in Paris, die entwürdigendsten Szenen ab. Deutsche Fürsten antichambrierten bei den Franzosen, an geeigneter wie an ungeeigneter Stelle, boten ehemaligen Stallknechten, die es zu etwas gebracht hatten im neuen Kaiserreich, ihre

Töchter an, übertrumpften sich gegenseitig in Versprechungen und mit Bestechungen. Wobei gesagt werden muß, daß die Franzosen stets eine offene Hand, aber selten ein offenes Ohr hatten. Daß der Deutsche Kaiser bei dieser Prozedur auf der Strecke blieb, störte die Fürsten kaum. Sie fanden nichts dabei, das Reich de facto in die Brüche gehen zu lassen, solange sie sich aus dem Scherbenhaufen wie Plünderer bedienen durften. Und sie protestierten auch nicht, als Napoleon den Habsburgern den Stuhl vor die Tür stellte und 1806 den Kaiser förmlich und *de jure* dazu zwang, seinen deutschen Titel abzulegen. Die meisten deutschen Fürsten kannten nur noch einen Kaiser: den von Frankreich.

Im süddeutschen Raum blieb keiner der kleinen Reichsteile übrig, wenn man von den beiden Hohenzollern-Enklaven in Hechingen und Sigmaringen absieht, die 1849 unter die vetterlich-preußische Fuchtel kamen. Selbst eine so reiche und einflußreiche Fürstenfamilie wie die derer von Thurn und Taxis und eine so alte, traditionsreiche Reichsstadt wie Nürnberg fielen der Gefräßigkeit der Wittelsbacher zum Opfer. Zur alten Kurfürstenwürde ergatterten sie auch noch die Königskrone von Napoleons Gnaden. Zwar mußte Bayern nach Napoleons Abtritt eine Abmagerungskur hinnehmen und auf größere Teile des heutigen Oberitalien verzichten; aber per saldo war das Geschäft für das weiß-blaue Königreich nach der Schlußbilanz des Wiener Kongresses von 1815 hervorragend. Daß die Wittelsbacher erst im allerletzten Moment Napoleons sinkendes Schiff verlassen hatten, ließ man sie nicht allzu hart entgelten.

Wie das nach langen Kriegen so der Fall ist: Die Kriegsgewinnler sind immer fein heraus, und für die Helden gibt's ein Trostpflaster. Irgendwie waren auf dem Wiener Kongreß eigentlich alle froh, daß Napoleon aufgeräumt hatte mit den allerschlimmsten Auswirkungen

deutscher Kleinstaaterei. Den Weg zurück wollte man nicht gehen. Die hohen Herren, die dem Korsen ihre Gebietserweiterung und Rangerhöhung verdankten, saßen bald einträchtig neben denjenigen, die für ihren Widerstand gegen Frankreich noch ein Zuckerl bekamen: zum Beispiel die Großherzöge von Napoleons Gnaden aus Baden und Hessen neben den Großherzögen von Sachsen oder Oldenburg, die ihr Großprädikat für Meriten im Kampf gegen Frankreich erhielten.
Und schließlich gedachte man auch der Opfer von 1806: Die jetzt nicht mehr souveränen Fürsten machten nicht nur vermögensrechtlich vielfach einen hervorragenden Schnitt (und stellen sich deshalb oft heute noch besser als die bis 1918 regierenden Häuser). Sie wurden zudem mit zahlreichen Sonderrechten ausgestattet: Steuervorteile, Befreiung vom Militärdienst, Zuerkennung der Standesherreneigenschaft. Letzteres erlaubte ihren Töchtern, auch mal einen Regierenden zu heiraten und gestattete ihnen selbst, mit dem neuen Landesherrn gleichzeitig durch die Tür zu schreiten, statt tiefgebeugt auf den Fürsten zu warten.

Der Rückschritt

Der Wiener Kongreß hat nicht nur getanzt. Er hat gute Arbeit geleistet, hat Deutschland und Europa eine lange Zeit des Friedens geschenkt. Die Eintracht unter den Fürsten wurde freilich mit einem Programm der Reaktion erkämpft, mit der bewußten Abkehr von allen Reformen, die während der napoleonischen Zeit eingeleitet oder versprochen worden waren. Allen voran der König von Preußen hatte in den schlimmsten Jahren der Erniedrigung auf zwei Dinge gesetzt: Unter dem Druck seiner großen Reformer – Stein, Hardenberg, Scharnhorst, Gneisenau, Clausewitz – wurde Preußen erstens zu einem modernen Staat und erhielt eine schlagkräftige Armee. Zweitens spielte man die nationale Karte aus, glühend unterstützt von den Studenten und von den jungen Dichtern der Nation. Wollten die Reformbemühungen den echten Errungenschaften der Französischen Revolution das Wasser abgraben, so sollte die Besinnung auf das Deutschtum alle Kräfte gegen die Fremdherrschaft mobilisieren. Wenn Napoleon in seiner großräumigen Politik etwas unterschätzt hatte, dann die nationale Komponente.

Doch nach Tisch, nach der Niederlage Napoleons, las man es in deutschen Landen anders. Die Reformen wurden gestoppt, die feierlichen Versprechungen nicht eingehalten. Der Weg, der zu einer konstitutionellen Monarchie nach britischem Vorbild hätte hinführen können, wurde von den Fürsten blockiert. Das Volk hatte die Kastanien aus dem Feuer geholt, auf den Schlachtfeldern seine Schuldigkeit getan – nun mußte es kuschen. Restauration und finstere Reaktion war die Devise.

»Wie alles verkehrt geht«, klagte Feldmarschall Blücher, »so bin ich sicher, daß die heutige Politik auch nun aufs Neue fehlgreifen wird.« Der alte Haudegen mochte sich fragen, ob er dafür den Kaiser Napoleon besiegt hatte, ob die Fürsten die Blutopfer und Tränen wert waren? Wie es um Freiheit und Verfassung stand, sagte in nicht überbietbarem Zynismus der österreichische Fürst Metternich, der Wortführer der Restauration und des Despotismus: »Ich bin sehr fürs Anhören der Leute und fürs Beschließen in der obersten Region.«

Auch Ernst Moritz Arndts Frage von 1813: »Was ist des Deutschen Vaterland?« wurde nach 1815 nicht in seinem Sinne beantwortet, nämlich: »Sein Vaterland muß größer sein.« Nein, die Eigenbrötlerei war wieder so schlimm wie eh und je. Jeder der deutschen Fürsten

dachte an erster Stelle an sich allein. Und auch wer sich so ›teutsch‹ gab wie Bayerns großer König Ludwig I., war wohl nicht der reine Idealist, sondern erhoffte sich aus dem natürlichen Gegensatz zwischen Österreich und Preußen eine einflußreiche Mittlerrolle, wollte das Zünglein an der Waage sein in einem Dreierdirektorium. Wenn sich beide deutsche Großmächte gegenseitig blockierten, konnte da nicht das Haus Wittelsbach, das immerhin schon einmal deutsche Kaiser gestellt hatte, der lachende Dritte sein, ›Teutschlands‹ Retter und Einiger?
Der ›Deutsche Bund‹ der nachnapoleonischen Zeit signalisierte keineswegs den Aufbruch zur Nation, sondern war – wie die ›Heilige Allianz‹ auf europäischer Ebene – ein Verhinderungsverein: gegen Demokratie und Volkssouveränität. Er trat ein für die alten Herrschaftsrechte der legitimen Fürsten, die nicht aus ihnen vom Volk anvertrauten, sondern aus eigenem Recht als unabhängige Herren regierten, »gleich wie der Vater vor seinen Kindern«, wie es ein zeitgenössischer Staatsrechtslehrer formulierte.
Fürsten, die wie in Bayern oder Baden ein liberaleres Regiment führten, suchte Metternich bei der Stange zu halten, indem er unermüdlich den Teufel des Umsturzes und der Revolution an die Wand malte. Beim Deutschen Bundestag in Frankfurt hatte Metternich Erfolg mit dieser Angstmacherei: Vorzensur für Bücher und für die Presse, Berufsverbot für aufmüpfige Lehrer und Journalisten, Überwachung der Universitäten waren die wichtigsten Maßnahmen, um den Zeitgeist bundeseinheitlich zu unterdrücken. Ein Spitzelsystem überwachte diese sogenannten ›Karlsbader Beschlüsse‹. Oft füllten mehr Studenten und Professoren die Gefängnisse als die Hörsäle. Nur die Gedanken waren noch frei, wie es in einem zeitgenössischen Lied heißt.

»Ich werde bestimmen«, verkündete großspurig der preußische König, »wann die Zusage einer landesständlichen Verfassung in Erfüllung gehen soll . . . Der Untertanen Pflicht ist es, im Vertrauen auf Meine freie Entscheidung den Zeitpunkt abzuwarten.« Und sein Innenminister stieß ins gleiche Horn: »Dem Untertan ziemt es nicht, an Handlungen des Staatsoberhauptes den Maßstab seiner beschränkten Einsicht anzulegen und sich in dünkelhaftem Übermut ein öffentliches Urteil über die Rechtmäßigkeit derselben anzumaßen.« Die Untertanen durften sich nur anmaßen, zu gegebener Zeit für ihre Fürsten den Kopf hinzuhalten. Für andere Anmaßungen gab's Gefängnis oder gar die Todesstrafe.

Der König von Hannover trieb es noch toller als sein Kollege in Berlin. Er kassierte 1837 eigenmächtig die Verfassung, die er vier Jahre zuvor zugestanden hatte. Sieben Göttinger Professoren, darunter die berühmten Brüder Grimm, hielten dieses Vorgehen für geradezu märchenhaft. Sie erhoben Protest und erklärten, sie fühlten sich weiter an ihren Amtseid auf die Verfassung von 1833 gebunden – was der König nicht nur mit ihrer Entlassung beantwortete; er sorgte auch dafür, daß die Gelehrten auf Jahre hinaus keinen Lehrstuhl und keine Arbeit mehr in Deutschland bekamen. Berufsverbote sind, wie man sieht, in Deutschland Tradition. »Fürsten haben lange Arme«, stellte Heine schon 1830 fest.

Die Restauration wirkte um so mittelalterlicher, als die Zeichen der Zeit sonst überall auf Fortschritt standen. Um nur ein Beispiel aus Wissenschaft und Technik anzuführen: Die erste Grubenlampe datiert aus dem Jahre 1815, fünf Jahre später gelingt ein entscheidender Durchbruch bei der Erforschung der Elektrizität, 1825 fährt die erste Eisenbahn in England, 1830 wird die Nähmaschine erfunden, 1835 stellt Mr. Samuel Colt seinen Revolver vor, 1840 führt man die künstliche Düngung ein, und wieder fünf Jahre später geht man in Europa daran, Telegrafenlinien zu errichten. Aufbruch zu neuen Ufern überall – nur nicht in der Politik.

Die Liberalen, die Demokraten, die Radikalen, wie man damals die Republikaner nannte, schritten zur Gegenaktion, allen voran studentische Burschenschaften. Ebenso engagierten sich die Dichter und Denker der Nation, die geistigen Nachfahren Goethes, Humboldts und Hegels. Auch die alten Reformgedanken des Freiherrn vom Stein, der nach dem Wiener Kongreß seines Einflusses beraubt und praktisch abgeschoben worden war, erwachten zu neuem Leben.

Die stärksten Signale kommen aus Frankreich, wo eine neue Revolution 1830 den Bürgerkönig Louis Philippe auf den Thron hebt. Im selben Jahr bricht in Polen ein Aufstand gegen die preußischen und russischen Unterdrücker aus. Zwei Jahre darauf versammelt sich das ›Junge Deutschland‹ im Wonnemonat Mai in der pfälzischen Schloßruine zu Hambach zum freiheitlichen Konstitutionsfest. Und wiederum drei Jahre später tritt die Linke ins Blickfeld und gründet den internationalen Kommunistenbund, zwölf Jahre, bevor Marx und Engels mit dem ›Kommunistischen Manifest‹ die Ideologie nachliefern.

Allen Strömungen nachzuspüren, die in diesen Jahren gegen die Fürstenwillkür brandeten, würde hier zu weit führen. Das gemeinsame Programm der unterdrückten Nation, die Gegenposition zu den Fürsten, hat wohl keiner schöner zusammengefaßt als der Dichter des ›Deutschlandliedes‹. Hoffmann von Fallersleben forderte 1841, was bis auf den heutigen Tag aktuell geblieben ist: »Einigkeit und Recht und Freiheit für das deutsche Vaterland!«

Die Revolution

Im Jahre 1848 scheint es dann soweit zu sein. Wieder gibt eine Revolution in Paris das Zeichen. Im März wird Fürst Metternich in Wien zum Rücktritt gezwungen. In Berlin brechen Unruhen aus, es kommt zu blutigen Barrikadenkämpfen. Die königliche Garde dringt mit ihrer Schlachtordnung nicht durch. Der auf dem Exerzierplatz geübte Sturmangriff wird bei Straßenkämpfen zur Farce. Als der Befehl zum Rückzug gegeben wird, liegen viele Tote auf den Straßen, Opfer von beiden Seiten. Die Aufständischen tragen die Leichen vors Schloß.

Prinz Wilhelm von Preußen, der nachmalige Kaiser Wilhelm I. – er verdient sich bei dieser Gelegenheit den unrühmlichen Beinamen ›Kartätschenprinz‹ – kann sich in Berlin einige Zeit nicht mehr sehen lassen. Der Hohenzoller tarnt sich mit dem Decknamen Lehmann und taucht unter, was die Berliner nie vergessen werden. Siebzig Jahre später noch wird der Enkel des ›Kartätschenprinzen‹, Kaiser Wilhelm II., von der Bevölkerung mit den Worten »Lehmann muß weg!« zur Abdankung aufgefordert.

König Friedrich Wilhelm IV. sieht sich schon auf dem Schafott enden. Er, der nie dulden wollte, daß sich ein »Blatt Papier zwischen Mir und Mein Volk drängt«, beschwört jetzt in peinlich weinerlichem Ton sein »treues und schönes« Berlin: »Hört die väterliche Stimme Eures Königs ...« Friedrich Wilhelm IV. heftet sich die schwarz-rot-goldene Kokarde des ›Jungen Deutschland‹ an und verspricht, daß Preußen »fortan in Deutschland aufgehen« werde. Im begeisterten Echo stellt sich niemand die Frage, ob auch umgekehrt ein Schuh daraus wird, indem einmal Deutschland in Preußen aufgeht.

Aber bald soll sich wieder einmal erweisen, wie wenig

die Versprechungen eines preußischen Königs wert sind. Der Versuch, Friedrich Wilhelm IV. dazu zu bringen, seinen schönen Reden eine gute Tat folgen zu lassen, bleibt vergeblich. Man fordert ihn auf, die Führung in Deutschland und auf Deutschlands Weg zur Einigung zu übernehmen. Man bittet ihn, für die Freiheit Polens einzutreten, notfalls mit Waffengewalt gegen Rußlands Zaren. Der König windet sich.

Dann überschlagen sich die Ereignisse. Die Liberalen berufen ein Vorparlament ein. In Baden kommt es zu radikalen Unruhen. In München stolpert König Ludwig I. über seine eigene Sturheit und über die Tänzerin Lola Montez, ein Weibsbild, das der Regent zur Gräfin erhoben hatte. In Wien muß die kaiserliche Familie die Flucht nach Tirol ergreifen.

Und schließlich tritt in der Frankfurter Paulskirche das Parlament, die deutsche Nationalversammlung, zusammen: die Elite des Volkes, deutsch und europäisch zugleich gesinnt, bedeutende Köpfe, wie sie kein politisches Gremium in Deutschland vorher und nachher aufzuweisen hatte. Ernst Moritz Arndt wurde nach Frankfurt gewählt, Jakob Grimm, der Historiker Dahlmann, der Turnvater Friedrich Jahn: Professoren, Schriftsteller, Juristen, Adelige und einige Bauern, wenige Handwerker, kein Industriearbeiter.

Der Präsident der Nationalversammlung, Heinrich von Gagern, begann sein Amt mit kühnem Griff: Er ließ einen Habsburger zum Reichsverweser wählen. Erzherzog Johann von Österreich war ein geschworener Feind Metternichs, Berater seines kaiserlichen Herrn und Bruders Ferdinand, aber ansonsten im Erzhaus nicht allzu gut angesehen. Er hatte die Ungeheuerlichkeit begangen, eine Postmeisterstochter zur Frau zu nehmen. Dies machte ihn wiederum in bürgerlichen Kreisen populär. Erzherzog Johann war ein Mann des

Volkes. Ein Mann von allzu festem Charakter hingegen war er offensichtlich nicht. Er wollte es nicht nur jedem recht machen, er gab sich nicht nur Einflüsterungen und Intrigen hin, sondern hatte wohl insgeheim gehofft, in Frankfurt eine deutsche Einigung unter Führung Österreichs und für sich selbst die deutsche Kaiserkrone zu erreichen. Gewiß, er wollte sich vom Volk oder von dessen Repräsentanten wählen lassen – aber ob sein Volkskaisertum wirklich ernst gemeint war, muß fast bezweifelt werden.

Erzherzog Johanns Ambitionen hatten freilich wenig realen Hintergrund. Die Nationalversammlung in Frankfurt wollte nicht nur einen deutschen Kaiser, sondern auch ein deutsches Reich. Das hieß: Ja zu Deutsch-Österreich, aber ein klares Nein, was die anderen Teile des habsburgischen Vielvölkerstaats betraf. Wien jedoch wäre nie dazu bereit gewesen, die Verbindungen zu Ungarn, Böhmen oder Italien zugunsten eines einigen Deutschland zu kappen oder auch nur zu lockern. Als Johanns Bruder Ferdinand abdankte und der 18jährige Franz Joseph im Dezember 1848 Kaiser wurde, war auch der letzte Einfluß des Reichsverwesers in Wien dahin.

In der Frankfurter Paulskirche wurde eine liberale Verfassung ausgearbeitet. Je mehr die Beratungen fortschritten und zu Ergebnissen führten, desto brüchiger wurde der Boden, auf dem das deutsche Parlament agierte. Im November warf der Fürst zu Windischgrätz den Aufstand in Wien mit aller Grausamkeit nieder, wenige Tage danach marschierte der preußische General von Wrangel mit seinen Truppen in Berlin ein. Die Revolution war damit in den beiden wichtigsten Zentren beendet. Fürstenworte von gestern galten jetzt – da man vom Druck der Straße befreit war – nicht mehr viel. Die Nationalversammlung arbeitete praktisch im luftleeren

Raum. Die Männer in der Paulskirche haben das entweder nicht bemerkt oder es einfach nicht wahrhaben wollen. Da die großdeutsche Lösung mit Österreich (»Das ganze Deutschland soll es sein«) sich zerschlagen hatte, stürzten sie sich mit Feuereifer auf die kleinere Lösung. Sie hatten noch das Wort König Friedrich Wilhelms IV. im Ohr, daß Preußen im neuen Deutschland aufgehen werde, und boten dem Hohenzollern die erbliche Kaiserwürde an. Die Abstimmung darüber verlief denkbar knapp. 290 Ja-Stimmen standen 248 Stimmenthaltungen entgegen; in diese Enthaltungen teilten sich übrigens die verschiedensten Lager: Habsburg-Anhänger wollten keinen Gegenkaiser, Linke wollten überhaupt keinen Kaiser, manche Liberale stießen sich an der Erblichkeit der Krone, und Fürst Waldburg-Zeil erklärte schlicht: »Ich bin kein Kurfürst!«

Dennoch, der Kaiser war gewählt. Aber jetzt, im Frühjahr 1849, saß Friedrich Wilhelm IV. wieder ganz auf dem hohen Roß. Eine »Schweinekrone«, der revolutionärer »Ludergeruch« anhafte, einen »Reif aus Dreck« nannte er im vertrauten Kreise die ihm angetragene Würde. Dennoch empfing er am 3. April eine Abordnung der Nationalversammlung mit allem höfischen Prunk. Scheinheilig erklärte er den Männern von der Paulskirche, wie sehr ihn ihr Vertrauen ehre, wie dankbar er dafür sei und wie bereit, dem gemeinsamen Vaterland mit Hingebung, Treue und Liebe zu dienen. Dann kam allerdings der Pferdefuß, das große Aber: »Ich würde Ihr Vertrauen nicht rechtfertigen, ich würde dem Sinn des deutschen Volkes nicht entsprechen, ich würde Deutschlands Einheit nicht aufrichten, wollte ich ohne das freie Einverständnis der gekrönten Häupter, der Fürsten und freien Städte Deutschlands eine Entschließung fassen ...«

Die Frankfurter Deputierten fielen aus allen Wolken.

Mit Tränen in den Augen zitierte der Freiherr von Gagern ein Wort Uhlands, daß kein Haupt über Deutschland herrschen werde, das nicht mit einem Tropfen demokratischen Öls gesalbt sei. Prinz Wilhelm von Preußen fährt ihm in die Parade: »Das glaube ich auch, aber Sie haben eine ganze Flasche davon mitgebracht.«
Die Männer der Paulskirche hätten es wissen müssen: Friedrich Wilhelm IV. hätte gern nach der Kaiserkrone gegriffen und die Zentralgewalt in Deutschland an sich gerissen. Die Aussicht auf preußischen Machtzuwachs reizte ihn sehr. Aber die Krone vom Volk zu nehmen, widerstrebte ihm noch mehr. Beide Seiten weigerten sich, den Weg des Kompromisses zu gehen. Immerhin hatten bereits 28 deutsche Kleinstaaten – Fürstentümer wie Reichsstädte – die Frankfurter Verfassung abgesegnet. Mit etwas Druck hätte man auch den widerstrebenden Rest zum Mitmachen bewegen können, vielleicht sogar die Bayern. Die Nationalversammlung wollte jedoch, daß der König nur durch sie Kaiser werde, und der König von Preußen wollte, wenn überhaupt, nur ohne Mitwirkung des Volkes Kaiser sein.
Wo sich jetzt noch die Revolution regte, wurde sie mit aller Brutalität erstickt. Wer sich auf die Straßen wagte, wurde zusammengeschossen. Die Führer mußten ins Ausland fliehen, wollten sie dem Tod oder langen Kerkerstrafen entgehen. Und die Nationalversammlung wurde auseinandergetrieben. Gewiß, in Preußen und anderswo wurden zum Schluß Verfassungen gewährt als Geschenke der Fürsten. Der Traum von Einigkeit und Recht und Freiheit aber war ausgeträumt. Das neue Ideal hieß Einigkeit und Macht und – ein Platz an der Sonne für die Deutschen. Wer würde diesen Traum erfüllen?
Zu den entschiedensten Gegnern der deutschen Einheit in Freiheit und des Volkskaisertums gehörte 1848/49 ein

junger Mann, der gut zwei Jahrzehnte später die deutsche Einheit auf diese seine Art bewerkstelligen sollte: Otto von Bismarck, 1815 geboren, verschaffte seinem König 1971 die Kaiserkrone mit Blut und Eisen. Bismarck mußte dazu das Volk nicht fragen, im Grunde nicht einmal mehr die Fürsten. Denen blieb am Schluß gar keine andere Wahl.

Die Einheit

Bismarck war ein mutiger Mann. Als er von der Revolution in Berlin hörte, wollte er mit seinen Bauern in die Hauptstadt eilen und sich für seinen König schlagen. Den Damen am Hof war er unheimlich und auch dem Prinzen Wilhelm, dem nachmaligen König und Kaiser. Der fürchtete lange Zeit, daß Bismarcks Politik sie beide unters Fallbeil bringen würde. »Ja, dann sind wir tot«, bemerkte Bismarck trocken, »aber sterben müssen wir früher oder später doch. Und können wir anständiger umkommen? Ich selbst im Kampfe für die Sache meines Königs, und Eure Majestät, indem Sie Ihre königlichen Rechte von Gottes Gnaden mit dem eigenen Blute besiegeln.«

Mit einem ähnlich starken Spruch hatte die politische Karriere Bismarcks begonnen. Man bot ihm 1851 den Posten des Gesandten beim Deutschen Bund in Frankfurt an. Der König, damals noch Friedrich Wilhelm IV., konnte seine Bedenken gegen den unerfahrenen jungen Mann nicht verhehlen: »Sie haben viel Mut, daß Sie so ohne weiteres ein Ihnen fremdes Amt übernehmen.« Bismarcks Antwort: »Der Mut ist ganz auf seiten Eurer Majestät, wenn Sie mir eine solche Stellung anvertrauen. Ich habe den Mut zu gehorchen, wenn Eure Majestät den Mut haben zu befehlen.« Was sollte man darauf sa-

gen? »Der Kerl«, mutmaßten Hofkreise, »würde auch den Befehl über eine Blinddarmoperation übernehmen.«
Für Bismarck stand nach seinen acht Frankfurter Jahren eines fest: Der Weg zur Einheit ging nicht mit, sondern nur gegen Österreich. Er, der ausschließlich seinem König und sonst keinem Fürsten etwas schuldig zu sein glaubte, machte allein preußische Politik und deutsche Politik nur insoweit, als sie Preußen und seinem König nützte. Zuerst also mußte Preußen zur unbestritten ersten deutschen Macht, zur Übermacht, aufsteigen. Dann konnte man darangehen, Deutschland zu einigen. Je kompromißloser Bismarck diesen Weg ging, desto kompromißbereiter konnte er sein, wenn das Ziel erreicht war.
Von Frankfurt aus begibt sich Bismarck als Gesandter nach Petersburg, dann nach Paris. Dort bleibt er allerdings nur vier Monate. Dann wird er zu Hause gebraucht: als letzter Trumpf in der Hand des Königs gegen das widerspenstige Parlament. Die Vorgeschichte zu Bismarcks Ernennung zum preußischen Ministerpräsidenten im September 1862 ist es wert, festgehalten zu werden. Im Jahre 1860 hatte der Kriegsminister Roon eine Heeresreform angekündigt. Ein Jahr darauf siegt bei den Wahlen für das preußische Abgeordnetenhaus die liberale Fortschrittspartei, die es geradezu aus Prinzip zu einer Kraftprobe mit König Wilhelm I. kommen lassen will und sich dazu die Heeresreform aussucht. Sie verweigert der Reform die Geldmittel; der König bringt sie trotzdem in Gang. Das Parlament antwortet, indem es den ganzen Heeresetat streicht. Die Regierung ist am Ende ihrer Nerven, der König denkt an Abdankung zugunsten seines Sohnes – und an Bismarck, der ihm eigentlich immer unheimlich, wenn nicht gar zuwider war. Bismarck redet ihm die Rücktrittsabsichten aus und

nimmt den Kampf gegen das Parlament und damit gegen die Verfassung auf. Ein veritabler Staatsstreich!
»Nicht auf Preußens Liberalismus sieht Deutschland«, sagte der neue Ministerpräsident, »sondern auf seine Macht. Nicht durch Reden und Majoritätsbeschlüsse werden die großen Fragen der Zeit entschieden – das ist der große Fehler von 1848 und 1849 gewesen –, sondern durch Blut und Eisen.« Ein Sturm der Entrüstung brach los, weil Bismarck das ausgesprochen hatte, was andere dachten und wonach sie handelten. Selbst seine Freunde mäkelten an ihm herum. War er doch nicht der geschickte Diplomat, sondern der plumpe Junker vom Land geblieben? Es war dies die Zeit, wo der König Angst vor dem Schafott hatte.
Bismarck redete ihm diese Angst aus, erkannte, daß sich der König weniger vor dem Tod, mehr vor dem Urteil seiner Zeitgenossen fürchtete: wie mancher Offizier lieber im Kugelregen einer Schlacht steht als vor seinem Vorgesetzten bei der Manöverkritik. Und Bismarck gelang es meisterhaft, den König bei seiner Offiziersehre zu packen. Die Heeresreform wurde durchgeführt, das Geld nahm sich die Regierung, ohne nach dem Parlament zu fragen. Irgendwann, höhnte Bismarck, würde den Abgeordneten nichts anderes übrigbleiben, als die Mittel nachträglich zu bewilligen.
Die Heeresreform erlaubte es Preußen, 1864 die schleswig-holsteinische Frage in seinem Sinne zu lösen. Bismarck war es gelungen, Frankreichs Kaiser Napoleon III. zum Stillhalten und Österreich zum Mitmachen bei seinem ersten Raubzug zu bewegen. Dank ernteten beide nicht dafür – die Österreicher schon gar nicht. Im deutschen Bruderkrieg von 1866 warfen die Preußen das Haus Habsburg aus dem Deutschen Bund. Das Eisen der Heeresreform sparte den Preußen viel Blut. Und der Sieg in der Schlacht von Königgrätz eröffnet dem Staats-

mann Bismarck die Möglichkeit, seine Pläne voranzutreiben: gegen den Widerstand seines Königs.
Mit Österreich hatten sich vor allem die süddeutschen Staaten und das Königreich Hannover verbündet. Hannover wurde von Preußen annektiert, ebenso wie Kurhessen, Nassau und die Freie Reichsstadt Frankfurt am Main. Österreich und seine anderen Verbündeten kamen dagegen glimpflich davon, mit einem ausgesprochen ehrenvollen Frieden. König Wilhelm I. wollte das nicht in den Kopf. Er wollte Gerechtigkeit, Strafe nach dem Maß der Schuld. Er, der Bismarck nur widerwillig in diesen Krieg gefolgt war, hatte nun plötzlich Freude am Siegen, fühlte sich wie der Rachegott persönlich. Er vermochte nicht einzusehen, daß für den Politiker Bismarck ganz andere Kategorien zählten.
»Bestrafung wofür?« fragte Bismarck. Sei die Machtpolitik Preußens nicht genauso strafwürdig wie die Österreichs und der Mittelstaaten? Liege der moralische Unterschied nicht einzig darin, daß Preußen den Krieg gewonnen habe? Wenn der König Gerechtigkeit wolle, möge er doch seinen Kultusminister rufen und nicht den Außenminister. Er jedenfalls habe nicht die Aufgabe, für Gerechtigkeit in dieser Welt zu sorgen, sondern einzig das Wohl Preußens und Deutschlands im Auge zu behalten. Was Hannover oder Hessen anging, war Bismarck voll auf seiten der Rachsüchtigen. Das waren Gebiete, die Preußen zur Arrondierung seines Territoriums fehlten. In Sachsen und Thüringen hätte Bismarck auch gern noch zugelangt. Gegen Bayern und die übrigen Südstaaten empfahl er hingegen Milde, weil er sie noch brauchen würde. Und er brauchte auch Österreich. Es zu zerschlagen, hätte Frankreich nicht zugelassen. Eine Verstümmelung des Landes hätte Habsburg in die Arme Napoleons III. getrieben. Der aber stand als nächster auf der Abschußliste Bismarcks.

Der König sieht diese Perspektiven nicht. Er ist außer sich und wehrt sich gegen Bismarcks Argumente mit heller Wut, unterstützt von den Militärs. Der Ministerpräsident steht allein, bricht in einen Weinkrampf aus und stellt die Kabinettsfrage. Wilhelm I. ist anständig genug, den Vater seines Sieges nicht in die Wüste zu schicken. Außerdem braucht er Bismarck. Der Kronprinz vermittelt zwischen Herrscher und Regierungschef, der König gibt sich geschlagen: »Nachdem mein Ministerpräsident mich vor dem Feinde im Stich läßt«, schreibt er voller Bitterkeit, »und ich hier außerstande bin, ihn zu ersetzen, habe ich die Frage mit meinem Sohn erörtert, und da sich derselbe der Auffassung des Ministerpräsidenten angeschlossen hat, sehe ich mich zu meinem Schmerze gezwungen, nach so glänzenden Siegen der Armee in diesen sauren Apfel zu beißen und einen so schmachvollen Frieden anzunehmen.«
Der Primat der Politik hatte sich vor dem Militär durchgesetzt. Wilhelm I., der nicht durchschauen konnte, was Bismarck als nächsten Schritt plante, mußte sein Nachgeben nicht bereuen. Der großzügige Friede mit Österreich hält ihm vier Jahre später den Rücken frei, um den Krieg mit Frankreich zu bestehen, in dessen Folge die deutsche Einheit nach Bismarcks Art zustande kommt. Die glimpfliche Behandlung Bayerns und der anderen besiegten deutschen Staaten bereitet den Boden für die Reichsgründung zusätzlich vor. Nach der Einverleibung von Hannover, Kurhessen, Nassau und Frankfurt ist Preußen jetzt so stark, daß es nach Ausschaltung Österreichs in Deutschland unangefochten die erste Geige spielt. Preußen gibt den Ton an, nach dem die anderen zu marschieren haben.
Mit dem Ergebnis des deutschen Bruderkriegs haben wir nun alle die deutschen Bundesstaaten, die das Reich von 1871 gründen werden und deren Herrscher die No-

vemberrevolution 1918 zur Abdankung zwingen wird: die Königreiche Preußen, Bayern, Sachsen und Württemberg; die Großherzogtümer Baden, Hessen, Oldenburg, Mecklenburg-Schwerin und Sachsen-Weimar; dazu das Großherzogtum Mecklenburg-Strelitz, dessen Thron zum Zeitpunkt der Revolution verwaist ist; die Herzogtümer Anhalt, Braunschweig, Sachsen-Altenburg, Sachsen-Coburg und Gotha sowie Sachsen-Meiningen. Schließlich die Fürstentümer Reuß ältere und jüngere Linie (1918 unter einem Regenten), Schwarzburg-Rudolstadt und Schwarzburg-Sondershausen (1918 in Personalunion), Lippe (Detmold), Schaumburg-Lippe und Waldeck-Pyrmont. Dazu kommen die drei hanseatischen Stadtrepubliken Hamburg, Bremen und Lübeck. Ausgeschieden aus dem Deutschen Bund sind neben Österreich das Großherzogtum Luxemburg und das Fürstentum Liechtenstein, die einzigen heute noch existierenden ehemals deutschen Dynastien.
Der französische Kaiser Napoleon III. – er hatte mit seinem Onkel nur den Namen, nicht das Format gemeinsam –, ist 1866 der betrogene Betrüger, von Bismarck meisterhaft ausgetrickst. Zumindest moralisch war er Österreich verpflichtet, sehnte aber die Auseinandersetzung geradezu herbei. Nach seinem Kalkül mußte sie mit einer Schwächung der beiden deutschen Mächte enden. Im Verlauf eines langen kräfteverschleißenden Krieges, so rechnete Napoleon III., könnte er sich nicht nur als Oberschiedsrichter aufspielen, sondern würde auch freie Hand bekommen, sich einen Teil dessen zurückzuholen, was Frankreich 1815 verloren hatte.
Bismarck unterstützte den Kaiser in seinen Hirngespinsten, gab ihm das Gefühl, der große Macher der europäischen Politik zu sein: Nur konkrete Zusagen, handfeste Versprechungen erhielt Napoleon nicht. Mal dachte der Franzose, sich seine Belohnung am Rhein

holen zu können, mal richtete er sein Augenmerk auf Belgien. Bismarck hörte sich alles geduldig an und sammelte Material gegen den nimmersatten Kaiser – Material, das diesen einmal unmöglich machen mußte.

Von Bismarck wurde Napoleon III. in der Illusion gehalten, nur durch Frankreichs Einfluß allein wäre der Bestand Österreichs zu retten. Erst viel zu spät erkannte der Kaiser, daß Bismarck nie daran gedacht hatte, Habsburg zu zerstören, sondern es vielmehr sanft auf den Weg der Donaumonarchie drängte und schon im Krieg von 1866 das künftige Bündnis im Auge hatte. Nach dem schnellen Sieg Preußens war in Deutschland nichts mehr zu holen. Napoleon schickte seinen Botschafter zu Bismarck, um als Lohn für sein Stillhalten die bayerische Pfalz und Kurhessen einzufordern. Der Botschafter wagte es jedoch nicht einmal, mit diesen Forderungen Bismarck unter die Augen zu treten, und entledigte sich seines Auftrags schriftlich. Bismarcks kühle Antwort lautete: »Solche Abtretungen, wie sie der Kaiser Napoleon jetzt verlangt, können nur die Folge eines verlorenen Kriegs sein.« Napoleon gab klein bei und erklärte das Schriftstück seines Botschafters für ein »Mißverständnis«.

Vier Jahre später ließ sich Napoleon aus der Reserve locken, suchte die Revanche für Sadowa, wie die Franzosen die Schlacht von Königgrätz nennen. Anlaß und Ursachen dieses Krieges müssen hier nicht ausgebreitet werden; von seinen Folgen interessieren Napoleons Sturz und die Entstehung der (Dritten) Französischen Republik ebenfalls nur am Rande. Wichtig ist uns die Gründung des (Zweiten) Deutschen Reichs, geschmiedet aus Blut und Eisen, wie es Bismarck vorausgesagt hatte, entstanden aus der erfolgreichen Waffenbrüderschaft der deutschen Stämme, die kurz zuvor noch gegeneinander Krieg geführt hatten und nun gemeinsam

gegen das zum Erbfeind hochstilisierte Frankreich gesiegt hatten. Gegen einen ›Erbfeind‹, dem zumindest die Südstaaten Deutschlands ein Menschenalter zuvor Rang- und Machtzuwachs verdankten.
Daß das Volk wie 1848/49 augenscheinlich wieder die Einheit und einen Hohenzollern zum Kaiser wollte, kam Bismarck gewiß nicht ungelegen. Aber wichtiger war ihm, daß er diesmal das Volk nicht dazu brauchte: Die Einigung kam von oben, als mehr oder weniger freiwilliger Zusammenschluß der Fürsten, die freilich auch von ihren Untertanen in Bismarcks Richtung gedrängt wurden. Selbst Bayern, das 1866 ein Militärbündnis mit Preußen hatte schließen müssen, begriff, daß es nur noch um das Wie, nicht mehr um das Ob eines preußisch-deutschen Reichs und Kaisertums ging.
Bismarck war sich übrigens klar darüber, daß der Weg nach Versailles über München führen mußte, besser gesagt, über irgendeines der Schlösser, wo sich Ludwig II. gerade aufhielt. Denn Bayern, so Bismarck, war das einzige deutsche Land, in dem sich »ein wirkliches und in sich selbst befriedigtes Nationalgefühl« ausgebildet hatte. Mit Lockungen und Drohungen brachte er Regierung und König Ludwig so weit. Die Preußen ließen durchblicken, daß sie notfalls die weiß-blaue Armee entwaffnen und in Bayern einrücken würden, nachdem die Hauptschlachten in Frankreich geschlagen schienen. Andererseits lockten sie mit Separatrechten: eigener Post und Eisenbahn, Militärhoheit im Frieden, eigener diplomatischer Vertretung zum Beispiel beim Heiligen Stuhl, Steuer- und Gerichtshoheit. Den Rest besorgte Bismarck mit seinem Geschick und einem Scheck. Ludwig II., stets in Geldverlegenheit, ließ sich – nach allem, was wir heute wissen – von Preußen schmieren.
Der Kaiserproklamation blieb Ludwig II. fern. Mit dem Abschreiben des von Bismarck konzipierten Kaiser-

briefs hatte er seine deutsche Pflicht erfüllt. Auf diese Weise ersparte er sich auch die letzte Peinlichkeit in Versailles: Denn Wilhelm I. wurde plötzlich zum Reichsbedenkenträger, sah im Kaisertitel nichts als einen »Charaktermajor«, worunter man einen Offizier ohne Kommandogewalt versteht. Der Ruhm der preußischen Krone würde verblassen für ein Kaisertum, das in Wirklichkeit nicht mehr sei als eine Art Bundespräsidentschaft im neuen Deutschen Bund. Trotzig wie ein Kind wollte er im letzten Augenblick lieber auf alles verzichten, wenn man ihn nicht wenigstens als »Kaiser von Deutschland« ausrufen würde, während seine hohen Verbündeten über den »Deutschen Kaiser« nicht hinausgehen wollten.

Bismarck war die Titelfrage völlig »Wurst«, wie er es drastisch ausdrückte und wie er es seinem König, nur ein bißchen diplomatischer, zu verstehen gab. Großherzog Friedrich I. von Baden zog sich aus der bis zur letzten Minuten ungeklärten Affäre, indem er sein erstes Hoch am 18. Januar 1871 im Spiegelsaal zu Versailles schlicht auf »Kaiser Wilhelm« ausbrachte. Den allerhöchsten Unmut darüber mußte Bismarck schlucken, den der neue Kaiser keines Blickes würdigte und dem er nicht einmal die Hand reichte.

Im allgemeinen Jubel über Kaiser und Reich gingen warnende Stimmen unter, wie beispielsweise die des bayerischen Publizisten und Politikers Dr. Johann Baptist Sigl, der mit Sehergabe sagte, wohin alles führen würde: »Mehr Kriege, mehr Krüppel, mehr Totenlisten und mehr Steuerzettel.« Solange freilich Bismarck als neuer Reichskanzler im Amt war, trafen diese düsteren Prophezeiungen nicht ein. Allerdings konnte auch er nicht verhindern, daß ein Grund zum nächsten Krieg – zum Weltkrieg – am Anfang seiner Kanzlerschaft geliefert wurde: die Annexion nicht nur des Elsaß, sondern auch eines Teils von Lothringen durch das Deutsche Reich. Vierzig Jahre lang hatte Frankreich auf den Tag der Rache und Befreiung gewartet, nach der berühmt gewordenen Devise: ›Immer daran denken, nie davon reden.‹

Vielleicht war Bismarcks Warnung zu halbherzig. Klar erkannt hatte der Pragmatiker jedenfalls, daß es nur zwei Möglichkeiten gab: Die erste – Frankreich so zu verstümmeln, daß es auf Generationen hinaus nicht mehr zum Zurückschlagen fähig sein würde – schied aus. Das hätten die anderen europäischen Mächte, auf das Prinzip des Gleichgewichts der Kräfte eingeschworen, nicht zugelassen. So blieb nur die zweite Möglichkeit: Frankreich einen halbwegs ehrenhaften Frieden zu gewähren, der es nicht automatisch zum geschworenen Erbfeind des neuen Reiches machen mußte.

Friedensregiment

Bismarck versuchte, diesen Fehler von 1871 halbwegs wiedergutzumachen mit einem komplizierten Bündnissystem und einer geschickten Außenpolitik, die Paris weitgehend isolierte, die Dritte Republik bündnisunfähig machte. Das ›Drei-Kaiser-Abkommen‹ zwischen Rußland, Deutschland und Österreich hatte mehr symbolischen Charakter. Der Zweierbund mit Österreich, dem sich Italien später anschloß, war schon konkreter. Sein Ziel jedoch, das Zarenreich enger an Deutschland zu binden und es vor allem von Frankreich fernzuhalten, läßt Bismarck nie aus den Augen. Wenn die drei Kaiser einmal miteinander Krieg führen sollten – dessen ist sich Bismarck sicher –, würde keine der Monarchien überleben. Er sollte auch damit recht behalten.

Der Kanzler führt ein Friedensregiment nach außen,

pfeift seine Militärs zurück, denen zu jeder politischen Situation immer nur das gleiche einfällt: das Losschlagen. Unter dem mit dem Fürstentitel ausgezeichneten Bismarck spielt Deutschland eine allseits anerkannte Friedensrolle, wirkt im europäischen Mächtekonzert ausgleichend und stabilisierend als ein auf Harmonie und Ordnung bedachter Dirigent. Die Krönung seiner Außenpolitik sieht der Kanzler im geheimen Rückversicherungsvertrag mit Rußland, der ihn von seinem Alptraum einer russisch-französischen Koalition und eines Zweifrontenkriegs erlöst. Der Vertrag, von dem Wien nichts weiß, ist auch eine Rückversicherung gegen außenpolitische Abenteuer der Donaumonarchie und insofern genaugenommen Verrat am Verbündeten. Bismarcks Nachfolger erneuert den Vertrag nicht.
Durch Bismarcks Werk erlebt Deutschland eine lange Periode des äußeren Friedens, der Blüte und des wachsenden Wohlstands. Das Reich erwirbt Kolonien und nimmt eine umfassende, für das 19. Jahrhundert beispiellose Sozialgesetzgebung in Angriff. Die innenpolitischen Schattenseiten von Bismarcks Regiment sind der Kulturkampf gegen die Katholiken und die Sozialistengesetze gegen die organisierte Arbeiterschaft. Bismarck, der persönlich nichts gegen die Katholiken hat und der auch vielen SPD-Führern insgeheim hohen Respekt zollt, sieht in seinen innenpolitischen Gegnern nur allzuleicht Reichsfeinde. Die Chance, diese Gruppen in den Staat zu integrieren, schlägt er aus. Bei aller Härte aber, zu der Bismarck fähig ist – er ist kein totalitärer Diktator, schon gar kein Ahnherr Hitlers. Selbst seine Mißgriffe sind durch Vernunft und christliche Wertmaßstäbe kontrolliert.
Die deutschen Bundesstaaten faßt Bismarck – alles in allem genommen – mit Glacéhandschuhen an. Die geschriebene Verfassung schließt aus, daß Preußen die an-

deren deutschen Staaten majorisiert. Verfassungswirklichkeit freilich ist, daß die deutschen Fürsten ›die da oben in Berlin‹ ohnehin alles Grundsätzliche machen lassen und sich protestierend nur in Details verbeißen, wenn es an die ureigenen Interessen geht. Bayerns Prinz und nachmaliger König Ludwig III. kann im Ausland ganz mit Recht die Ansicht korrigieren, die deutschen Fürsten seien Befehlsempfänger Berlins. »Wir sind keine Vasallen«, sagt er 1896 in Moskau, »keine Untertanen des Deutschen Kaisers, sondern dessen Verbündete.« In der Praxis aber schöpft auch Bayern seine Möglichkeiten nicht aus. Der Vorsitz im Bundesratsausschuß für auswärtige Fragen, der München zusteht, wird kaum dazu genutzt, wirklichen Einfluß auf die Außenpolitik des Reiches zu nehmen. Jedenfalls ist kein bayerisches Machtwort vom Juli 1914 bekannt, als es um Frieden oder Krieg, um Sein oder Nichtsein ging. Wenn die Deutschen ein Volk von Jasagern waren, dann wurden sie von ihren Fürsten vortrefflich repräsentiert.

Solange ›die da oben in Berlin‹ von Bismarck gesteuert wurden, mochte die politische Enthaltsamkeit ›der da unten‹ in Mittel- und Süddeutschland hingehen. Unter Wilhelm I. war das Kaiserreich ein Bismarckreich, eine Monarchie mit einem Staatsmann an der Spitze. Vielleicht war es Bismarcks größter Fehler, daß er Politik machte, als würde er ewig leben, daß er zuwenig daran dachte, wie das Reich einmal ohne ihn regiert werden könnte.

Am 9. März 1888 stirbt Kaiser Wilhelm I. im Alter von 91 Jahren. Sein Sohn und Nachfolger Friedrich III. ist 56 Jahre alt und todkrank, siecht an unheilbarem Kehlkopfkrebs dahin. Friedrich und seine ehrgeizige Frau Viktoria, Tochter der gleichnamigen englischen Queen, sind entschiedene Gegner des Bismarck-Regimes und liberal-fortschrittlich gesinnt. Im Schatten des alten Kaisers und seines Kanzlers stehend, haben sie auf ihre Chance gewartet; doch als sie jetzt kommt, reichen Zeit und Kraft nicht mehr, etwas von ihren Ideen durchzusetzen. Die 99 Tage seiner Regierung bringt Friedrich III. nicht auf dem Thron, sondern auf dem Sterbelager zu. Das Schicksal verweigert Friedrich und dem Reich die Möglichkeit liberaler Reformen. Bismarck sieht es mit Genugtuung.

Als dritter Kaiser des Reiches (und des Jahres) besteigt der 29jährige Wilhelm II. am 15. Juni 1888 den Thron. Bismarck triumphiert: »Im Sattel hab' ich ihn jetzt!« Nachdem der Kelch des liberalen Friedrich an ihm vorübergegangen war, schien er nun wieder leichtes Spiel zu haben. Der junge Wilhelm würde sich noch problemloser lenken lassen als sein Großvater, mochte Bismarck denken. Es war sein größter Irrtum. Nicht ganz zwei Jahre später setzte der junge Wilhelm seinem alten Kanzler den Stuhl vor die Tür.

Der junge Kaiser, Prinz ›Willi‹, hatte eine schwere Jugend hinter sich. Ein verkrüppelter Arm behinderte ihn von Geburt an. Ein Ohrenausfluß war nach Ansicht des Leibarztes »unheilbar« und würde »einst mit Erkrankung des Hirns enden«. Die Gothaische Lebensversicherung lehnte Wilhelm als Risikofall ab. Bismarck hatte eine Erklärung für die Misere: »Diese verdammte englische Stute hat uns die ganze Rasse verdorben.« Die englische Mutter liebte ihren Sohn nicht, weil sie sich vielleicht im Innersten an der Mißbildung schuldig fühlte. Um so mehr vergötterte ihn die Großmutter, die große Queen.

Eine harte Erziehung sollte die echten und vermeintlichen Geburtsfehler ausgleichen. »Wenn es niemand sah«, bekannte Wilhelm später, »habe ich geweint.« Die Erziehung war nicht nur hart, sondern auch gänzlich falsch. So gehörte beispielsweise zu den Aufgaben, die der Prinzenerzieher Hinzpeter seinem Zögling stellte, daß dieser rasch ein Urteil über jeden Vorbeikommenden fällen solle. Damit wurde seine Untugend des »ohnehin zur Übertreibung neigenden sehr raschen Urteils« (so sein Vater Friedrich) nur noch bestärkt. Knapp zwei Jahre vor seinem Tod und vor Wilhelms Regierungsantritt hatte Kronprinz Friedrich in einem Brief an Bismarck die »mangelnde Reife« und die »Unerfahrenheit«, den »Hang zur Überhebung« und die »lückenhafte« Bildung seines Sohnes beklagt.

Diese Charakterisierung ist insofern ungerecht, als sie nur die Schattenseiten des Prinzen nennt. Wilhelm ist ein Mensch mit zwei Seelen in der Brust: Oberflächlich und von überdurchschnittlicher Intelligenz, vermag er ungemein charmant und im nächsten Augenblick verletzend und taktlos zu sein. Er ist leutselig und stößt Leute vor den Kopf. Er kann ein vorbildlicher Familienvater sein und reißt dann wieder aus, wann immer sich nur eine Möglichkeit dazu ergibt. Starken Stimmungen unterworfen, traut er sich zu, die Welt aus den Angeln zu heben, und ist im nächsten Moment tief deprimiert. Er ist ein Mann der starken Formulierungen und der schwachen Nerven. Er ist heute ein großartiger Kaiser und morgen nur ein schlechter Kaiser-Darsteller. Es gibt kaum eine gute oder schlechte Charaktereigenschaft, die sich an seinem Leben, seinen Taten und Worten, nicht belegen ließe. Schizoide Züge, wohin man schaut: Im Exil wird er zehntausend Bäume brutal fällen und mit Liebe zehntausend neue pflanzen und hegen.

Der Streit, der zum Sturz Bismarcks führt, hat mehr als einen Anlaß. Wilhelm II. fühlt sich auch als Kaiser der Arbeiter. Auf Bismarcks böse Bemerkung: »Man wird die Sozialdemokraten eines Tages totschießen müssen!« erwidert Wilhelm: »Ich kann doch nicht die Wünsche meiner Untertanen mit Schnellfeuer beantworten.«

Später wird auch Wilhelm allerlei Blutrünstiges gegen die SPD hervorstoßen, wie fast zu jedem Problem von ihm völlig kontroverse Ansichten überliefert sind. Für eine griffige Formulierung opfert Wilhelm nur allzugern seine eigene Meinung. Tritt Bismarck als Scharfmacher auf, spielt der Kaiser den Friedensfürsten. Zu gegebener Zeit wird er die Rollen tauschen.

In einem anderen Punkt hat Bismarck immerhin recht: Wenn er dagegen protestiert, daß der Kaiser hinter seinem Rücken mit Regierungsmitgliedern direkt verhandelt. Als verantwortlicher Staatsmann für das Reich und Preußen kann er es nicht zulassen, daß der junge Monarch ohne sein Wissen bis ins Detail hineinregiert. Der Kanzler will es auf eine Machtprobe ankommen lassen – der Kaiser beharrt aber ganz bewußt auf seinem Standpunkt, um einen Grund zu haben, sich von Bismarck zu trennen. Auch Wilhelm sucht den Konflikt.

Die tiefere Ursache des Zwistes liegt nämlich woanders: in der herablassenden Art, wie Bismarck den jungen Kaiser – mit allem Respekt natürlich – behandelt. Es ist das klassische Verhältnis des Juniorchefs zum Prokuristen des verstorbenen Seniors. Der Junge will alles anders machen, der Alte, der das Geschäft kennt, sperrt sich aus Trotz selbst gegen vernünftige Neuerungen. Der Junge spielt den Herrn im Haus, der Alte überzieht seinen Starrsinn, weil er sich für unentbehrlich hält. Und oft genug ist er es ja auch. Das stellt sich dann freilich erst heraus, wenn die Firma dem Konkurs zusteuert.

Zu Bismarcks Abschied aus Berlin kommt als einziger Vertreter eines regierenden Fürstenhauses der junge Erbprinz Max von Baden. Obwohl selbst kein Bismarck-Anhänger, findet der spätere Reichkanzler die erbärmliche Art dieses Rausschmisses beschämend.

Grollend zieht sich Bismarck zurück und speit acht Jahre lang, bis zu seinem Tod im Jahre 1898, Gift und

Galle. Den Herzogstitel, mit dem der Kaiser Bismarck den Abschied versüßen will, führt der alte Herr nie: Für ihn ist der Herzog von Lauenburg ein Operetten-Inkognito, mehr nicht. Der Kleinkrieg zwischen Kaiser und Exkanzler nimmt zuweilen Formen an, daß man bei Hofe schon befürchtet, der greise Bismarck werde seine Tage im Gefängnis beschließen müssen.

Der Weg in den Weltkrieg und zur Revolution

Vom Schatten des großen Bismarck befreit, beginnt der junge Kaiser sein Regiment mit beruhigenden Worten. »Der Kurs bleibt der alte«, verspricht Wilhelm II. – und straft sich sogleich selbst Lügen, indem er den geheimen Rückversicherungsvertrag mit Rußland nicht verlängert. Davon erfährt die Öffentlichkeit allerdings erst später durch eine Indiskretion, die Bismarck in der Presse lanciert. Das Ausland aber sieht von Beginn an, daß da eine neue Zeit angebrochen ist. Unter einer berühmt gewordenen Karikatur des Londoner ›Punch‹ steht: »Der Lotse geht von Bord.«

Wie heißt es doch in Shakespeares ›Hamlet‹: »Wahnsinn bei Großen darf nicht ohne Wache gehen.« Die Nachfolge Bismarcks als Kanzler des Reichs und als preußischer Ministerpräsident tritt ein Militär an, der General Leo Graf von Caprivi. »Der Kaiser macht seinen besten General zum Kanzler und seinen besten Kanzler zum Feldmarschall«, spottet Bismarck – eine Anspielung auf die Tatsache, daß Wilhelm II. den scheidenden Fürsten nicht nur zum Herzog von Lauenburg, sondern auch zum Generalfeldmarschall ehrenhalber ernannt hatte. General Caprivi ist jedenfalls nicht die Art von Wache, die der Kaiser bräuchte: Politik zählt nicht gerade zu seinen Stärken.

Der junge Herrscher beruhigt den zögernden Kanzler-General auf seine – eigentlich höchst beunruhigende – Weise: »Es besteht kein Anlaß zu Befürchtungen. Es wird überall nur mit Wasser gekocht. Die Verantwortung für die Geschäfte übernehme ich.« In ähnlichem Sinne wird er später den Grafen Helmuth von Moltke trösten, als dieser die Nachfolge Schlieffens und das Erbe seines großen Onkels übernehmen soll: »Keine Sorge. Im Krieg bin ich mein eigener Generalstabschef, und das bißchen Friedensarbeit werden Sie schon bewältigen können.«
Aber Wilhelm wird auf Dauer weder sein eigener Kanzler sein können noch gar sein eigener Generalstabschef. Die Leistung des Obersten Kriegsherrn besteht hauptsächlich darin, daß er innerhalb von sechzehn Jahren nicht weniger als 37 Uniformänderungen verfügt. Sein Uniformtick ist ohnehin Thema zahlloser Witze und Karikaturen. Man sagt Wilhelm II. nach, den ›Freischütz‹ in Jägeruniform und den ›Fliegenden Holländer‹ als Admiral verkleidet besucht zu haben.
Zur geregelten Arbeit fehlt ihm jegliche Ausdauer. Akten langweilen ihn genauso wie die Abende daheim. Der Kaiser ist mehr als die Hälfte des Jahres unterwegs: zu Staatsbesuchen, zu Truppeninspektionen und Vergnügungsfahrten. »Am besten«, spottet sein Onkel, König Edward VII. von England, »ich fahre über Berlin, um meinem Neffen nicht in die Arme zu laufen.«
Kaiserin Auguste, die ihm sechs Söhne und eine Tochter schenkt, kann dem ewigen Unruhegeist Wilhelm schon gar keinen Halt geben. Gewiß, er ist ein treusorgender Familienvater, seine Ehe gilt als gut – vielleicht, weil er so selten daheim ist. ›Kirchengustl‹ heißt Kaiserin Auguste im Volksmund. In zehn Jahren hat sie Geld zum Bau von 46 Kirchen gesammelt; sie ist nicht nur fromm, sondern bigott; und auch prüde. Schlittschuhlaufen zum

Beispiel ist in ihren Augen unzüchtig, und Verdis ›La Traviata‹ gilt ihr als ein unmoralisches Stück, das eine Prinzessin jedenfalls nicht sehen darf.

Wilhelm II. dilettiert in Archäologie, in Kunst und in Politik. Er will ein moderner Kaiser sein und bevorzugt doch einen Regierungsstil, der besser ins Mittelalter oder ins späte Rom gepaßt hätte als ins beginnende 20. Jahrhundert. Durchschnittlich hält er jeden Monat eine große Rede, ohne die gute und sinnvolle Regel zu beherzigen, daß ein Herrscher keine politische Äußerung tut, die er nicht zuvor mit dem verantwortlichen Staatsmann abgesprochen hat. Von seiner unbestreitbaren Rednergabe läßt er sich sogar oft genug zu Worten hinreißen, die er nicht einmal mit sich selbst abgeklärt hat. Wilhelms Stegreif-Abweichungen vom Manuskript – mitunter höchst originell und spritzig formuliert – sind weithin gefürchtet. Die berüchtigte ›Hunnenrede‹ (»Pardon wird nicht gegeben«), mit der er deutsche Soldaten dazu auffordert, bei der Niederschlagung des ›Boxeraufstandes‹ in China zu hausen wie einst die Hunnen, geht um die ganze Welt.

»Bisweilen Narreteien«, bemerkt sein vierter Kanzler Bernhard von Bülow zu Recht. So etwas sagt er dem für Schmeicheleien und Speichelleckerei empfänglichen Kaiser allerdings nicht ins Gesicht. Da klingt seine Sprache dann ganz anders: »Wir können nicht dankbar genug sein, daß wir einen solchen Herren haben, der mich immer an die heldenhaften Salier- und Hohenstauferkaiser unseres Mittelalters gemahnt.«

Den unverantwortlichen Reden, mit denen er die Welt vor den Kopf stößt, entspricht eine unsolide Großmannspolitik. Der »Griff nach der Weltmacht« ist es wohl nicht. Aber der »Platz an der Sonne« soll es sein, die Gleichberechtigung mit England, das Wilhelm ebenso bewundert, wie er es zuweilen haßt. Der Kaiser versichert die gegen England rebellierenden Buren telegrafisch seiner Sympathie. Ganz besonders aber muß London der angekündigte Bau einer Schlachtflotte verstören. »Unsere Zukunft liegt auf dem Wasser«, sagt der Kaiser. Berlin schlägt ein deutsch-englisches Bündnis aus.

Was will Wilhelm? Er schließt mit dem Zaren einen Freundschaftsvertrag, von dem die Außenminister beider Seiten, die nicht gefragt worden sind, gleich wieder abrücken. Politik im Stil absoluter Monarchien: Das mag gerade noch zum Zaren passen – zum preußischen König und Deutschen Kaiser paßt es im Jahre 1905 nicht mehr. Wilhelm II. und Kaiser Franz Joseph I. in Wien geben sich nur allzugern der Illusion hin, ein gutes persönliches Verhältnis zu Nikolaus II. genüge als Ersatz für Politik. Nach einem Treffen mit dem Zaren notiert Franz Joseph 1903 »herzliches Einvernehmen und Harmonie«, um sich später eingestehen zu müssen, daß Rußland »alles zerstört«. Nikolaus II. stellt im Zweifelsfall Machtpolitik über Fürstensolidarität, was zumindest Wilhelm nicht glauben will.

Bismarck war es gelungen, die Republik Frankreich außenpolitisch zu isolieren und die republikanische Staatsform als eine ansteckende Krankheit hinzustellen, vor der sich die Monarchien Europas möglichst fernzuhalten hätten. Wilhelm II. gelingt etwas ganz anderes: Sein sprunghaftes Wesen, sein Säbelrasseln, seine Großmannssucht lassen ihn in den Augen anderer europäischer Mächte zunehmend als Sicherheitsrisiko erscheinen. So nimmt Bismarcks Hauptbefürchtung langsam Gestalt an: die Einkreisung der Mittelmächte, das Bündnis Frankreichs mit Rußland. Frankreich hat eine alte Rechnung mit Deutschland zu begleichen, während Rußland die Habsburger Monarchie als seinen Kontrahenten in Ost- und Südosteuropa betrachtet.

In der Marokkokrise des Jahres 1911 spielt das Deutsche Reich Kanonenboot-Politik und bringt Europa an den Rand eines großen Krieges. England warnt. Jetzt wird auch das Bündnis Londons mit Paris und Petersburg enger. 1912 versucht England ein letztes Mal, Gespräche mit Berlin über Rüstungsbeschränkungen in Gang zu bringen. Der Kaiser antwortet darauf mit neuerlicher Verstärkung von Flotte und Heer. Wird über Abrüstung verhandelt, formuliert der Kaiser höchst unfein: »Ich verlasse mich nur auf Gott und mein Schwert. Und scheiße auf die ganzen Beschlüsse.« Wenigstens sagt er das nicht öffentlich. Ein Jahr vor dem Krieg beschließt Frankreich im Juli 1913, die Dienstzeit auf drei Jahre zu verlängern. Das Deutsche Reich zieht mit einer weiteren Vergrößerung des stehenden Heeres nach. Es bedarf nur noch eines Funkens, bis das Pulverfaß explodiert.

Serajewo

Der Funken zündet auf dem Balkan. Es sind die Pistolenschüsse, mit denen am 28. Juni 1914 der österreichische Thronfolger Franz Ferdinand und seine Frau Sophie in Serajewo von serbischen Nationalisten ermordet werden. Diese Schüsse werden einen Monat später eine Kettenreaktion auslösen und ganz Europa und dann die halbe Welt in den ersten großen Krieg stürzen, dessen Ausmaß und Folgen keiner von denen abschätzen kann, die zu diesem oder in diesen Krieg treiben.

Die Erregung in Österreich-Ungarn über den Mordanschlag hielt sich zunächst in Grenzen. Im Prater spielte die Musik weiter, und das Ringelspiel drehte sich, im Theater amüsierte man sich über leichte Kost. Und der uralte Kaiser Franz Joseph hat keineswegs ausgerufen, daß ihm nichts erspart bleibe, sondern murmelte gefaßt in den Bart: »Schrecklich, die armen Kinder.« Er hatte die drei Kinder des Thronfolgers bis dahin nie zu Gesicht bekommen. Nun befahl er sie – zum ersten- und zum letztenmal – zu sich, um ihnen steif und trocken sein allerhöchstes Mitgefühl zu bekunden. Im übrigen ordnete er ein Staatsbegräbnis zweiter Klasse an, damit die nicht ebenbürtige Gemahlin des Thronfolgers auch im Tode nicht zu den Ehren kam, die er ihr im Leben so hartnäckig vorenthalten hatte.

Franz Joseph hatte viele Schicksalsschläge hinnehmen müssen in seinem langen Leben. Und er hat sie alle in stoischer Ruhe getragen, hat sie – um ein Modewort unserer Tage zu gebrauchen – ›weggesteckt‹: Die Erschießung seines Bruders Maximilian, der 1867 als ›Kaiser von Mexiko‹ von Benito Juarez hingerichtet wurde; den Selbstmord seines einzigen Sohnes Rudolf 1889 in Mayerling, der aus einem verpfuschten Leben und einem total gestörten Verhältnis zum Vater diese schreckliche Konsequenz zog; die Ermordung seiner ihm längst schon entfremdeten Frau Elisabeth, die im Jahre 1898 in Genf von einem italienischen Anarchisten erstochen wurde.

Erzherzog Franz Ferdinand, das Opfer des Attentats von Serajewo, war der älteste Sohn von Franz Josephs Bruder Karl Ludwig, der 1896 gestorben war. Genau auf den Tag vierzehn Jahre vor Serajewo stand dieser Franz Ferdinand in der Wiener Hofburg, um mit einem feierlichen Renunziationseid vor dem Angesicht des Kaisers für immer Verzicht zu leisten auf kaiserliche Ehren für seine Frau und auf die Erbfolge für seine Kinder. Denn Franz Ferdinand hatte die Ungeheuerlichkeit begangen, sich in eine gewöhnliche Gräfin Chotek zu verlieben und an dieser Liebe festzuhalten, obwohl der alte Kaiser diese Verbindung als Skandal erster Ordnung empfand. Nach den Hausgesetzen der Habsburger, die mit Heira-

ten stets mehr Erfolg als mit dem Kriegführen hatten, kam für einen Erzherzog – für einen Thronfolger zumal – nur eine Frau in Frage, die aus einem der regierenden, hilfsweise der ehedem regierenden Häuser, stammte. Eine Gräfin, auch wenn sie aus altem böhmischem Adel kam – nun, das war so schockierend, daß die Beziehungen zwischen Kaiser und Erben für immer nachhaltig gestört sein mußten. »Der Allmächtige läßt sich nicht herausfordern«, kommentierte der Greis auf dem Kaiserthron deshalb den Mord von Serajewo. »Eine höhere Gewalt hat wieder jene Ordnung hergestellt, die ich leider nicht zu erhalten vermochte.«
Geradezu mit Erleichterung begrüßte Franz Joseph den nächsten Thronfolger, Erzherzog Karl, einen Sohn von Franz Ferdinands Bruder Otto, der nach einem allzu lustigen Leben schrecklich an der Syphilis zugrunde gegangen war. Karl war in des Kaisers Augen »anders geartet« als der ermordete Neffe, bei dem er »so wenig Unterstützung gefunden« habe. Was freilich nicht bedeutete, daß er später bei Karl Unterstützung suchte. So unvorbereitet wie Karl hat kaum ein Herrscher die Szene betreten. Aber Karl hatte wenigstens standesgemäß geheiratet, hatte sich eine Prinzessin Hohenlohe ausreden lassen und dafür die junge Zita aus dem Hause Bourbon-Parma heimgeführt. Größere Sorgen kannte der alte Herr in Schönbrunn ja nicht.
Franz Ferdinand war nicht nur bei seinem kaiserlichen Onkel unbeliebt. Franz Joseph I. war konservativ bis in die Knochen, ein Bremser, ein ungemein fleißiger Aktenaufarbeiter, ohne große schöpferische Intelligenz, unnahbar und kalt. Franz Ferdinand dagegen war ein Dränger, dem Fortschritt zugetan, ein zuweilen unsteter, oft unbeherrschter und meistens schlechtgelaunter Mann von scharfem Verstand, gefürchtet bei Beamten und Militärs, denen er den alten Schlendrian drastisch

auszutreiben versuchte. »Ein stehendes Heer von Soldaten, ein sitzendes Heer von Beamten, ein knieendes Heer von Priestern, ein schleichendes Heer von Denunzianten«, lautet ein zeitgenössisches Urteil über das Regiment Franz Josephs. Vor allem die Ungarn, deren Vorrechte in der Doppelmonarchie er offen abzubauen drohte, haßten Franz Ferdinand: Er wollte den Vielvölkerstaat umorganisieren und den slawischen Elementen mehr Gewicht geben.

In einer Erbmonarchie kann man sich seinen Nachfolger nicht aussuchen. Man kann ihn jedoch durch Langlebigkeit zur Verzweiflung treiben. »Ein Monarch«, sagte die zur Herzogin von Hohenberg gnädigst erhobene Frau des Thronfolgers, »ein Monarch, der soviel Verantwortung trägt, muß wissen, wann er nicht mehr kann und daher abzutreten hat.« Aus der Sicht des über 80jährigen Kaisers stellte sich das allerdings anders dar: »Ich fühle mich müde, ich würde gern abdanken, wenn ich einen Sohn hätte, der mir Vertrauen einflößte – aber zugunsten dieses gefährlichen Narren niemals!«

Wie Kronprinz Friedrich auf das Ableben seines Vaters, Kaiser Wilhelms I., so wartete auch Franz Ferdinand ungeduldig auf den Tod des Oheims. Er brannte darauf, die Ideen zu verwirklichen, mit denen er den Kaiser vergeblich bedrängte. Nur auf militärischem Gebiet gab ihm der alte Herr eine Chance. Der Thronfolger setzte durch, daß mit Baron Conrad von Hötzendorf ein qualifizierter und tatkräftiger Offizier Generalstabschef wurde. Conrad freilich war nicht nur eine militärische Begabung, sondern leider auch ein politischer Wirrkopf, der sich sofort an die Spitze der Kriegspartei stellte und schon 1906 einen Präventivschlag forderte, interessanterweise gegen den Verbündeten Italien, von dessen Treue er allerdings zu Recht nicht viel hielt.

Durch General Conrad wurde Franz Ferdinand in die

Rolle des Chefs der Kriegspartei gedrängt, obwohl er ihn durchaus bremste, wenn es sein mußte. »Ein Präventivkrieg ist wie ein Selbstmordversuch aus Angst vor dem Tode«, formulierte Franz Ferdinand; wenigstens in diesem Punkt war er sich einig mit dem Kaiser. Der Thronfolger sah auch die tödlichen Gefahren, die aus einem Zusammenstoß mit Rußland erwachsen mußten: »Wir werden uns nicht gegenseitig vom Thron herunterstochern«, sagte er; denn: »ein Krieg zwischen Österreich und Rußland wird entweder mit dem Sturz der Romanows oder mit dem Sturz der Habsburger – vielleicht mit beiden – enden«.

Im Schloß Belvedere hatte Franz Ferdinand eine Art Nebenregierung eingerichtet, ein Schattenkabinett, das sich freilich auf militärische Angelegenheiten beschränken mußte und in den Lauf der Politik nur mit einer Flut von Denkschriften eingreifen konnte. Dabei gerieten die Politiker, die vernünftigerweise nicht mit dem ewigen Leben des greisen Monarchen rechnen mochten, zunehmend ins Kreuzfeuer zwischen Schönbrunn und Belvedere. »Wir haben zwei Kaiser«, sagte resignierend ein hoher Beamter angesichts des Problems, wie man es am besten beiden irgendwie recht machen konnte.

Die Lage der Doppelmonarchie war in den Jahren vor dem Weltkrieg ›hoffnungslos, aber nicht ernst‹, wie es ein geflügeltes Wort ausdrückte. Die Szene trug endzeitliche Züge, der innere Frieden war verloren, der äußere bedroht. »Gott läßt mich so lange leben«, bekannte Franz Joseph, »damit das Ende des uralten Reichs um einige Zeit hinausgeschoben werde. Nach meinem Tod wird es unvermeidbar kommen.« Die Idee dieses Reiches war der Vielvölkerstaat, die Vereinigung von wenigstens elf Nationalitäten unter einem Herrscherhaus. Ein interessantes Konzept vielleicht aus heutiger Sicht, eine wenig tragfähige Konstruktion in einem Zeitalter

des übertriebenen Nationalismus, wie er sich zum Beispiel im Alldeutschtum und im Panslawismus ausdrückte.
Dem Habsburger Reich gehörten Deutsche und Ungarn an, Tschechen, Polen, Ruthenen, Rumänen, Kroaten, Slowaken, Serben, Slowenen und als kleinste Minderheit Italiener, die immerhin noch 1,5 Prozent der Bevölkerung ausmachten. Zu den Untertanen Seiner Apostolischen Majestät, des Kaisers Franz Joseph I., zählten Katholiken, Orthodoxe, Protestanten, Juden und Mohammedaner. Im Parlament, das nach unterschiedlichem Wahlrecht gewählt wurde, drifteten neben Religionen und Nationalitäten auch noch die politischen Weltanschauungen auseinander: Den konservativen, meist adeligen Großgrundbesitzern standen großbürgerliche Liberale, kleinbürgerliche Christsoziale und Sozialisten gegenüber. Kein Wunder, daß nirgendwo die Versuchung, ohne Parlament zu regieren, so groß war wie in Österreich-Ungarn. Daß dieser Versuchung nur allzu gern nachgegeben wurde, trug gewiß auch nicht zum inneren Frieden bei.
Der äußere Frieden war vor allem in Gefahr, seit die Donaumonarchie im Jahre 1908 Bosnien und die Herzegowina handstreichartig in ihren Staatsverband eingegliedert hatte, nach bereits dreißigjähriger Verwaltung zwar, aber gegen den entschiedenen Willen von Rußland und Serbien. Von da an suchten die serbischen Nationalisten – unter der schützenden Hand des Zaren – um so mehr, das Habsburgerreich vom Rand her aufzubrechen. Österreich-Ungarn mußte viele Nadelstiche hinnehmen, mußte sich demütigen lassen, mußte ohnmächtig zusehen, wie sich die Dinge immer mehr zuspitzten. Franz Ferdinand wollte dem Panslawismus diese Spitze nehmen mit seiner Trias-Idee, die vorsah, aus der Doppelmonarchie eine Dreierlösung zu machen,

mit einer weitgehenden Autonomie für den slawischen Bevölkerungsteil. Davon wollten aber die Ungarn und mit ihnen auch Franz Joseph nichts wissen.

Zumindest, was das Verhältnis mit Serbien betraf, war Franz Ferdinand ein Falke, der durchaus Ausschau hielt nach Anlaß und Gelegenheit zu einem Krieg, sofern ein solcher Konflikt lokalisierbar schien. »Hast du den Krieg je gesehen«, fuhr ihm bei solchen Gesprächen der Kaiser in die Parade. »Nein! Aber ich habe ihn gesehen, und darum sage ich, bevor man hineingeht, muß man es sich dreimal überlegen.« Und wenn man den Krieg dann schon ins Kalkül ziehe, müsse man noch einmal darüber nachdenken, ob er nicht doch zu vermeiden sei. Leider hat sich Franz Joseph nach Serajewo nicht an diese Maxime gehalten.

In Wien hat man nach der Ermordung des Thronfolgers gewiß nicht an Krieg und schon gar nicht an den großen Krieg geglaubt. Der Kaiser wohl auch nicht. Sonst hätte er sich nicht zwei Tage Zeit gelassen, ehe er nacheinander seine wichtigsten Mitarbeiter zu empfangen begann. Als sich Franz Joseph dann ihre Meinungen anhörte, sind die ersten Weichen allerdings schon gestellt.

Franz Baron Conrad von Hötzendorf, der Generalstabschef, schrie: »Krieg! Krieg! Krieg!« Leopold Graf Berchtold, der Außenminister der Doppelmonarchie, zog ebenfalls einen Vergeltungsschlag gegen Serbien in Erwägung, wollte sich aber erst vor einer endgültigen Entscheidung der Rückendeckung Deutschlands versichern und auch auszuloten versuchen, wie die anderen europäischen Mächte reagieren würden. Koloman Tisza von Borosjenö, der ungarische Ministerpräsident, riet mit allem Nachdruck zur Mäßigung und prägte schon in der ersten Besprechung das Wort vom »Weltkrieg«. Karl Graf Stürgkh schließlich, der österreichische Regierungschef, verhielt sich abwartend, um sich dann wie immer ganz entschieden auf die Seite der Mehrheit zu schlagen. Nun also kam es zunächst auf das Deutsche Reich und seinen Kaiser an. Wilhelm II. war, im Gegensatz zu Franz Joseph, auf das höchste erregt und ungeheuer empört über den Mord. Dynastische Solidarität war ihm ohnehin ein großes Anliegen. Für ihn gab es kein scheußlicheres Verbrechen, als sich an der geheiligten Person eines zum Herrschen bestimmten Menschen zu vergreifen. Zudem aber war Franz Ferdinand sein persönlicher Freund, den er zuweilen auf Manövern traf, mit dem er auf vielen Jagden viel Wild abgeknallt hatte, bei dem er zwei Wochen vor dem Attentat noch zu Gast gewesen war, mit dem er Briefe wechselte, in denen der Deutsche Kaiser den österreichischen Thronfolger mit »Mein lieber Franzi« anredete, während ihn Franz Ferdinand leger »Du, Majestät!« titulierte.

In manchem waren die beiden von ähnlichem Kaliber: flotte Formulierer, schneidige Kerle, von rascher Auffassungsgabe und politischer Phantasie. Wobei dem extrovertierten Kaiser nicht nur vom Rang her vor dem eher verschlossenen Thronfolger eine Führungsrolle zukam, die Wilhelm II. mit Takt und Charme zu spielen wußte. Franz Ferdinand war Wilhelm schon deshalb sehr verbunden, weil der Deutsche Kaiser seiner an viele Kränkungen gewöhnten Frau als vollendeter Kavalier entgegentrat. »Wann kann ich die Ehre haben, Deiner Frau Gemahlin meinen Kratzfuß zu machen?« fragte er bald nach der Hochzeit – und schon taute das Eis auf. Und in Berlin empfing er die unebenbürtige Sophie, geborene Gräfin Chotek, wie eine regierende Kaiserin. Hatte der alte Franz Joseph (Jahrgang 1830), der das Jahr 1866 nie vergessen konnte, seine Vorbehalte gegen den schnoddrigen Hohenzollernkollegen, so verstand sich Franz Ferdinand (Jahrgang 1863) um so besser mit Wilhelm (Jahrgang 1859).

Wilhelm II. hatte Franz Ferdinand gelegentlich versichert, er werde auch vor einem großen Krieg nicht zurückscheuen, wenn es um das Prestige des Hauses Habsburg gehe. Allerdings, genaue Garantien und einen Freibrief für Balkanabenteuer stellte Wilhelm weder dem Kaiser noch dem Thronfolger aus. Und die Version, der Deutsche Kaiser und Franz Ferdinand hätten bei ihrem letzten Zusammentreffen auf dem böhmischen Schloß des Thronfolgers ohnehin schon den Krieg gegen Serbien beschlossen, läßt sich durch nichts beweisen. Geredet hat der Deutsche Kaiser ja viel, aber doch stets in einem Ton, der nur sehr tapfer klang, jedoch ziemlich unverbindlich blieb.

Für Kaiser Wilhelm war sein Kollege Franz Joseph ein zaudernder Greis, der seit Jahren an einen Schlag gegen Serbien gedacht hatte, aus Angst vor den Folgen allerdings immer wieder zurückgesteckt hatte. Wilhelm glaubte auch nach Serajewo, daß eine Generalabrechnung nur erwogen und dann aus den gleichen Gründen verworfen würde. Er fürchtete, daß man sich am Ballhausplatz zu Wien wiederum nicht zu mehr aufraffen könnte als zum pflichtgemäßen Ausdruck des Abscheus, zu papiernen Protesten, die nichts wert waren. Wilhelm II. schrieb deshalb »jetzt oder nie« an den Rand von Akten; forderte, mit »den Serben müsse aufgeräumt werden, und zwar bald«, das Wort *bald* unterstrichen. Als der deutsche Botschafter in Wien, Tschirschky, berichtet, er hätte auf seine österreichischen Gesprächspartner beruhigend eingewirkt, fährt Wilhelm dazwischen: »Wer hat Ihn dazu ermächtigt? Das ist sehr dumm. Geht Ihn gar nichts an.« Die Geschichte vom Kriegstreiber Wilhelm II. ließe sich an vielen Beispielen belegen.

Aber es gibt eine zweite, ganz gegensätzliche Geschichte: die vom ehrlich und verzweifelt um den Frieden ringenden Kaiser. Auch sie ist aus den Akten nachweisbar. Wie ist das zu erklären? Die zwei Seelen in seiner Brust? Abgesehen davon, daß Wilhelms Randbemerkungen nach seinem eigenen Eingeständnis so ernst nicht genommen werden mußten, gibt es eine recht logische Erklärung für diese Wandlung des Kaisers. Er hatte zunächst einmal Angst, daß Wien diese Schmach wieder nur einfach hinnehmen und über das Attentat zur Tagesordnung übergehen würde. Deshalb heizte er die Stimmung an, ließ in seiner Nibelungentreue Wien einen politisch-militärischen Blankoscheck aushändigen, freilich in der Überzeugung, daß man dort das Konto gewiß nicht überziehen werde. Hätte der Kaiser an den großen Krieg geglaubt, wäre er im Juli 1914 kaum zu seiner traditionellen Nordlandreise aufgebrochen.

Die österreichische Kriegspartei, deren Anhängerschaft von Tag zu Tag wächst, nimmt die deutsche Solidaritätsbekundung begierig entgegen. Die erhoffte Rückendeckung ist da, der Konflikt kann programmiert werden. Ungarns Regierungschef Tisza steht als einsame Taube inmitten der Falken. Freilich geht's immer noch mit k. und k. Gemütlichkeit weiter. Nichts wird überstürzt. Ein hoher Beamter sucht sich im Archiv in aller Ruhe das Material zusammen, das man den Serben als Sündenregister unter die Nase reiben kann. Die Untersuchungen in Serajewo werden abgewartet, die Formulierung der ›Begehrnote‹ wird in bürokratischem Trott verzögert – und mit jedem Tag schärfer.

Hätte die Donaumonarchie einen Affektschlag gegen Serbien geführt, vielleicht hätten sich die europäischen Mächte unter dem Eindruck des Attentats still verhalten. Jetzt, Wochen danach, sieht die Lage ganz anders aus. Als die Note an Belgrad fertig ist, bemerkt der Kaiser, sie sei wohl sehr hart ausgefallen. »Es war notwendig«, sagen ihm seine Berater. Und so schluckt Franz Joseph das Dokument, wenn auch mit einigem Unbehagen.

Noch glaubt er, notfalls zurückzukönnen: Eine scharfe Note, ein Ultimatum ist noch nicht der Krieg.

Als Wilhelm II. die harte ›Begehrnote‹ liest, zu der sich Wien zu seiner Überraschung aufgerafft hat, mag ihm auch leicht mulmig geworden sein. Aber schließlich wird nicht so heiß gegessen, wie gekocht wird. Bei der Lektüre von Serbiens Antwort glaubt der Deutsche Kaiser jedenfalls erleichtert feststellen zu können, daß alle Kriegsgefahr vorbei ist: »Das ist mehr, als man erwarten konnte. Ein großer moralischer Erfolg für Wien, aber damit fällt jeder Kriegsgrund fort.« Deswegen hätte er nie Mobilmachung befohlen, sagt Wilhelm und weist das Auswärtige Amt an, Wien zum Einlenken zu bewegen. Der unglückliche deutsche Botschafter Heinrich von Tschirschky muß im Namen seines Herren wieder einmal einen Purzelbaum in Wien schlagen: Zuerst hat er – eigenmächtig – gebremst, dann auf Wunsch Wilhelms zu energischen Schritten gedrängt, nun muß er auf Verlangen des Kaisers und des Kanzlers von Bethmann Hollweg erneut zu äußerster Zurückhaltung raten.

Wie ernst diese neuerliche Kehrtwendung der deutschen Politik gemeint war, konnte man in Wien nicht so recht abschätzen. Schon deshalb nicht, weil parallel zu den Berliner Friedensbemühungen der deutsche Generalstabschef Helmuth Graf von Moltke die verbündete k. und k. Armee zu zügiger Mobilmachung auffordern ließ. Wer regierte nun in Berlin? Das Militär oder der Kanzler? Wien hielt sich an Moltke, weil es sich für den Krieg entschieden hatte. Den deutschen Blankoscheck in der Hand, wollte man sich unter keinen Umständen mehr vom Kassieren abhalten lassen.

Zurück zur serbischen Antwort auf die ›Begehrnote‹. Sie fiel in der Tat verbindlicher und kompromißbereiter aus, als man sich das in den europäischen Kanzleien vorgestellt hatte. Nur in zwei Punkten, wo es wirklich an

die Substanz, an die Souveränität Serbiens ging, blieb Belgrad hart in der Sache. Wien, das sich so auffällig lange Zeit gelassen hatte, entwickelt jetzt eine hektische Aktivität, will vollendete Tatsachen schaffen. Als die serbische Antwort am Abend des 25. Juli übergeben wird, haben die Diplomaten Franz Josephs schon gepackt. Nach flüchtiger Prüfung des Dokuments reist man ab. Abfahrtszeit des Zuges: eine dreiviertel Stunde nach Übergabe der Note. Das war an einem Samstagabend. In der Nacht läuft die Teilmobilisierung der Armee an.
Am Montag sorgt man sich in Wien nur um eins: Daß die europäischen Großmächte einen Vermittlungsversuch unternehmen könnten. Dem will man zuvorkommen, indem durch »die Kriegserklärung eine klare Situation geschaffen wird«. Außenminister Berchtold ist weiter davon überzeugt, der Konflikt lasse sich lokalisieren. Durch die Argumente seiner Berater und durch die von Stunde zu Stunde anwachsende Kriegsbegeisterung der Massen läßt sich der Kaiser in Bad Ischl weichklopfen. »Ich genehmige«, schreibt er am Dienstag, dem 28. Juli 1914, an den Rand der Kriegserklärung. »Ich habe alles geprüft und erwogen«, heißt es am Schluß der kaiserlichen Proklamation ›An meine Völker‹. Der Mann, der Schicksal spielt, ist 84 Jahre alt.

Bündnisautomatik

In der Nacht vom 28. zum 29. Juli – einen Monat nach Serajewo – fallen die ersten Schüsse. Aber für einige Tage darf die Welt noch hoffen, daß ihr der große Krieg erspart bleibe. Berlin drängt, Wien möge doch, um Himmels willen, mit Rußland Kontakt aufnehmen. Dann bietet England seine guten Vermittlerdienste an.

Statt sie anzunehmen, will Wien ihnen nur »nähertreten«. Dabei läuft die Zeit endgültig und unwiderruflich davon. Die Militärs hüben und drüben drängen zur Mobilmachung und setzen die Politiker unter Druck, bringen sie in Zugzwang. Es gibt auf allen Seiten auch Politiker, die auf den Krieg hinarbeiten. Die Bündnisautomatik setzt ein: Rußland steht Serbien gegen Österreich bei, Deutschland tritt an die Seite der Doppelmonarchie, Frankreich an die Seite Rußlands, England verbündet sich mit Frankreich. Als schließlich Deutschland Frankreich und Rußland mit Kriegserklärungen zuvorkommt, ist das kaum mehr als eine Formsache.
Die schlimmste Enttäuschung für Berlin und Wien bedeutet die Kriegserklärung Englands. Man hatte geglaubt, es sei mit eigenen Problemen wie Irland beschäftigt. Den letzten Anstoß für London, in den Krieg einzutreten, gibt jedoch der deutsche Überfall auf das neutrale Belgien, das nach dem Schlieffen-Plan als Hauptaufmarschgebiet gegen Frankreich dienen soll. Der Krieg, der zum Weltkrieg wird, ist da – der Zweifrontenkrieg, der Bismarck einst in Alpträumen plagte. Und an der Seite der beiden Kaiserreiche steht nicht einmal Italien: Es sieht den Bündnisfall nicht als gegeben und liebäugelt schon damit, die Fronten zu wechseln.
Da das Verhängnis seinen Lauf nimmt, flüchtet sich Wilhelm II. in Verwünschungen: Der böse Vetter Niki, Rußlands Zar, gilt ihm als der Hauptverantwortliche, und Onkel Edward, König von England, als der Anführer eines »perfiden Albion«. Im übrigen übt sich der Kaiser in Fatalismus: »Irgendwann mußte es ja einmal krachen!« Oft genug hatten seine Politiker und seine Generale gesagt, daß »ein europäischer Krieg über kurz oder lang kommen muß«, daß Deutschland »einen Krieg nötig hat«, daß man das Volk »mit dem Gedanken an den Krieg vertraut machen« müsse. Nun, bellende

Hunde gab es schließlich überall, und Wilhelm selbst bellte besonders laut, aber gebissen wurde eben doch nicht. Krieg dürfe nicht jetzt oder nicht aus diesem oder jenem Grund geführt werden, hieß es bis 1914 jedesmal, wenn es soweit zu sein schien.

Und die Verbündeten des Deutschen Kaisers? Die Fürsten ließen sich widerspruchslos in den Krieg hineintreiben, sämtlich davon überzeugt, daß es um eine gerechte Sache gehe und Berlin schon alles richtig gemacht habe. Im übrigen teilten sie die Begeisterung ihrer Untertanen, die wie im Rausch in den Krieg zogen. »Ich kenne keine Parteien mehr, ich kenne nur noch Deutsche!« hatte Wilhelm II. wieder einmal griffig formuliert. Und alle Deutschen waren bereit, gegen eine Welt von Feinden siegreich zu bestehen.

Für Fürsten und Volk steht nicht nur fest, daß dieser Krieg ausschließlich mit einem Sieg enden kann – ebenso gewiß scheint allen, daß dieser Sieg schnell errungen sein wird: Zu Weihnachten werde man wieder zu Hause sein! Zuvor gedenke man, eben kurz einmal Paris einen Besuch abzustatten. Auf der anderen Seite klang das nicht anders. Französische Soldaten kritzelten ›Nach Berlin‹ auf die blumengeschmückten Waggons, die sie an die Front brachten.

Es gibt gute Gründe für die These, daß der Krieg in der Tat schon zu Weihnachten entschieden war. Nämlich in dem Sinne, daß ihn die Mittelmächte Deutschland und Österreich-Ungarn nicht mehr gewinnen konnten. Es würde hier zu weit führen, die militärische Geschichte des Ersten Weltkriegs zu behandeln. Aber auf einige Aspekte ist dennoch hinzuweisen. Der geniale Schlieffen-Plan, so moralisch bedenklich er wegen des Einfalls ins neutrale Belgien auch war, eröffnete die Chance, den Krieg im Westen schnell zu beenden. Wäre er energisch und ohne Abstriche durchgeführt worden, der deutsche

Angriffsschwung wäre wohl nicht so leicht im Grabenkrieg erstickt. Ebenso entscheidend waren die Schwachstellen der k. und k. Armee, die bereits im Feldzug gegen Serbien erschreckend zutage traten. Gegen die Russen war Österreich-Ungarn auf die ständige Unterstützung der Deutschen angewiesen, ebenso wie später an der italienischen Front.

An Überlegungen und Initiativen, den blutigsten aller bis dahin ausgefochtenen Kriege nicht bis zum bitteren Ende zu führen, hat es nicht gefehlt. Wohl aber fehlt die Fähigkeit zum Kompromiß, die Einsicht gerade auf seiten der Mittelmächte, daß die Zeit nicht für sie arbeitete. War die militärische Lage angespannt, wurden Friedensfühler mit dem Argument blockiert, gerade jetzt dürfe man keine Zeichen der Schwäche erkennen lassen. War man dagegen auf Erfolgskurs, so gaukelte man sich und anderen vor, es bedürfe nur noch einer letzten Anstrengung, um das ganze Ziel zu erreichen: den Sieg-Frieden als Lohn für alle Opfer. Auch der unbeschränkte U-Boot-Krieg, der die Vereinigten Staaten zum Eingreifen gegen die Mittelmächte veranlaßte, wurde mit dem Argument durchgesetzt, er wäre das sichere Mittel, um den Krieg in drei, spätestens sechs Monaten siegreich zu beenden.

Der Kaiser, der mit so vielen Kraftsprüchen Europa verunsichert hatte, ist dem Krieg nervlich nicht gewachsen. Heute himmelhoch jauchzend, morgen zu Tode betrübt, verfolgt er das Geschehen auf den Schlachtfeldern Europas. Er, der in Kriegszeiten sein eigener Generalstabschef sein wollte, läßt sich die Macht Stück um Stück aus den Händen reißen, bis Hindenburg und Ludendorff schließlich wie eine Militärjunta regieren. Der Kaiser, immerhin Oberster Kriegsherr, sieht alldem in seltsamer Lethargie zu. »Man sagt mir auch nichts«, beklagt sich Wilhelm II. mehr als einmal.

Wie die deutschen Fürsten durch den Krieg kamen, davon wird im einzelnen noch die Rede sein. Die jüngeren ziehen mit ihren Truppen ins Feld, doch dauern die Fronteinsätze im allgemeinen nicht sehr lange. Die Oberste Heeresleitung ist für jeden regierenden Fürsten dankbar, der ihre Kreise nicht stört, und übt einigen Druck aus, damit die hohen Herren ihren Dienst quittieren.
So vertreibt sich ein Großteil der Fürsten die Zeit mit Frontbesuchen, mit der Betreuung von Verwundeten in den Lazaretten und mit Intrigen: Mecklenburg bekommt Kurland und Sachsen Litauen, Württemberg soll in Polen entschädigt werden, damit Bayern und Baden sich die Reichslande Elsaß-Lothringen aufteilen können, Hessen wird auf Rumänien verwiesen. Das Karussell dreht sich immer neu, das Fell des Bären wird geteilt, bevor er erlegt ist.
Noch im Frühjahr 1918 hegen einige dieser Fürsten die Sorge, ein preußischer Sieg bedrohe weit mehr ihre Stellung und den Bestand ihrer Monarchien als eine deutsche Niederlage, die sich ohnehin keiner vorstellen kann. Denn der Patriotismus hatte sich längst abgekehrt von den einzelnen Dynastien und war – da gab es einen großen Nachholbedarf – eindeutig gesamtdeutsch-national geworden. Vernünftige Fürsten plagen zwar gelegentlich Zweifel, ob man den Krieg nicht hätte früher beenden können oder sollen. Aber wenn sie Frieden sagen, meinen sie letztlich doch den Sieg-Frieden, der die Blutopfer des Krieges belohnt: Es darf, es kann doch nicht alles umsonst gewesen sein! Die umgekehrte Frage stellte sich keiner: Ob es überhaupt ein Ziel gab, das solche Opfer wert wäre?

Diese Unfähigkeit einer Politik, die weder den Krieg noch den Frieden gewinnen kann, ist eine der Ursachen für die Revolution. Die Maßlosigkeit der Kriegsziele läßt die Soldaten im Feld und die Darbenden in der Heimat fragen, ob es wirklich nur um die Verteidigung des Vaterlandes geht oder doch mehr um die Interessen von Fürsten, die den Hals nicht voll bekommen können? Ein weiterer Grund ist das soziale Elend, das der Krieg verschärft und neu schafft: Einem großen Proletariat, das auf Hungerlöhne und Hungerrationen angewiesen ist, steht eine Schicht von Wohlsituierten gegenüber, deren Tafeln immer noch reich gedeckt sind. Im November 1918 sitzen die besseren Münchner Bürger, wie uns überliefert ist, in den Bierkellern der Stadt und lassen sich Schweinshaxen schmecken, während die hart schuftenden Arbeiter daheim Wassersuppe schlürfen.

Im preußischen Abgeordnetenhaus und in einigen anderen Parlamenten wehren sich konservative Kräfte gegen die Zumutung von Reformplänen, die auf allgemeine, gleiche und freie Wahlen abzielen. Die Habenichtse, so wird argumentiert, dürften nie und nimmer mitbestimmen, was mit den Steuergeldern geschehen soll, die doch von den Reichen aufgebracht würden. Die Habenichtse haben nur das Recht, in den Schützengräben zu sterben. Draußen im Feld macht der Tod alle gleich – in der Heimat hingegen soll der kleine Unterschied hochgehalten werden. Da soll fixiert bleiben, auf welchen Platz ein jeder gehört.

Der Burgfrieden, den die SPD mit der Reichsregierung im August 1914 mit der Zustimmung zu den Kriegskrediten geschlossen hat, wird zusehends unpopulärer. Spätestens im ›Kohlrüben‹-Winter 1916/17 werden bei den Massen deutliche Anzeichen von Kriegsmüdigkeit erkennbar. Die russische Oktoberrevolution von 1917 ist ein zusätzlicher Ansporn für diejenigen, die das Heil in einer totalen Umwälzung sehen und jetzt auf ein Ende drängen. Die linken Theoretiker finden nun Widerhall mit ihrer Auffassung, daß Kapitalismus und Imperialismus einander bedingen, daß Monopole den Staatsapparat beherrschen, daß diese Monopole Rohstoffe, Territorien und Märkte erobern wollen und allein dafür den Krieg vom Zaun gebrochen haben, um eine Neuaufteilung der Welt vorzunehmen. Verschiedene Streiks der Munitionsarbeiter haben durchaus schon solche Untertöne.

Zum auslösenden Faktor aber wird die menschenverachtende Haltung einer militärischen Führung, die ganze Armeen – wenn nicht sinnlos, so doch bedenkenlos – verheizt. Wobei es kein Zufall ist, daß die Initialzündung aus der kaiserlichen Marine kam. Wilhelm II. hatte in seiner Hochseeflotte das Glanzstück seiner »schimmernden Wehr« gesehen, hatte proklamiert, daß die Zukunft auf dem Wasser liege. Seine Flottenpolitik war mit einer der Gründe, der England in die Allianz mit Frankreich und Rußland trieb. Und ausgerechnet diese Flotte lag nun – von der halbwegs erfolgreichen Schlacht am Skagerrak und einigen kleineren, unglücklich verlaufenen Gefechten abgesehen – vier Jahre lang tatenlos in den Häfen.

Das ›Betriebsklima‹ in der Flotte war aber nicht nur deshalb schlecht, weil es keine gemeinsamen verbindenden Erfolgserlebnisse bei den Besatzungen gab, weil die meisten Schiffe überhaupt nie ernsthaft Gefechtseinsätze fuhren. Schlimmer noch war die tiefe Kluft zwischen den Mannschaften und einem Offizierskorps, das sich während des ganzen Krieges sehr bewußt absonderte und über höchst mäßige Führungsqualitäten verfügte. Der tüchtigere Teil der jungen Offiziere war oh-

nehin nach und nach zur U-Boot-Waffe abgewandert, so daß die Hochseeflotte gewissermaßen von einer Negativauslese kommandiert wurde.
In den Schützengräben draußen lagen Offiziere und einfache Soldaten meistens im gleichen Dreck, teilten Kälte, Hunger und Gefahr miteinander. In den Häfen saßen die Offiziere bestens versorgt in ihren Messen und wohnten standesgemäß und komfortabel an Land, während die Besatzungen in Baracken und auf Schiffen eingesperrt und vergleichsweise miserabel verpflegt waren. Dafür spielten sich die Offiziere um so mehr auf, wenn es um die ›Erhaltung der Manneszucht‹ ging. Schikanen und rüder Kasernenhofton sollten den Ausgleich für fehlende Kampfbewährung bilden.
Im Juli und August 1917 kommt es zu einer ersten Meuterei, die diesen Namen freilich kaum verdient. Matrosen verweigern das Essen, entfernen sich unerlaubt aus ihren Unterkünften, um gegen schlechte Behandlung zu demonstrieren. Gewiß spielen im Hintergrund auch politische Motive hinein; die linksgerichtete USPD will ihr Süppchen mitkochen. Aber alles in allem ist es kein politischer Streik und keine echte Meuterei. Es sind spontane Unmutsäußerungen frustrierter Menschen. Wenn da ein Geschützverschluß ins Meer geworfen und dort eine Schaufel Sand in die Maschinen gestreut wird, sind das Einzelfälle und keine organisierten Sabotageakte. Kein Offizier wird behelligt oder gar tätlich angegriffen.
Die Marineführung greift mehr als hart durch: Es hagelt statt Arreste Zuchthausstrafen, die ziemlich wahllos verhängt werden. Die angeblichen Rädelsführer werden erschossen. Das Entsetzen über diese Überreaktion ist allgemein. Auch viele Offiziere distanzieren sich von dem, was die Kriegsgerichtsräte da angerichtet und die Admirale noch bestätigt haben. Aber das ändert auch

nichts mehr an dem Ergebnis, daß das ohnehin schlechte Klima nun total vergiftet ist. Selbst wenn der Matrosenaufstand vom November 1918 nicht unmittelbar an die Meuterei von 1917 anknüpft, so ist es doch kein Zufall, daß die Revolution 1918 ihren Ausgangspunkt bei der Hochseeflotte nimmt.

Anlaß ist die Wahnsinnsidee der Admiralität, buchstäblich fünf Minuten vor zwölf die Hochseeflotte in die letzte Schlacht zu schicken: nicht um dem ohnehin schon verlorenen Krieg noch eine günstige Wendung zu geben, sondern »den Schlußkampf als höchstes Ziel vor Augen, um nicht diesen Krieg beschließen zu müssen, ohne daß die in der Flotte steckende nationale Kraft voll zu schlagender Wirkung gekommen ist«. Aus einem »ehrenvollen Kampf der Flotte, auch wenn er ein Todeskampf wird«, soll »eine neue deutsche Zukunftsflotte heranwachsen«.

Was für ein schlechtes Gewissen die Flottenleitung dabei hatte, geht schon daraus hervor, daß man diese Pläne nicht nur den Mannschaften, sondern auch dem Kaiser, der Reichsregierung und dem Kriegskabinett zu verheimlichen suchte. Immerhin nahm dieser heroische Unfug zu einer Zeit Gestalt an, in der die Reichsregierung bereits über die Modalitäten des Waffenstillstands verhandelte, zu einer Zeit noch, als mit der Entlassung General Ludendorffs allen klar war, daß die unabwendbare Niederlage höchstens eine Frage von wenigen Tagen sein konnte.

Man wollte an Helgoland vorbei mit Kurs Südwest gegen England vorstoßen und vier Jahre Krieg dann auf offener See mit einer grandiosen Todesinszenierung krönen. Die Vorbereitung dieses Schlags nahm freilich drei Wochen in Anspruch und ließ sich, da immer mehr Offiziere an den Operationsbefehlen zu arbeiten hatten, nicht verheimlichen. Auch der Versuch, das Unternehmen mit einem Übungsbefehl zu kaschieren, schlug fehl. Auf den Decks und in den Maschinenräumen sprach es sich mit Windeseile herum: »Sie wollen uns auf Todesfahrt schicken.«

Es begann mit einer lautlosen Rebellion, mit passivem Widerstand. In Wilhelmshaven traten Ende Oktober Heizer nicht zum Dienst an, ließen sich allerdings widerspruchslos auf die Schiffe führen, um dann die Kessel sozusagen auf ›Sparflamme‹ zu halten. Die Maschinisten gaben zu verstehen, sie würden die Maschinen hinter Helgoland stoppen. Geschützbedienungen arbeiteten so mürrisch, daß den etwas empfindsameren Offizieren klar war, im Ernstfall sei mit ihnen nicht zu rechnen. Schließlich weigerten sich die Matrosen, die Anker zu lichten und die Schiffe seeklar zu machen. Kein Schuß fiel; es war eine Demonstration der Gewaltlosigkeit. Der Admiralität blieb nichts anderes übrig, als den Termin für den letzten großen Schlag zu verschieben – auf den St. Nimmerleinstag.

Erst jetzt, da sich die Matrosen ihrer Macht bewußt geworden waren, entwickelte sich die Rebellion gegen die Admirale zur Revolution gegen den Krieg, gegen den Kaiser und gegen das herrschende System. Erst jetzt bekam der Aufstand – von Kiel ausgehend – politische Dimension, ergaben sich Querverbindungen zur parlamentarischen und außerparlamentarischen Linken. Eine rote Matrosendivision setzte die Revolution in Bewegung, bildete die ersten Arbeiter- und Soldatenräte, gab den Startschuß für das Ende der deutschen Dynastien, für die große ›Fürstendämmerung‹.

Die Doppelmonarchie Österreich-Ungarn

Die österreichisch-ungarische Doppelmonarchie war bei Ausbruch des Ersten Weltkriegs mit einer Gesamtfläche von 676615 Quadratkilometern nach dem zaristischen Rußland und noch vor dem Deutschen Reich (540858 Quadratkilometer) der zweitgrößte europäische Territorialstaat. Mit einer Bevölkerungszahl von 51,4 Millionen (1910) rangierte die Donaumonarchie nach dem Deutschen Reich (64,9 Millionen) an dritter Stelle in Europa. Die Bevölkerungsdichte von 76 Einwohnern pro Quadratkilometer (Deutschland: 120) weist auf ein überwiegend agrarisch strukturiertes Staatsgebiet hin. Über bedeutende Industrie verfügt die Doppelmonarchie in Niederösterreich rund um die Kaiserstadt Wien und vor allem in Böhmen.
Der Kaiser von Österreich und König von Ungarn herrscht über ein Reich, das von Lemberg, Tschernowitz und Krakau im Osten bis nach Karlsbad, Pilsen und Budweis im Westen reicht und im Süden fast an die Stadttore von Verona und Belgrad stößt. Im Vielvölkerstaat dominieren die Deutschen (23 Prozent) und die Ungarn (20 Prozent), gefolgt von Tschechen und Slowaken (12,6 Prozent), Polen (10 Prozent), Ruthenen, Rumänen, Kroaten, Serben, Slowenen, Italienern und Ser-

bokroaten. Der Monarch regiert (mit jeweils einem Ministerpräsidenten) in Österreich und Ungarn konstitutionell, wobei er in Ungarn stärker auf die Mitwirkung des Parlaments angewiesen ist. Eine Gesamtverfassung für die Doppelmonarchie gibt es nicht, wohl aber gemeinsame Ministerien und einen gemeinsamen Ministerrat. Nach 1918 verbleiben Österreich auf 83 833 Quadratkilometern knapp 6,5 Millionen Einwohner.

In treuer Freundschaft

Mit Karl I. und Kaiserin Zita endete die Habsburger Monarchie

Am Montag, dem 4. November 1918, erklang im Wiener Stephansdom zum letztenmal die Kaiserhymne: ›Gott erhalte, Gott beschütze . . .‹ Der Hof und die Anhänger der Monarchie feierten den Namenstag von Kaiser Karl. Aber zum Feiern war längst kein Anlaß mehr. Der Vielvölkerstaat war auseinandergebrochen, die nichtdeutschen Nationalitäten hatten sich von der Donaumonarchie losgesagt, in Österreich selbst gewannen die Anhänger der republikanischen Staatsform von Tag zu Tag mehr Boden. In Italien hatte der geschlagene Kaiser Hals über Kopf Waffenstillstand schließen müssen und war dabei von den Italienern noch böse hereingelegt worden. Die nützten ein Mißverständnis, eine Frist von 36 Stunden zwischen Abschluß und Inkrafttreten der Waffenruhe, dazu aus, um noch 350000 Gefangene zu machen: wehrlose, hungernde und frierende Soldaten, die nur von einem Wunsch beseelt waren – nach grauenhaften Kriegsjahren in ihre Heimatländer zurückzukehren.

Karl I. hatte kein Reich mehr und keine Armee, ja nicht einmal mehr eine Leibwache vor seinem Schloß Schönbrunn. Zuerst hatten Truppen an der italienischen Front gemeutert, just in dem Augenblick, in dem die Italiener

zu ihrer letzten großen Offensive antraten. Den Soldaten aus einem halben Dutzend verschiedener Nationalitäten war klargeworden, daß die Habsburger Monarchie im Sterben lag. Sie wollten weder für den Kaiser noch für das zerfallende Reich sterben, wollten sich nicht in letzter Minute zu Krüppeln schießen lassen. Viele warfen die Waffen weg und räumten ostentativ ihre Stellungen. Andere stahlen sich unauffällig davon und machten sich auf den Weg in die Heimat. Und die Wachtruppen vor dem Schloß Schönbrunn waren ganz einfach nicht mehr zum Dienst erschienen; selbst hohe Offiziere hatten sich stillschweigend verdrückt. Am Ende fanden sich nur noch ein paar Kadetten bereit, den Kaiser vor den Belästigungen der Straße zu schützen.
Kaiser Karl überlegte, ob er sich wieder dem Deutschen Reich anschließen sollte, nicht ahnend, daß auch dort die Revolution vor der Tür stand. Im Jahre 1866, nach der verlorenen Schlacht von Königgrätz, hatte die Habsburger Monarchie, von Bismarck und den siegreichen preußischen Truppen hinausgedrängt, den Deutschen Bund verlassen. Jetzt war Karl I. wieder reduziert auf den Stand eines deutschen Fürsten, saß in seinem prächtigen Schloß und hoffte, wenigstens Deutsch-Österreich für sein Haus zu erhalten. Seine Gemahlin Zita wollte sich freilich nicht nur aufs Hoffen beschränken, sondern war bereit, für sich und ihren Sohn Otto um Krone und Thron zu kämpfen.
Karl I. war nicht für den Thron geboren und nicht fürs Herrschen erzogen. Als er 1887 auf die Welt kam, lebte Kaiser Franz Josephs einziger Sohn Rudolf noch. Nach dessen Selbstmord in Mayerling (1889) war des Kaisers Neffe Franz Ferdinand an der Reihe. Er gab zu der Hoffnung Anlaß, daß er für Thronerben sorgen würde. Erst durch seine Heirat mit der unebenbürtigen Gräfin Chotek und seinen feierlichen Verzicht auf die Habs-

burger Krone für seine Söhne rückte Karl als nächster Anwärter in den Blickpunkt. Freilich war zu erwarten, daß auch Franz Ferdinand eine lange Regierungszeit bevorstand, in deren Verlauf eine Revision der Erbfolge nicht ausgeschlossen war.

Karl versuchte in den Jahren bis zum Attentat von Serajewo, sowohl mit seinem Großonkel Franz Joseph als auch mit seinem Onkel Franz Ferdinand in ein erträgliches Verhältnis zu kommen. Naturgemäß schloß er sich mehr an den jüngeren Franz Ferdinand an, dessen politische Ansichten ihm auch eher zusagten – von der einen Ausnahme abgesehen, daß er das Verhältnis der Donaumonarchie zum Deutschen Reich etwas skeptischer beurteilte als der mit Kaiser Wilhelm II. befreundete Erzherzog Franz Ferdinand. Ein weiterer Grund für die engere Anlehnung an den Thronfolger mag darin gelegen haben, daß bei Franz Ferdinand im Schloß Belvedere ein offener Ton vorherrschte. Dort diskutierte man über politische und militärische Probleme, während der Kaiser in der Hofburg oder in Schloß Schönbrunn jeden Einblick in die Staatsgeschäfte verhinderte.

Franz Joseph I., der seinen ungeliebten Nachfolger Franz Ferdinand, soweit es ging, von politischen Entscheidungen fernhielt und ihn auf den militärischen Sektor abschob, dachte ebenfalls nicht daran, den ihm genehmeren neuen Thronfolger Karl wirklich aufzubauen und diesem die Möglichkeit zu geben, sich in die Aufgaben des Herrschers einzuarbeiten. Als würde er ewig leben, behielt Franz Joseph auch im Krieg die Zügel in der Hand und die Kontrolle über seine geliebten Akten. Zum Regierungsstil des alten Kaisers gehörte es, Konferenzen möglichst zu vermeiden und sich Rat und Entscheidungshilfe nur in Einzelgesprächen zu holen. Selbst in den Tagen vor dem Ersten Weltkrieg gab es keinen Meinungsaustausch in größerer Runde. Die Minister,

die dem Kaiser während des Krieges Vortrag hielten, wurden zwar regelmäßig zum Thronfolger Karl geschickt, aber mit der strengen kaiserlichen Weisung, nicht vom Thema und vom vorher gebilligten Konzept abzuweichen. Franz Joseph wollte immer kontrollieren, was dem jungen Erzherzog gesagt wurde. Er bestimmte, was der Thronfolger erfahren sollte und was nicht.
»Er hat nichts gelernt, kann nicht einmal orthographisch richtig schreiben. Sein Herr Onkel hat ihn absichtlich verdummen lassen«, urteilte der Generalstabschef Franz Conrad von Hötzendorf ebenso gehässig wie ungerecht. Wie überhaupt viele führende Männer der Doppelmonarchie nach dem Tod des greisen Kaisers im November 1916 den jungen Nachfolger ablehnten und ins Leere laufen ließen. »Er ist dreißig, sieht aus wie zwanzig und spricht wie ein Zehnjähriger«, hieß ein geflügeltes Wort in der Umgebung des jungen Kaisers. Witze kursierten, die Karl als ausgemachten Trottel hinstellten. Und Gerüchte wurden kolportiert, die direkt an die Ehre des Kaisers gingen. Hatte die Behauptung, wonach Karl nur ein Hampelmann seiner herrschsüchtigen Gemahlin sei und sich von ihr alle Befehle diktieren ließe, noch einen Hauch von Wahrheitsgehalt, so entbehrten andere Verleumdungen jeder Grundlage: Weitverbreitet war beispielsweise, daß Kaiser Karl ein Alkoholiker sei, der schon am frühen Abend betrunken herumtorkele. Ein böses Gerücht, das die Männer seiner Umgebung, die ihn tagtäglich sahen, später auf das Entschiedenste dementierten.
Der tiefere Grund für alle diese Gehässigkeiten lag darin, daß vielen Militärs und Beamten die neue Richtung ganz einfach nicht paßte. Der junge Herr gab sich um einiges unkonventioneller als die alte Apostolische Majestät. Karl I. saß mit offenem Hemdkragen an seinem Schreibtisch, schnitt manche alten Zöpfe des Hof-

zeremoniells ab, legte Wert auf Teamarbeit, duldete es zum Beispiel ohne weiteres, daß seine Mitarbeiter unangemeldet in seinem Büro erschienen, um aktuelle Fragen zu beraten und zu entscheiden. Dem neuen Stil entsprach aber auch eine neue Politik, die Karl fast vom ersten Tag an verfolgte. Und die paßte den alten Generalen und Hofräten noch viel weniger.

Der sterbende Kaiser hatte seinem Nachfolger ein bedrückendes Erbe hinterlassen. Zu Beginn des dritten Kriegsjahres – des dritten Kriegswinters – war die Lage geradezu verzweifelt. Am meisten Sorge bereitete die Ernährungsfrage. Gerade im österreichischen Reichsteil, der immer schon auf Nahrungsmitteleinfuhren aus dem Osten angewiesen war, regierte der Hunger. Binnen zwei Jahren hatten sich die Preise für Brot fast verdoppelt, für Fleisch verdreifacht, für Fett mehr als vervierfacht, ohne daß die Löhne mit dieser Steigerung auch nur annähernd mitgezogen wären.

Gewiß gab es auch im Deutschen Reich ernste Versorgungsschwierigkeiten, aber dort waren mit deutscher Gründlichkeit und einem halbwegs funktionierenden System der Rationierung die schlimmsten Auswirkungen vermieden worden. In Deutsch-Österreich, und zumal in der Zweimillionenstadt Wien, wurde hingegen gehungert wie sonst nirgendwo. Wer nicht über genug Geld verfügte, um auf grauen und schwarzen Märkten Lebensmittel zu kaufen, hatte zuwenig zum Leben und kaum zuviel zum Sterben. Jede relativ harmlose Grippewelle raffte Tausende von ausgemergelten Menschen dahin; in den Fabriken brachen Arbeiter entkräftet zusammen. Untersuchungen von Frontsoldaten ergaben ein Durchschnittsgewicht von nur etwas über fünfzig Kilogramm.

Man machte Mißernten für die katastrophale Ernährungslage verantwortlich, ohne voll zu begreifen, daß diese Mißernten nicht von ungefähr kamen und keineswegs nur auf Launen der Natur basierten. Auf den Bauernhöfen fehlten überall die zu den Waffen eingezogenen Männer. Maschinen, um sie zu ersetzen, gab es noch nicht oder unter dem Zwang der Kriegswirtschaft nicht mehr. Ebenso gravierend war der Umstand, daß eine am grünen Tisch konzipierte Planwirtschaft auf dem Agrarsektor fast jeden Anreiz zur Mehrarbeit und zur Mehrproduktion verhinderte. Auch in schlechten Zeiten will der Bauer verdienen, steht der gesunde Erwerbssinn über allen patriotischen Gefühlen.

Anders als im Zweiten Weltkrieg, wo der Ausstoß an Rüstungsgütern auf dem Höhepunkt der Bombenangriffe noch mit Rekordzahlen aufwarten konnte, gelang es der Industrie in der Donaumonarchie nicht, ihre Produktionsziffern zu steigern. Im Gegenteil: Sowohl die Zahlen bei Waffen als auch bei Munition und vor allem bei Uniformen und bei Schuhwerk waren rückläufig. Die Armee lebte in jeder Hinsicht von der Hand in den Mund. Und mehr als einmal prognostizierten Generalstabsoffiziere, daß der Krieg nur noch sechs Wochen durchzuhalten sei – was die Verantwortlichen freilich keineswegs dazu veranlaßte, Konsequenzen zu ziehen. Man wollte den Ernst der Lage einfach nicht erkennen und entschloß sich immer wieder zum Durchwursteln. Irgendwie ging es ja trotzdem weiter.

Die hohen Militärs und Spitzenbeamten waren es gewesen, die den greisen Franz Joseph mehr oder weniger in den Krieg gehetzt hatten, den der Kaiser schon deshalb nicht gewollt hatte, weil er, nach vielen bitteren Erfahrungen einer langen Regierungszeit, dem Schlachtenglück mißtraute. Aber er hatte sich dann eben doch darauf eingelassen und proklamiert: »Ich habe alles geprüft und erwogen.« Karl I. und seine Frau Zita erwogen alles, um dem Krieg ein Ende zu machen. Besonders nach den

Revolutionen in Rußland war dem Herrscherpaar klar, daß jetzt einzig und allein der Frieden die Krone für das Haus Habsburg retten konnte.

Von Anfang an verfolgte das junge Kaiserpaar eine Art Doppelstrategie, versuchte es, den Frieden in zweifacher Hinsicht zu gewinnen: Neben dem äußeren Frieden war sein Trachten auf innere Versöhnung ausgerichtet, auf die große Reform, die ein gedeihliches Nebeneinander und Miteinander im Vielvölkerstaat garantieren sollte. Karl war sich dabei stets bewußt, daß wenigstens eines dieser Vorhaben durchgesetzt werden müsse, um den Bestand des Reiches zu sichern. Und er wußte auch, daß das Erreichen des einen Zieles das andere viel näher rükken lassen würde.

Es fehlte dem Kaiser also keineswegs an der Einsicht, die Zusammenhänge klar zu erkennen, auch nicht an der Intelligenz, Ziele abzustecken und Wege zu erkunden, wie diese Ziele zu erreichen seien. Wohl aber mangelte es ihm an Hartnäckigkeit, das einmal als richtig Erkannte konsequent zu verfolgen und durchzufechten. Er war kein politischer Taktiker und schon gar keine Kraftnatur, um sich entscheidend gegen Widerstände durchzusetzen. Zweifellos war Karls Frau Zita stärker als er und ließ sich weniger leicht entmutigen. Aber insgesamt erwiesen sich beide als zu schwach und zu unerfahren, um sich gegen einen starken Apparat behaupten zu können.

Außerdem unterliefen ihnen einige gravierende Fehler, wobei die personalpolitischen Mißgriffe eher zu korrigieren gewesen wären. Nicht wiedergutzumachen war allerdings der Umstand, daß sich das junge Kaiserpaar von den überfallartig auftretenden Ungarn dazu verleiten ließ, sich in Budapest feierlich krönen zu lassen und den Eid auf die ungarische Verfassung zu schwören, was sich bei allen Reformversuchen im Innern als entschei-

dender Hemmschuh erweisen sollte. Nur ein bißchen von dem Mißtrauen, das Franz Ferdinand gegen die Magyaren hegte, hätte eigentlich schon genügen müssen, um Karl nicht in diese Falle tappen zu lassen.
Der ungarische Reichsteil, das Königreich Ungarn, war seinerseits wieder ein Vielvölkerstaat, in dem zahlreiche unterdrückte Nationalitäten – hauptsächlich Rumänen und Slawen – lebten. Jeder Versuch, in der ganzen Monarchie den einzelnen Völkern mehr Selbständigkeit zu verschaffen, wurde somit automatisch zu einer ungarischen Frage. Und die Magyaren blockten solche Reformen nicht nur für ihr Staatsgebiet ab, sondern warfen stets ihren ganzen, keineswegs geringen Einfluß in die Waagschale, um bereits den Anfängen zu wehren. Der Traum vom habsburgischen Bundesstaat scheiterte zuallererst am ungarischen Chauvinismus. Mochte Karl auch die schönsten Konzepte entwerfen, beim ersten Einspruch der Ungarn gab er meistens schon resignierend auf. Als er sich endlich zum Handeln entschloß, war es leider zu spät. Die Maßnahmen, mit denen er im Oktober 1918 nichts mehr retten konnte, hätten – rechtzeitig durchgeführt – vielleicht den inneren Frieden der Monarchie erhalten, oder besser gesagt: wiedergewinnen können.
Der Mut zum letzten Wagnis fehlte dem Kaiser ebenso bei seinen Versuchen, den äußeren Frieden zu bewerkstelligen. Hier war die Lage noch schwieriger und komplizierter, und die Mittel, derer sich Karl bediente, waren noch um einiges problematischer. Zunächst fällt die beinahe verdächtige Eile auf, in der das junge Kaiserpaar zu Werke geht. Hinzu kommt das Handeln auf eigene Faust, auf familiärer Basis unter Ausschaltung aller zuständigen Organe. Gemeint ist die Sixtus-Aktion, die durch Ungeschicklichkeit zur Sixtus-Affäre werden sollte.

Schon fünf Tage nach dem Begräbnis von Kaiser Franz Joseph nahm Maria Antonia von Parma, die Mutter von Kaiserin Zita, im Auftrag ihres hohen Schwiegersohns Kontakt auf zu ihren beiden Söhnen Sixtus und Xavier, die in der belgischen Armee als Offiziere dienten. Wer den Plan ausgeheckt hatte, wird sich nie ganz klären lassen: Die ganze Parma-Familie war von politischem Sendungsbewußtsein geprägt. Und bei Zita, die einen starken Einfluß auf Kaiser Karl ausübte, mochte dabei der Gedanke mitgespielt haben, der Familie Habsburg und der gesamten Monarchie einmal vor Augen zu führen, wie wichtig und richtig die Verbindung mit Bourbon-Parma war. Das war keine abgehalfterte Herzogsfamilie ohne Thron, der man die Gnade einer ehelichen Verbindung mit dem Erzhaus gewährt hatte, wie das in Österreich-Ungarn gesehen werden mochte. Nein, das war – wie man jetzt erkennen mußte – ein kluger Clan mit tausend Verbindungen, die sich für Karl und sein Reich auszahlen würden.

Prinz Sixtus und sein Bruder Xavier sollten in Paris vorsichtige Erkundigungen einziehen, unter welchen Bedingungen der Frieden zu haben sei. Der Außenminister der Donaumonarchie bekam schon Ende des Jahres 1916 Wind von der Sache, ohne sie allerdings ganz zu durchschauen. Jedenfalls verlangte Ottokar Graf Czernin von seinem Kaiser nicht nur Informationen, sondern auch Kontrolle aller Kontakte durch sein Ministerium. Karl versuchte daraufhin, seinen Minister zu beruhigen und versicherte, es handle sich um reine Familienangelegenheiten, die völlig unpolitisch seien; dieser ersten Lüge folgte noch manche andere. Czernin bekam von seinem Kaiser höchstens die halbe Wahrheit zu hören, und auch die nur auf Raten und mit Verzögerung.

Zuweilen hatte es allerdings den Anschein, als sei Czernin gar nicht sonderlich daran gelegen, die ganze Wahrheit zu wissen. Er wollte weder die Verantwortung für den politischen Dilettantismus des Kaisers übernehmen noch die Konsequenzen ziehen, die sich eigentlich von selbst verstehen, wenn der Monarch hinter dem Rücken des verantwortlichen Ministers Außenpolitik betreibt. Czernin klebte an seinem Stuhl, genoß Amt und Macht zu sehr, um wegen einer Stilfrage den Hut zu nehmen. Daß es einmal mehr als eine Stilfrage sein würde, konnte der k. und k. Außenminister nicht absehen.

Im Einverständnis mit der französischen und der belgischen Regierung wechselten unter höchster Geheimhaltung und auf abenteuerlichen Wegen die Parma-Prinzen Ende März 1917 über die schweizerisch-österreichische Grenze und trafen sich auf Schloß Laxenburg mit ihrer hohen Verwandtschaft. Kaiser Karl eröffnete das Gespräch und sagte, er wünsche den Frieden. Sixtus erwiderte, daß mit Deutschland nicht ins Geschäft zu kommen sei. Karl gab sich zuversichtlich und meinte, er würde die verbündeten Deutschen schon herumkriegen. Und wenn ihm das nicht gelinge? Gut, dann werde man weitersehen und müsse eben auch den Gedanken eines Separatfriedens ins Auge fassen. Zunächst aber interessiere ihn, den Kaiser, unter welchen Bedingungen Frankreich zum Frieden bereit sei.

Prinz Sixtus war gewiß nicht ermächtigt, für Frankreich Friedensverhandlungen zu führen, andererseits jedoch einigermaßen im Bilde über die Vorstellungen der französischen Regierung: die Rückgabe von Elsaß-Lothringen, Wiederherstellung Serbiens mit Zugang zum Meer, Wiederherstellung des Königreichs Belgien und russischer Einfluß auf die Türkei, wobei es besonders um die Meerengen ging. Karl konnte diesem Konzept durchaus zustimmen, zumal es ihn relativ wenig kostete. Erst als im Verlauf der Gespräche auch von Italiens Ansprüchen auf Südtirol die Rede war, gab sich Karl zunächst ziem-

lich zugeknöpft. Für die anderen Forderungen aber versprach er, sich beim Deutschen Kaiser dafür stark zu machen.
Dem Grafen Czernin, der zu den Gesprächen zeitweise hinzugezogen wurde, schien das ganze Sixtus-Unternehmen nicht seriös genug. Er konnte sich auch gut vorstellen, daß auf anderen Kanälen ebenfalls bei den Deutschen vorgefühlt wurde; dort würde man wahrscheinlich versprechen, sich in Wien für einen Verzicht auf Südtirol einzusetzen. Heute wissen wir, daß es solche Kontakte gab. Und in der Tat war die Friedensbereitschaft immer dort am größten, wo man über Zugeständnisse auf Kosten jeweils der anderen redete. Czernin konnte wohl auch den Verdacht nicht loswerden, die Parma-Brüder wollten mit ihrer Aktion ihr eigenes Süppchen kochen. Vielleicht träumten sie davon, als die großen Friedensstifter in die Geschichte einzugehen, als jene Männer, die Elsaß-Lothringen für Frankreich zurückgewinnen würden; ja möglicherweise schwebte ihnen als Lohn dafür sogar eine Krone vor. Schließlich stammten die Bourbonen aus Frankreich und fühlten sich überall als französische Fürsten.
Und die Motive der französischen Regierung? Sie sah in dem Sixtus-Unternehmen eine Möglichkeit, einen Keil zwischen die Mittelmächte zu treiben. Karl sollte deutlich, und am besten öffentlich, für seine Friedensziele eintreten und dabei den Deutschen moralisch in den Rücken fallen. Oder noch besser: Habsburg sollte auf den Weg eines Separatfriedens gedrängt werden, damit man sich dann um so intensiver dem gemeinsamen Krieg gegen Deutschland widmen könnte. Auch Paris hoffte natürlich auf den totalen Sieg.
Karl war zu schwach, zu vorsichtig und wohl auch zu anständig, um das französische Spiel gegen den deutschen Verbündeten mitzumachen. Immerhin hatte

Deutschland die Donaumonarchie 1914 nicht im Stich gelassen, und deshalb wollte Karl jetzt auch Wilhelm II. nicht allein im Regen stehenlassen. Seinen Friedenswillen wollte er jedoch deutlich bekunden. Während Czernin auf Zeitgewinn setzte und um eine Denkpause bat, schrieb Karl an seinen »lieben Sixtus« hinter dem Rükken seines Außenministers jenen berühmten Sixtus-Brief in französischer Sprache, den der Bourbonen-Prinz wahrscheinlich selbst diktiert hatte: »Zur Kundgebung der Aufrichtigkeit meiner Gefühle in präziser Form bitte ich Dich, dem Präsidenten der Französischen Republik, Herrn Poincaré, geheim und inoffiziell die Mitteilung zu machen, daß ich mit allen Mitteln und mit meinem ganzen persönlichen Einfluß bei meinem Verbündeten die gerechte französische Rückforderung von Elsaß-Lothringen unterstützen werde ...« Mit Sixtus war zwar abgemacht, daß dieser Brief als eine Art ›Aide memoire‹ zu betrachten sei und nicht aus der Hand gegeben werden dürfe. Aber die Franzosen lasen den Brief nicht nur, sondern fertigten auch schnell eine Abschrift an. Genau ein Jahr später kam die Sache schließlich an die Öffentlichkeit, und Karl mußte wieder einmal lügen, was ihm nicht gerade überzeugend gelang. Das war dann die Sixtus-Affäre, der ›Verrat‹, über den sich alle empörten.

Nachdem Sixtus und Xavier im März 1917 zurückgefahren waren, besuchten Karl und Zita Anfang April den Deutschen Kaiser in Bad Homburg. Karl war für den Frieden, vor allem mit dem Argument, daß die Donaumonarchie einen weiteren Kriegswinter nicht mehr durchhalten könne. Speziell dem Deutschen Kaiser gegenüber verwies Karl auf die erste Russische Revolution und offenbarte ihm seine Angst, eine Fortsetzung des Krieges müsse den Bestand der Dynastien aufs ernsteste gefährden.

Wilhelm II. hörte sich die beschwörenden Reden Karls an, konnte sich seinen Argumenten auch nicht verschließen, mußte aber bedauernd die Achseln zucken, wenn Karl auf konkrete Zusagen, auf konkrete Friedensschritte drängte. Der Hohenzoller war im dritten Kriegsjahr längst nicht mehr Herr seiner Entschlüsse. Im Deutschen Reich hielt die Oberste Heeresleitung das Heft in der Hand. Generalfeldmarschall Paul von Hindenburg und General Erich Ludendorff bestimmten ganz eindeutig die Richtlinien der Politik und der Kriegsführung. An Kaiser Wilhelm lief alles vorbei.

Karl ließ es im übrigen nicht an Deutlichkeit fehlen. Wie im Sixtus-Brief versprochen, setzte er sich leidenschaftlich dafür ein, dem Frieden durch einen Verzicht auf Elsaß-Lothringen die Bahn zu ebnen. Von der Aktion der Parma-Brüder sagte er seinem Verbündeten allerdings nichts. Um zu zeigen, daß er nicht nur von den Deutschen Opfer verlangte, stellte Karl Kompensation in Polen in Aussicht, damit einem alten preußischen Wunschtraum ansprechend. Graf Czernin wiederum ließ durchblicken, für einen baldigen Frieden sei die Donaumonarchie sogar zum Rückzug aus Südtirol bereit.

Doch nichts verfing. Vor allem der Hinweis auf die Russische Revolution rührte die Heeresleitung nicht. Im Gegenteil: Ludendorff setzte auf die Revolutionskarte, versprach sich – mit Recht – davon das Ende des Zweifrontenkrieges und rechnete schon mit den achtzig Divisionen, die man im Osten abziehen könne, um im Westen den entscheidenden Schlag zu führen. Zur militärischen Entlastung käme auch noch eine wesentliche Verbesserung der angespannten Ernährungslage. ›Brotfriede‹ hieß später das Schlagwort für die Verhandlungen im Osten.

Zudem war es der deutschen Generalität nicht verborgen geblieben, daß bei den Alliierten ebenfalls große

Kriegsmüdigkeit herrschte. Die Engländer zum Beispiel überlegten mehr als einmal, wie sie aus diesem Krieg herauskämen, ohne ihr Gesicht ganz zu verlieren. Besondere Wirkung versprachen sich die Deutschen vom unbeschränkten U-Boot-Krieg, wobei sie sich der Illusion hingaben, die Unterbrechung der Seewege werde die Alliierten entscheidend treffen, bevor sich der Kriegseintritt der USA auf den Schlachtfeldern Europas auswirken könne. Wieder einmal wurde der Zeitfaktor von den Deutschen total falsch eingeschätzt.

Ohne greifbares Ergebnis kehrte Karl zurück. Im Mai 1917 kamen die Parma-Brüder noch einmal zu ihm, um zu bestätigen, was bereits klar war: Die Donaumonarchie könne einen halbwegs glimpflichen Separatfrieden haben, wenn sie sich von Deutschland lossagte, das die Entente dafür um so deutlicher besiegen und um so härter bestrafen wollte. Dazu vermochte sich Karl nicht durchzuringen – schon weil seine Umgebung ihn davon abhielt. Graf Czernin und auch die Militärs wollten eine solche Totalwende ihrer Politik nicht ins Auge fassen – zumal sie befürchten mußten, daß Deutschland nicht zögern würde, in der Donaumonarchie einzumarschieren.

So war denn nicht nur der Versuch, den inneren Frieden zu gewinnen, gescheitert. Auch für den äußeren Frieden gab es keine Chance. Die Kriegspartei in Österreich-Ungarn bekam reichlich Oberwasser und glaubte jetzt wieder, alles werde sich doch noch zum Guten wenden. Die Kriegserklärung der USA, die gleich nach der Abreise des Kaisers aus Bad Homburg erfolgte, nahm man nicht ernst. Dafür hoffte man um so mehr auf Lenin, den die Deutschen im gleichen April 1917 auf den Weg nach Rußland gebracht hatten, hoffte auf den Waffenstillstand im Osten und auf genügend Getreidelieferungen, um weiter durchzuhalten, weiterwursteln zu können.

Gelitten aber hatte das Prestige des jungen Kaiserpaares. Noch ehe die Sixtus-Affäre aufflog, trauten die ›Falken‹ dem Friedenskaiser nicht über den Weg. Insbesondere die Kaiserin, die ›Italienerin‹ Zita, geriet ins Kreuzfeuer der Kritik und der Verleumdung. So übel und dumm konnte ein Gerücht gar nicht sein, daß man es nicht geglaubt und weitergetragen hätte: Zita als die Drahtzieherin aller verräterischen Aktionen, Zita gar hoch zu Roß in tiefer Nacht durch die Linien reitend, um den Italienern geheime Angriffspläne der Österreicher zu überbringen. Woher Zita solche Pläne wissen sollte, danach fragte keiner.

Solche Schauermärchen wurden genährt durch die häufigen Frontbesuche des Kaiserpaares. Karl und vor allem Zita sahen mit Entsetzen das Grauen des modernen Krieges und sagten unter solch unmittelbarem Eindruck offen, daß jeder weitere Kriegstag nur sinnlose Opfer fordere. Für alte Militärs, die den Krieg im wesentlichen nur noch aus der Distanz ihrer sicheren Hauptquartiere, aus Generalstabskarten, Heeresberichten und Verlustlisten kannten, war das Gefühlsduselei junger unreifer Menschen.

Aber auch die Verständigungswilligen versagten Karl und Zita weitgehend ihre Unterstützung, weil Karl in ihren Augen nicht die Autorität hatte, um das Staatsschiff in so bewegter Zeit zu steuern. Der alte Kaiser hätte sich da gewiß leichter getan. Es gab 1914 keinen Beamten, der seine Karriere nicht von Anfang an Franz Joseph zu verdanken gehabt hätte, keinen General, der nicht schon als Fähnrich auf ihn vereidigt worden wäre. Einem Machtwort Franz Josephs hätte niemand zu widersprechen gewagt.

Mit Karl jedoch hatte der politische und militärische Apparat leichteres Spiel. Bis zuletzt verweigerte man dem Herrscher die Hilfe. »Den Krieg hat der Kaiser begonnen«, sagte ihm selbst der Sozialdemokrat Viktor Adler ins Gesicht, »es ist Sache des Kaisers, ihn auch zu beenden.« Karl antwortete darauf: »Ich habe diesen Krieg ebenso wenig begonnen wie Sie. Aber ich habe immer wieder versucht, ihn zu beenden. Und Sie, meine Herren, haben mich bei meinen Friedensbemühungen niemals unterstützt.« Diese Aussage richtete sich nicht nur an die Adresse Adlers – damit meinte er viele Politiker, Militärs und hohe Beamte.

Im August war Karl abermals zum Deutschen Kaiser in dessen Hauptquartier nach Spa in Belgien gefahren, hatte diesmal allerdings nicht mehr nur auf einen Verständigungsfrieden gedrängt, sondern vielmehr seine Bereitschaft zu einem sofortigen Verzicht-Frieden erklärt, um wenigstens etwas von seiner Armee zu retten, die er vielleicht zur Regelung der inneren Verhältnisse noch brauchen würde. Hindenburg wollte jedoch nichts davon hören; er beklagte die Gefährdung des Bündnisses und warnte mit leicht drohendem Unterton vor jedem überstürzten Schritt. So blieb denn von Karls Vorsätzen wieder einmal nichts weiter übrig als ein allgemein gehaltener Friedensappell Mitte September, der Österreich-Ungarn nichts einbrachte, aber den Alliierten zeigte, wie es um die k. und k. Armee und um die Monarchie stand – wenn es solcher Hinweise überhaupt noch bedurfte! Zar Ferdinand von Bulgarien signalisierte in der letzten Septemberwoche sein Ausscheiden aus dem Krieg und dem Bündnis und vollzog seinen Abfall innerhalb weniger Tage. »Das schlägt dem Faß den Boden aus«, jammerte man in Wien. Dabei hatte das Faß schon viele Löcher, aus denen der Inhalt floß.

So steuerte die Donaumonarchie der Katastrophe, ihrer inneren Auflösung und ihrer äußeren Niederlage, entgegen. Im Oktober 1918 beschleunigte sich die Talfahrt geradezu unheimlich. Noch einmal suchte der Kaiser zu

retten, was schon verloren war. Noch einmal kämpfte er an zwei Fronten für den Bestand seines Reiches und für seine Kronen. Dem deutschen Waffenstillstandsangebot vom 4. Oktober, das auf der Grundlage der 14 Punkte von US-Präsident Wilson hinausgegangen war und mehr eine dringende Bitte als ein Angebot darstellte, schloß sich Österreich-Ungarn sofort an.
Auch nach dem Waffenstillstandsangebot setzten die Deutschen auf Zeitgewinn, wovon noch die Rede sein wird. Karl suchte den Oktober dazu zu nützen, um die Nationalitätenfrage zu lösen. Punkt 10 von Wilsons Friedensbedingungen aus dem Januar 1918 war die »freieste Möglichkeit zur autonomen Entwicklung der Völker« in der Donaumonarchie. In diese Richtung zielte das ›Völkermanifest‹ des Kaisers vom 16. Oktober. Indes kam es viel zu spät: einmal deshalb, weil die Alliierten sich längst die Zerschlagung der Donaumonarchie zum Ziel gesetzt hatten; zum anderen, weil beispielsweise die Tschechen bereits zwei Tage zuvor diese Zerschlagung vorweggenommen hatten, indem sie die Tschechoslowakische Republik proklamierten. Der Vielvölkerstaat und die Monarchie zerbrachen, und kein Manifest konnte diesen Zerfall noch aufhalten.
»Österreich soll dem Willen seiner Völker gemäß«, hieß es in dem Dokument vom 16. Oktober, »zu einem Bundesstaate werden, in dem jeder Volksstamm auf seinem Siedlungsgebiet sein eigenes staatliches Gemeinwesen bildet« – und natürlich verklammert durch den habsburgischen Thron. Bis zuletzt sträubten sich in schon unglaublicher Blindheit die Ungarn gegen Text und Geist dieses Manifests. Sie beriefen sich auf die Verfassung, auf die auch Karl geschworen habe, als man ihm die Stephanskrone verliehen hatte. Und während sie eifrig protestierten und intrigierten, bröselte Großungarn den Magyaren unter den Fingern weg.

So hatte das ›Völkermanifest‹ nur noch eine Funktion und eine Folge: Es sagte den kämpfenden Truppen an der Front, daß es vorbei war mit der alten Donaumonarchie, daß eine neue Zeit gekommen sei und es sich nicht mehr lohne, für etwas zu sterben, was morgen nicht mehr existieren würde. Der im Manifest zitierte »Wille der Völker« war auf Frieden ausgerichtet, auf Überleben, auf Heimkehr ins eigene Siedlungsgebiet, das demnächst ein eigenes staatliches Gemeinwesen sein würde. Wie immer das auch aussehen mochte – die alte Ordnung war nicht mehr die Knochen eines einzigen kroatischen oder tschechischen Grenadiers wert. Mitten in diese Auflösungserscheinungen hinein platzte die letzte Offensive der Italiener, die kurz vor Ladenschluß noch einmal zulangen und Pluspunkte sammeln wollten für den Tag, an dem es nach dem Krieg zur Generalabrechnung kommen mußte.

Am 26. Oktober wußten Generale und Kaiser, daß alles verloren war. Kaiser Karl telegrafierte an Kaiser Wilhelm: »Teurer Freund, es ist meine Pflicht, Dir, so schwer es mir auch fällt, zur Kenntnis zu bringen, daß mein Volk weder imstande noch willens ist, den Krieg weiter fortzusetzen. Ich habe nicht das Recht, mich diesem Willen zu widersetzen, da ich nicht mehr die Hoffnung auf einen guten Ausgang hege, für welchen die moralischen und technischen Vorbereitungen fehlen und unnützes Blutvergießen ein Verbrechen wäre, das zu begehen mir mein Gewissen verbietet. Die Ordnung im Inneren und das monarchische Prinzip sind in der ernstesten Gefahr, wenn wir dem Kampf nicht sofort ein Ende bereiten. Selbst die innigsten bundesbrüderlichen und freundschaftlichen Gefühle müssen vor der Erwägung zurücktreten, daß ich den Bestand jener Staaten rette, deren Geschicke mir die göttliche Vorsehung anvertraut hat. Deshalb kündige ich Dir an, daß ich den unabänderlichen Beschluß gefaßt habe, innerhalb 24 Stunden um einen Separatfrieden und um einen sofortigen Waffenstillstand anzusuchen. Ich kann nicht anders, mein Gewissen als Herrscher befiehlt mir, also zu handeln. In treuer Freundschaft, Karl.«

Das also war nun doch noch der Separatfrieden. Und die »treue Freundschaft«, die am Schluß des Telegramms noch einmal beschworen wurde, war nichts weiter mehr als eine Leerformel, die dem Deutschen Kaiser wie Hohn in den Ohren geklungen haben muß. Wilhelm zeigte sich »aufs schmerzlichste überrascht« und bat Karl noch einmal eindringlich, nur im Einvernehmen mit der deutschen Regierung zu handeln. Als ob sich dadurch noch irgend etwas hätte ändern lassen.

Die Entstehung der Republik in Prag, der Wien nichts mehr entgegensetzen konnte, die Revolte in Ungarn, gegen die keiner den kaiserlichen Schießbefehl auszuführen wagte, seien hier nur am Rande erwähnt. Karl eilte vergeblich nach Budapest, ernannte vergeblich einen Erzherzog zum Homo regius, zum Vizekönig, telefonierte vergeblich mit Generalen und Beamten, empfing vergeblich tschechische Führer und kroatische Vertreter – gespenstische Aktivitäten ins Leere hinein. Der Monarch mußte zusehen, wie zuletzt alle seine Völker versuchten, auf den Zug der Siegermächte aufzuspringen, um ihm allein die Rolle des Sündenbocks zu überlassen. Zum Schluß saß er dann in Schloß Schönbrunn im Südwesten Wiens wie auf einer Insel, um die herum die demonstrierenden Massen einen weiten Bogen schlugen: Vielleicht aus Angst vor den Truppen des Kaisers, die es gar nicht mehr gab, vielleicht aber auch aus schlechtem Gewissen heraus, weil auch die Linke sowenig auf die löblichen Absichten des Kaisers eingegangen war.

Draußen herrschte Revolution, entstand praktisch

schon die Republik. Nacheinander waren die bestimmenden politischen Kräfte in Deutsch-Österreich, die sich zunächst noch durchaus eine demokratisch-repräsentative Monarchie unter Habsburger Führung vorstellen konnten, von diesem Gedanken abgerückt: zuletzt sogar die kleinbürgerlichen Christsozialen, um deren Treue zum angestammten Herrscherhaus sich der Herr Kardinalerzbischof noch persönlich bemüht hatte. Zu mehr als einer Pflichtübung reichte es jedoch auch bei dem Kirchenfürsten nicht mehr. Immerhin konnte er ein bißchen Formulierungshilfe leisten bei der Schlußszene des letzten Aktes unter dem Motto: ›Wie sage ich es meinem Kaiser?‹

Auch die Nachricht von der Abdankung Wilhelms II. vermochte Karl nicht dazu zu bewegen, die gleiche Konsequenz zu ziehen. Vor allem Kaiserin Zita wollte das Feld nicht kampflos räumen. Wann immer Karl zu resignieren drohte, griff sie energisch ein und redete ihrem Mann ins dynastische Gewissen: »Niemals kann ein Herrscher abdanken. Er kann abgesetzt werden, gut – dann ist das Gewalt! Aber abdanken? Nie, nie, nie! Lieber falle ich mit Dir hier, dann wird Otto kommen. Und wenn wir alle fallen sollten – noch gibt es andere Habsburger.«

Das freilich wäre keine österreichische Lösung gewesen. Die bestand aus einem fein formulierten Dokument, das die Monarchie beendete, Karl aber das Gesicht wahren ließ, ihm das Gefühl gab, die Tür zur Rückkehr sei doch noch einen winzigen Spalt offen. »Im voraus erkenne Ich die Entscheidung an, die Deutsch-Österreich über seine künftige Staatsform trifft. Das Volk hat durch seine Vertreter die Regierung übernommen. Ich verzichte auf jeden Anteil an den Staatsgeschäften.« Am 11. November um 12 Uhr mittags setzte Kaiser Karl seine Unterschrift unter dieses Papier. Anschließend regnete es Or-

den und Großkreuze. Und in der Nacht verließ der Exkaiser heimlich seine Residenzstadt und zog sich auf sein Schloß Eckartsau in Niederösterreich zurück.
Tags darauf wurde die Republik Deutsch-Österreich offiziell proklamiert, die ein Jahr später Karl und Zita ausbürgerte. Von seinem Schweizer Exil aus unternahm Karl zwei Versuche, die Krone Ungarns zu gewinnen. Beim erstenmal reiste er zu Ostern 1921 verkleidet durch Österreich, um in Ungarn den Hebel zur Rückkehr auf seinen Thron anzusetzen. Admiral Horthy, der Reichsverweser, ließ den Exmonarchen ins Leere laufen und machte das Machtspiel zur Farce. Karl versprach dem Admiral den Herzogstitel und den Orden des Goldenen Vlieses sowie die Gewalt über die Exekutive und über die Streitkräfte. Horthy, der sich nicht auf den zweiten Platz im Staate abdrängen lassen wollte und wohl auch begriffen hatte, daß die Herzen der Magyaren nicht mehr für das Erzhaus Habsburg schlugen, wurde in seinen Forderungen immer unverschämter, bis Karl gedemütigt wieder abziehen mußte.
Im Herbst 1921 startete Karl – von seiner ehrgeizigen Frau Zita angestachelt – einen zweiten Anlauf, diesmal ohne Horthy und mit Waffengewalt. Das schlecht vorbereitete Unternehmen endete nach einer Kette von Mißerfolgen und Fehlleistungen mit einem totalen Fiasko. Karl wurde von den Alliierten auf Madeira verbannt, wo der Exkaiser, erst 34 Jahre alt, am 1. April 1922 starb. Seit diesem Zeitpunkt trug Zita, in klösterlicher Abgeschiedenheit lebend, nur noch schwarze Kleider.
Die Fahne des Hauses Habsburg hält heute Erzherzog Otto hoch, 1912 in Reichenau geboren, der mit seiner zahlreichen Familie in Pöcking am Starnberger See lebt. Von den alten Monarchisten wird er mit ›Majestät‹ angesprochen, das offizielle Österreich, dessen Staatsan-

gehörigkeit er wieder besitzt, nennt ihn schlicht ›Dr. Otto Habsburg‹. Die deutsche Staatsangehörigkeit haben ihm der Freistaat Bayern und die dort regierende CSU verschafft. Der deutsche Paß verhalf Dr. Otto von Habsburg dazu, als demokratisch gewählter Abgeordneter ins Europa-Parlament einzuziehen. Otto, als erzkonservativer Kommunistenhasser ein begehrter Redner in Bierzelten, hat die Hoffnung noch nicht aufgegeben, eines Tages als Retter des Abendlandes gerufen zu werden.

Das Königreich Preußen

Das Königreich Preußen ist der mit Abstand größte und bedeutendste Teilstaat des Deutschen Reiches. Der König von Preußen ist seit 1871 auch erblicher Deutscher Kaiser. Von der Gesamtfläche des Reiches mit 540858 Quadratkilometern nimmt Preußen 348780 Quadratkilometer ein. Von den 64,926 Millionen deutschen Staatsbürgern sind 40,165 Millionen Untertanen des Königs von Preußen. Die Bevölkerungsdichte Preußens beträgt 115 Einwohner pro Quadratkilometer und kommt damit dem Reichsdurchschnitt von 120 ziemlich nahe. Das heißt, daß Preußen insgesamt ausgewogen strukturiert ist, rührt aber auch daher, daß die deutsche Statistik durch das zahlenmäßige preußische Übergewicht geprägt ist. Auf wirtschaftliche Einzelheiten einzugehen, ist hier nicht notwendig. Preußen ist ein Agrarstaat etwa in seinen Provinzen Ost- und Westpreußen, ist ein Industriestaat zum Beispiel in Schlesien und noch mehr in Westfalen und in der Provinz Rheinland.

Das Übergewicht Preußens findet seinen Ausdruck darin, daß von 397 Abgeordneten zum Deutschen Reichstag 236 in Preußen gewählt werden – eine starke absolute Mehrheit. Im Bundesrat hat sich Preußen nach der deutschen Verfassung von 1871 aber auf 17 von insgesamt 58 Stimmen beschränkt. Das Königreich Preußen ist durch die nach heftigen Geburtswehen entstandene Verfassung von 1850 zur konstitutionellen Monarchie geworden. Der König hat die Staatsgewalt inne und übt die vollziehende Gewalt allein aus. In der Gesetzgebung ist der König an die Mitwirkung des Landtags gebunden, der sich in zwei Kammern unterteilt. Die Erste Kammer, das Herrenhaus, besteht aus 314 Mitgliedern und den königlichen Prinzen. Im Herrenhaus sitzen Vertreter des Adels, hohe Beamte und Personen, die durch das Vertrauen des Herrschers berufen wurden. Die Zweite Kammer, das Haus der Abgeordneten, zählt 433 Mitglieder, die durch Wahlmänner bestimmt werden. Die Urwahlen dazu erfolgen nach einem Dreiklassenwahlrecht, das den größeren Steuerzahlern entsprechend mehr politischen Einfluß sichert. Das aktive Wahlrecht beginnt mit 24 Jahren, das passive mit Erreichung des 30. Lebensjahres.

Der Skatspieler

Der unheimlich starke Abgang des Hohenzollernkaisers Wilhelm II.

Kronprinz Rupprecht von Bayern, Generalfeldmarschall und Heeresgruppenführer im Westen, hatte schon zu Beginn der Frühjahrsoffensive 1918 seinem Tagebuch anvertraut, der Krieg sei militärisch nicht mehr zu gewinnen. Öffentlich durfte auch ein Generalfeldmarschall und Thronerbe solche Ansichten nicht äußern. General Erich Ludendorff, als rechte Hand des Generalfeldmarschalls Paul von Hindenburg die feldgraue Eminenz und der heimliche Diktator Deutschlands, sah bis zum August 1918 nur eine denkbare Möglichkeit, den Krieg zu beenden: den Sieg-Frieden.

Jahrelang hatte Ludendorff jeden noch so vorsichtigen Tastversuch, einen Verhandlungsfrieden herbeizuführen, im Keim erstickt. Nun, im Frühjahr 1918, glaubte er nicht nur an den Sieg, sondern war fester denn je davon überzeugt, daß die Initiative bei den Deutschen läge und es nur noch eine Frage von Wochen oder Monaten sein könne, bis die Alliierten um Frieden bitten würden. Und zwar um einen Frieden, den er, Ludendorff, diktieren würde und der Deutschland für immer zur beherrschenden Macht in Europa machen sollte.

Was den General so optimistisch stimmte, war einmal der Vertrag von Brest-Litowsk, der das Ausscheiden

Rußlands aus dem Krieg besiegelte. Dadurch wurden nicht nur starke Streitkräfte aus dem Osten für die Entscheidungsschlacht im Westen frei: Die Oberste Heeresleitung und die Reichsregierung rechneten auch fest damit, genügend Nahrungsmittel und Rohstoffe für die Fortsetzung des Krieges aus dem Osten zu erhalten. Umgekehrt, so kalkulierte Deutschland, müsse der unbeschränkte U-Boot-Krieg irgendwann einmal Wirkung zeigen und die Alliierten von ihrem Nachschub abschneiden. Anzeichen dafür, daß dem Feind langsam die Luft ausgehe, gab es zur Genüge. Es muß jedoch hinzugefügt werden, daß nach fast vier Jahren Krieg alle Beteiligten schon auf dem letzten Loch pfiffen. Die Entscheidung mußte also schnell fallen, bevor die Vereinigten Staaten noch wirksamer auf dem europäischen Schlachtfeld eingreifen konnten. Wobei man allerdings hoffte, daß es den Amerikanern nicht gelingen würde, gut ausgebildete und gut ausgerüstete Truppen in nennenswerter Zahl vor dem Sommer bereitstellen zu können. Bis dahin wollte man reinen Tisch gemacht haben.
Keine drei Wochen nach Brest-Litowsk (3. März) bricht am 21. März die erste der großen deutschen Frühjahrsoffensiven in Richtung Amiens los. In einer ungemein blutigen Schlacht gelingt den deutschen Angreifern ein tiefer Einbruch in die feindlichen Linien, aber nicht der erhoffte Durchbruch. Noch mehr wackelt die Front beim anderen großen Vorstoß auf Paris. Der Geländegewinn ist beachtlich; deutsche Truppen überqueren die Marne und scheinen vollenden zu können, was im ersten Anlauf im Herbst 1914 nicht gelungen war: die Einkesselung oder gar die Eroberung der französischen Hauptstadt. Aber auch dieser Einbruch kann abgeriegelt werden. Als die Alliierten Mitte April alle Truppen unter den einheitlichen Oberbefehl des französischen Marschalls Ferdinand Foch stellen, als sich erweist, daß

der U-Boot-Krieg den Nachschub nur behindern, nicht jedoch die Materialüberlegenheit der Westmächte beseitigen kann, als schließlich frische amerikanische Verbände in überraschend großer Zahl und in hervorragendem Zustand eingreifen, ist die deutsche Offensive gescheitert. Am 15. April gesteht es die militärische Führung ein.

Und genau drei Tage später treten die Alliierten zur großen Gegenoffensive an, der neun ausgeruhte amerikanische Divisionen gewaltigen Schwung verleihen. Zwanzig Tage hält die deutsche Verteidigung noch stand, dann zeigt sich am 8. August der volle Ernst der Lage. Lassen wir Ludendorff selbst referieren: »Der 8. August ist der schwarze Tag in Deutschlands Geschichte. Sechs bis sieben Divisionen ließen sich im Nebel von Tanks überrennen. Nur die schematische englische Truppenführung verhinderte, daß die Niederlage der 2. Armee den Charakter einer großen Vernichtungsschlacht annahm, aber trotzdem erschütterte der 8. August die ganze Westfront. Der Glaube an unseren Sieg, der durch das Mißlingen unseres Angriffes am 15. Juli ins Wanken gekommen war, ging endgültig verloren.«

Mit größter Mühe kann der Einbruch abgeriegelt werden, nur durch einen schnellen Rückzug gelingt es, neue Auffangstellungen zu errichten. Sechs Tages später bequemt sich Ludendorff zu dem Eingeständnis, es sei »nicht mehr zu hoffen, den Kriegswillen unserer Feinde durch kriegerische Handlungen zu brechen«. Hindenburg sagt es dann noch deutlicher: »Es muß Frieden gemacht werden.« Und der Kaiser selbst erklärt, nachdem man ihm die Lage vorgetragen hat: »Ich sehe ein, wir müssen die Bilanz ziehen. Wir sind an der Grenze unserer Leistungsfähigkeit. Der Krieg muß beendet werden.« Klare Worte – offener als Ludendorffs Formulierung: Worte, die zu Konsequenzen führen mußten.

Jahrelang hatte Kaiser Wilhelm II. Ludendorff und Hindenburg gewähren lassen, hatte sie mit markigen Sprüchen unterstützt und sich ansonsten aus dem Krieg herausgehalten. Er, der zu Beginn seiner Herrschaft sein eigener Regierungschef sein wollte und im Krieg sein eigener Generalstabschef, hatte in Wirklichkeit bald die Nerven verloren und sich selbst ins Abseits gestellt. Gelegentlich klagte er darüber, daß nur der fürs Eisenbahnwesen zuständige General Groener ihn informiere, während die entscheidenden Dinge an ihm vorüberliefen. Im Grunde aber war Wilhelm froh, nicht direkt gefordert zu sein. Das erlaubte ihm, heute die Erfolge enthusiastisch begrüßen zu dürfen, morgen in tiefer Depression auf Rückschläge reagieren zu können. Immer wenn etwas schieflief, flüchtete er sich in die Krankheit. Dann plagten ihn Neuralgien, und er legte sich ins Bett.
Wilhelms Kriegsbeitrag erschöpfte sich, abgesehen von patriotischen Durchhaltereden, im guten Beispiel: Aus dem Feldgeschirr Friedrichs des Großen löffelte er bisweilen gewöhnliche Truppenkost, schlürfte Wassersuppe und ließ auch seinen Gästen im Großen Hauptquartier Klippfisch vorsetzen. Im übrigen langweilte er sich, wie er sich schon in Friedenszeiten immer gelangweilt hatte. Nur konnte er jetzt nicht mehr so oft auf Staatsbesuche und zur Jagd fahren. Also spielte er notgedrungen den Obersten Kriegsherrn – und fast jeden Abend Skat. Bis in die Novembertage 1918 hinein spielte er Skat.
Von Ludendorff im August über den Ernst der Lage ins Bild gesetzt und auch selbst durchaus zur richtigen Erkenntnis gekommen, trifft Wilhelm dennoch nicht die fälligen Entscheidungen. Spätestens jetzt hätte man in der Tat »Bilanz ziehen« müssen, spätestens jetzt wäre die Stunde der Politik gekommen, die nach des Kaisers Wort den »Mund zu halten« hatte, solange die Kanonen

und die Strategen sprachen. Aber statt die Politiker und Diplomaten zu ermutigen, fallen bald wieder markige Worte. Statt Berlin konkrete Anweisungen zu geben, entfernt sich Wilhelm von der Truppe; er flieht vor Entscheidungen und versteckt sich auf Schloß Wilhelmshöhe bei Kassel, einen Herzanfall seiner Frau zum Anlaß nehmend. Nicht daß Kaiserin Auguste auf seine Pflege angewiesen wäre oder ihre Krankheit Schlimmeres befürchten ließe. Wilhelm redete sich damit heraus, der Arzt habe ihm aufgetragen aufzupassen, daß die hohe Patientin ihre Diätvorschriften einhielte.
Sechs Wochen verbringt der Kaiser von Mitte August an, mit kleinen Unterbrechungen, auf Schloß Wilhelmshöhe, macht Ausflüge, hält Abendgesellschaften, spielt wiederum Skat. »Wir tun so, als ob uns das alles gar nichts anginge«, sagt ein hoher Offizier aus seiner Begleitung verbittert. Dabei ist Wilhelm durchaus bewußt, wie es steht. Als ein Schmeichler die Skizze eines bekannten italienischen Marinemalers für ein Werk des Kaisers hält, scherzt Wilhelm: »Wissen Sie, wenn ich ein solches Talent hätte, dann wäre ich Marinemaler geworden und nicht Kaiser und säße jetzt nicht in einer so schauderhaften Situation.« So schauderhaft freilich auch wieder nicht, daß sich der Kaiser zum Handeln genötigt sähe. Erst am 29. September trifft er wieder im belgischen Spa, Sitz des deutschen Hauptquartiers, ein.
Jetzt schlägt endgültig die Stunde der Wahrheit. War es in den vergangenen Wochen noch möglich – auch mit Hinweis auf die Abwesenheit des Kaisers –, die Entscheidung hinauszuschieben und die wirkliche Lage mit ein paar tapferen Sprüchen zu verschleiern, so hilft nun nichts mehr, zumal sich die militärische Situation täglich verschlechtert, der Druck der alliierten Offensive unvermindert anhält und die Truppenführer nicht mehr garantieren können, ob nicht morgen schon das nächste

große Debakel eintritt. An der Westfront sind mittlerweile dreißig amerikanische Divisionen mit rund 800 000 Mann im Einsatz.

Einen Tag vor Wilhelms Eintreffen in Spa verliert Ludendorff ganz offensichtlich die Nerven. In ultimativer Form verlangt er im Namen der Obersten Heeresleitung, ein Friedensangebot zu machen: ein Eingeständnis der totalen Niederlage. Das Fatale ist, daß die Oberste Heeresleitung eigentlich schon sechs Wochen zuvor auf einem ähnlichen Erkenntnisstand war – und daß man diese sechs Wochen nutzlos hatte verstreichen lassen, statt sie für dringende Reformen im Innern zu nutzen und für außenpolitische Sondierungen, um Friedensbemühungen in die Wege zu leiten. Außer einer Anfrage an die holländische Regierung, ob man zu Vermittlerdiensten bereit wäre und Den Haag als Konferenzort zur Verfügung stellen würde, war jedoch in diesen Wochen nichts geschehen.

Der Kaiser reagiert zunächst mit pflichtgemäßer Bestürzung auf Ludendorffs pessimistische Prognose, obwohl auch ihn nicht überraschen kann, daß der Krieg wieder einmal beendet werden muß, daß man wieder einmal »an der Grenze der Leistungsfähigkeit« stehe, daß wieder einmal »Bilanz« gemacht werden müsse. Das alles hat man schon im August festgestellt, ohne wirkliche Konsequenzen zu ziehen. Diesmal stimmt er sofort der Bildung einer parlamentarisch-demokratischen Reichsregierung zu, als deren Kanzler sein Vetter, Prinz Max von Baden, vorgesehen ist. Und Wilhelm erklärt sich auch für seine Person bereit, sich künftig auf reine Repräsentationsaufgaben zu beschränken. Für ihn, den Kaiserdarsteller, ist das allerdings kein allzugroßer Unterschied und bedeutet deshalb auch kein Opfer.

Tags darauf fährt Wilhelm mit der Bahn zurück nach Potsdam. Am Kölner Hauptbahnhof wird angehalten

und telegrafisch mit Karlsruhe Kontakt aufgenommen. Der Kaiser muß noch den Großherzog von Baden um vorherige Zustimmung bitten, um den Thronfolger Max zum Kanzler ernennen zu können. »In der schwersten Schicksalsstunde des Vaterlandes«, kabelt Wilhelm, »in der wir durch das Hinschwinden unserer militärischen Reserven und unseres Ersatzes gezwungen sein werden, einen Frieden zu schließen, der nicht den Siegen, die wir erfochten haben, entspricht, bitte ich Dich, dem Prinzen Max die Genehmigung zu geben, den Posten des Reichskanzlers zu übernehmen. Ich muß Dich um sofortige Entscheidung bitten, da ein Friedensangebot unsererseits durch die Lage geboten ist und die Unterschrift des neuen Kanzlers tragen muß. Ich bin auf dem Wege nach dem Neuen Palais.« Die Rückantwort kommt umgehend: »Ich kann nicht verstehen«, telegrafiert Großherzog Friedrich, »daß es gerade Max sein muß, der solch Angebot mit seinem Namen decken soll; wenn dies aber unabwendbar ist, so ist es mir vaterländische Pflicht, nicht entgegen zu sein.«
In der Nacht zum 4. Oktober geht das Waffenstillstandsangebot – das mehr ein Gesuch ist – an den amerikanischen Präsidenten Thomas W. Wilson hinaus. Auf der Basis der von Wilson im Januar verkündeten 14 Punkte (die wichtigsten: Selbstbestimmungsrecht der Völker, Freiheit der Meere, Räumung der besetzten Gebiete, Völkerbund, Abrüstung, Abbau der Handelsschranken) ersucht die deutsche Regierung »den Präsidenten der Vereinigten Staaten von Amerika, die Herstellung des Friedens in die Hand zu nehmen. Um weiteres Blutvergießen zu vermeiden, ersucht die deutsche Regierung, den sofortigen Abschluß eines Waffenstillstandes zu Lande, zu Wasser und in der Luft herbeizuführen.« Die Donaumonarchie schließt sich diesem längst fälligen Schritt an.

Das ernüchternde Echo aus den USA reißt die Mittelmächte aus allen Träumen. Der allgemeine Eindruck ist, daß Wilson von wesentlichen Teilen seines Programms abzurücken beginnt bzw. seine 14 Punkte auf andere Weise interpretiert haben will, als man sich das in Berlin oder Wien gedacht hat. Vor allem fordert der amerikanische Präsident als Vorleistung die Räumung aller besetzten Gebiete sowie den Rückzug der Mittelmächte hinter die eigenen Grenzen, womit den Deutschen, die noch tief im Feindesland stehen, das letzte Faustpfand aus der Hand geschlagen würde. Man war in Berlin davon ausgegangen, für den Rückzug, der am Ende der Vereinbarungen stehen müsse, einiges herauszuholen. Im Grunde glaubte man, der Friede werde außer Elsaß-Lothringen und einigen finanziellen Belastungen nichts kosten und nur den Vorkriegszustand wiederherstellen.
Wilson läßt im weiteren Verlauf des Notenwechsels dann recht deutlich erkennen, daß weder mit dem Kaiser noch mit dem deutschen Kronprinzen verhandelt werden soll – was indirekt auf die Abdankung des Kaisers hinausläuft. Wilhelm II. und der Kronprinz waren für die Siegermächte zum Inbegriff preußisch-deutscher Aggressionslust geworden. Sie galten als Hauptsündenböcke und als die großen Kriegstreiber. Damit tat man ihnen zweifellos zuviel Ehre an. Aber schließlich erinnerte sich das Ausland recht gut an Wilhelms Aussprüche, der mehr als einmal getönt hatte: »Einer nur ist Herr im Reich, keinen anderen dulde ich.«
Natürlich wollte es die Reichsregierung genauer wissen, wie ernst es den Amerikanern und ihren Alliierten mit der Abdankung war und ob nicht die Umwandlung in eine repräsentative Monarchie nach britischem Muster genügen würde. Die über dritte Mächte einlaufenden Informationen waren eindeutig: Der Kaiser, der Kron-

prinz und General Ludendorff mußten weg. Was nicht zuletzt daran lag, daß Präsident Wilson im eigenen Land unter starkem Druck stand. Wenige Wochen vor den Präsidentschaftswahlen forderte die amerikanische Presse: »Weg mit den Hohenzollern!« Und die Straßen waren voller Demonstranten, die »Hang the Kaiser!« brüllten.

Wilhelm nannte Wilson einen »Heuchler«, seine Frau, die Kaiserin, sprach von dem »Parvenü«, der es wage, ein Fürstenhaus demütigen zu wollen, das Jahrhunderte im Dienste von Volk und Vaterland gestanden habe. »Ein Nachkomme Friedrichs des Großen dankt nicht ab«, erklärte der Kaiser und versuchte damit alle Diskussionen zu unterbinden. Dabei setzte sich inzwischen auch in Deutschland zunehmend die Meinung durch, mit Wilhelm sei kein Staat mehr zu machen. Die deutsche Politik kam an der Tatsache nicht vorbei, daß Waffenstillstand und Friede nur ohne Wilhelm und seinen Sohn realisierbar waren.

Angesichts dieser harten Bedingungen vollzog General Ludendorff eine Kehrtwendung. Er funktionierte seine Ende September geäußerte dringende Forderung nach Waffenstillstand jetzt um in den nur taktisch gemeinten Versuch, eine kleine Atempause zu gewinnen, um die Front zu stabilisieren. Die Bitte um Waffenstillstand, so dozierte der General, bedeute nicht die Bereitschaft, die Waffen einfach zu strecken. Dem Feind müsse geantwortet werden: »Erkämpft euch solche Bedingungen!« Prinz Max von Baden fragte den General eindringlich: »Und wenn er sie erkämpft hat – wird er uns dann nicht noch schlechtere stellen?«

Am 17. Oktober berät man in größerem Kreise, wie es weitergehen solle. »Schlechtere Bedingungen«, sagt Ludendorff, »gibt es nicht.« Der Kanzler, der etwas mehr Phantasie hat als der General, entgegnet: »O ja, sie bre-

chen in Deutschland ein und verwüsten das Land.« Prompt fällt ihm Ludendorff ins Wort: »So weit sind wir noch nicht.«
Aber Max von Baden wußte wohl besser, wie weit man war. Zwei Tage zuvor hatte er seinem Vetter, dem Großherzog, geschrieben: »Ich erkannte, daß keine militärische Macht mehr hinter meiner Politik stehen würde und wir auf dem Schlachtfeld bankrott waren. Ich glaubte, fünf Minuten vor zwölf zu kommen und bin nun fünf Minuten nach zwölf gerufen worden.«
Die Herren der Regierung schauen sich nach dem Dialog zwischen Kanzler und General verwundert an. Das klang so ganz anders als Ende September, als Ludendorff den totalen Zusammenbruch jeden Tag erwartete. Und jetzt wollte er die Lage plötzlich wieder soweit im Griff haben, um dem Feind Zugeständnisse abzuringen? Verstehe einer die Militärs ...
Ganz wohl ist Erich Ludendorff mit seinen Durchhalteparolen natürlich keineswegs. Er weiß, daß die Kampfbereitschaft nicht mehr groß ist, daß die Soldaten draußen und die Massen daheim nichts mehr erhoffen, nicht mehr für eine sinnlose Sache kämpfen und schuften wollen. Philipp Scheidemann, der sozialdemokratische Staatssekretär (etwa der Rang eines heutigen Bundesministers), spricht es aus: »Schon die Dauer des Krieges zermürbt das Volk. Und jetzt die Enttäuschungen! Und nun tritt die Wechselwirkung ein: Aus dem Heer kommen die Urlauber mit schlechten Geschichten, aus der Heimat bringen sie schlimme Nachrichten in das Heer zurück. Dieser Austausch drückt die Stimmung.«
Ludendorff hakt ein und wendet sich an Scheidemann: »Wird es Eurer Exzellenz nicht gelingen, die Stimmung in den Massen zu heben?« Scheidemann erwidert kühl: »Das ist eine Kartoffelfrage!« Womit er sagen will, daß die Massen in Deutschland hungern. Aber Ludendorff

läßt nicht locker: »Packen Sie das Volk! Reißen Sie es hoch!« Und als Scheidemann nicht darauf eingeht, fragt er: »Kann das nicht Herr Ebert tun?«
Um die Kastanien aus dem Feuer zu holen, waren dem Herrn General sogar die Sozis gut genug.
Auch der Kaiser schlägt jetzt den Sozialdemokraten in der Regierung gegenüber neue Töne an. Am 20. Oktober läßt er sich von Prinz Max von Baden das neue Kabinett vorstellen. Leutselig und gut vorbereitet plaudert er mit dem einen über dessen Heimatstadt Breslau, einen anderen, einen Berliner, spricht er als Landsmann an. Zu Philipp Scheidemann sagt Wilhelm: »Wir haben ja zusammen in Kassel die Schule besucht.« Im Januar klang das noch ganz anders. Da hatte der forsche Herrscher über den Reichstagsabgeordneten Scheidemann geurteilt: »Wenn er sich mausig macht, kommt er in die Stellung nach Flandern zum Buddeln.« Jetzt, im Oktober, will er ihm eine vergleichbare Aufgabe zuschanzen: Scheidemann soll seines Kaisers Karren aus dem Dreck ziehen.
Tatsächlich erwartet Wilhelm II. von Scheidemann und seinen Genossen nichts weniger, als daß sie sich für ihn und seine Dynastie schlagen. Es ist zwar bekannt, daß die SPD eigentlich republikanisch gesinnt ist. Aber in der Not des Vaterlandes und um in schweren Zeiten einen möglichst breiten Konsens herbeizuführen, sind die Genossen bereit, die Monarchie in Kauf zu nehmen und der Familie Hohenzollern den Thron zu erhalten. Das ging allerdings nicht mit Wilhelm II. und auch nicht mit einem Wilhelm III., dem Kronprinzen. Man dachte vielmehr an den ältesten Kaiserenkel. Für ihn wollte man eine Regentschaft einsetzen bis zum Tag seiner Volljährigkeit, der hoffentlich in eine Zeit fiel, da sich die Lage im Innern und Äußern normalisiert haben würde. In einer bis dahin gewachsenen parlamentarischen De-

mokratie würde der junge Hohenzoller schon seinen bescheidener ausgestatteten Platz finden. Es waren die Träume braver Sozialdemokraten, die stets mit der Vernunft der anderen rechneten. Mit der Vernunft sowohl des Kaisers und seines Sohnes als auch mit der Vernunft der Siegermächte. »Wenn der Kaiser geht«, redeten sich die Genossen getreulich ein, »kriegen wir einen guten Frieden.«

Als erstes mußte man sich von Ludendorff trennen, der gegen die Reichsregierung zu arbeiten begann, wo immer es ging. Plötzlich wollte Ludendorff auch nichts mehr davon wissen, daß er und die Oberste Heeresleitung Ende September um den Waffenstillstand förmlich gefleht hatten. Max von Baden hatte es sich vorsichtshalber damals schriftlich geben lassen und hielt Ludendorff das Dokument unter die Nase. Aber der begann schon an jener unseligen ›Dolchstoßlegende‹ zu stricken, wonach das im Felde unbesiegte Heer nur dem Verrat der Heimat, der Unfähigkeit der Politiker, dem ›Dolchstoß‹ der Novemberverbrecher, zum Opfer gefallen sei. Die Waffenstillstandsbitte wurde heruntergespielt: zuerst zur taktischen Finte, mit der die Front neu organisiert werden sollte, dann zur bloßen Bekundung guten Willens, einzig und allein zu dem Zweck, einen Verständigungsfrieden in die Wege zu leiten. Als ob aus der ganzen Kriegsgeschichte auch nur *ein* Fall bekannt wäre, in dem jemand Frieden angeboten hätte, ohne dafür dringende Gründe zu haben!

Die Oberste Heeresleitung befahl am 22. Oktober noch die Einberufung der ersten Rekrutenrate des Jahrgangs 1900 in die Truppe: Achtzehnjährige wurden somit ins Feuer geschickt. Ludendorff faselte etwas von »großen Frühjahrsoffensiven« und demonstrierte ungebrochene Kraft. ›Die Faust ans Schwert und das Herz bei Gott!‹ hieß eine der Parolen, die plötzlich in konservativen

Kreisen wieder zirkulierten. Eine konzertierte Aktion der Scharfmacher war im Gange.
Ludendorffs eigentliche Herausforderung war ein Telegramm der Obersten Heeresleitung an alle Armeeoberbefehlshaber zur Weitergabe an die Truppe. Darin wurde der Waffenstillstand »als für uns Soldaten unannehmbar« bezeichnet und gleichzeitig – hinter dem Rücken der Regierung – erneut zum »Widerstand mit äußersten Kräften« aufgerufen. Ludendorff demonstrierte dies genau zu einem Zeitpunkt, da der Reichstag eine Verfassungsänderung mit dem Zweck diskutierte, die Streitkräfte der Regierungskontrolle zu unterstellen. Vielleicht wollte der General den Gegnern aber auch signalisieren, wer in Deutschland nach wie vor bestimmte: So jedenfalls sah es der Kanzler!
Max von Baden, der die Weitergabe des Telegramminhalts an die Truppen nach einer Indiskretion auf dem Übermittlungsweg gerade noch verhindern konnte, wandte sich an Wilhelm mit dem Ultimatum: »Ludendorff oder ich!« Daraufhin befahl der Kaiser Hindenburg und Ludendorff am 26. Oktober zu sich nach Berlin und wusch Ludendorff mit solcher Deutlichkeit und Schärfe den Kopf, daß diesem nichts übrigblieb, als um seine Entlassung zu bitten. Das Rücktrittsgesuch wurde auf der Stelle genehmigt. Hindenburg wollte sich Ludendorffs Schritt anschließen, wurde jedoch vom Kaiser energisch zum Bleiben aufgefordert. »Die Operation ist vollzogen«, sagte Wilhelm treffend, »die siamesischen Zwillinge sind voneinander getrennt.«
Hindenburg, dem als Ersatz der Württemberger Wilhelm Groener als Erster Generalquartiermeister zur Seite gestellt wurde, litt unter dem Verlust Ludendorffs. Während er selbst, der spätere Reichspräsident, mit Politik gar nichts im Sinn hatte, hielt er Ludendorff für einen politischen Kopf. »Am folgenden Tag betrat ich die

bisher gemeinsamen Arbeitsräume wieder. Mir war zumute, wie wenn ich von der Beerdigung eines mir besonders teuren Toten in die verödete Wohnung zurückkehrte«, notierte Hindenburg.

Wieder beschleunigte sich die Talfahrt. Am Tag nach Ludendorffs Entlassung kündigte Österreich-Ungarn sein Ausscheiden aus dem Krieg an. Kaiser Karl wollte nicht mehr warten, bis man in Berlin endlich soweit war. Damit brachte er auch die Reichsregierung in Zugzwang. Das Kabinett entschied – mit Billigung des Kaisers –, auf die amerikanischen Forderungen einzugehen. »Besser ein Ende mit Schrecken«, wie es der Sozialdemokrat Scheidemann ausdrückte, »als ein Schrecken ohne Ende.« Und Wilhelm log sich in die eigene Tasche, weil in Wilsons Noten seine Abdankung nur zwischen den Zeilen, aber nicht *expressis verbis* gefordert worden war. Da sein Name in den Papieren nicht auftauchte, hoffte der Kaiser also weiter auf seinen guten Stern.

Wilhelm II. versuchte, die Flucht nach vorn anzutreten und sich an die Spitze der Reformbewegung zu stellen. In zwei Schreiben begrüßte er die neue Regierung und ihre parlamentarische Basis, unterstützte die Verfassungsänderungen, lobte den neuen demokratischen Geist. Um so mehr traf es ihn, als das Kabinett eine Veröffentlichung dieser kaiserlichen Kundmachungen unterband. Ganz offensichtlich wollte man sich nicht mehr mit dem Namen des Kaisers belasten und kompromittieren lassen. Wilhelm II. verstand diesen Wink mit dem Zaunpfahl und begriff auch manche Andeutungen von seiten des Prinzen Max. Sein drastischer Kommentar lautete: »Die wollen mich rausschmeißen!«

Tatsächlich wollte ihm Max von Baden mit einiger Schonung beibringen, daß die Monarchie nur mehr zu retten sei, wenn der Kaiser unverzüglich ginge. Das tat Wilhelm auch, aber nicht in dem von Max gewünschten

Sinne: Er schaltete auf stur und reiste aus Berlin zurück ins Große Hauptquartier im belgischen Badeort Spa. Inmitten seiner Armee, glaubte der Kaiser, werde er sich gegen jede Zumutung der Zivilisten leichter behaupten können.

So wird denn die Abdankung zur Kabinettsfrage. Eine Mehrheit ist dafür, den Thronverzicht zu verlangen, eine Minderheit schlägt vor, es den Alliierten zu überlassen, den Sturz des Kaisers zu erzwingen. Der Kriegsminister rät zum Abwarten, weil er um die Moral der Truppen fürchtet, wenn der Oberste Kriegsherr in die Wüste geschickt wird. Schließlich einigt man sich aber doch darauf, dem Kaiser reinen Wein einzuschenken, ihn von der allgemeinen Stimmung zu unterrichten, die von Tag zu Tag mehr auf seinen Rücktritt zielt, ihm auch die Folgen für den monarchischen Gedanken nahezubringen, falls der richtige Zeitpunkt für die Abdankung versäumt würde.

Max von Baden, grippegeschwächt und durch verwandtschaftliche Beziehungen innerlich gehemmt, lehnt es ab, Wilhelm persönlich unter Druck zu setzen. Schließlich erklärt sich der preußische Innenminister Dr. Bill Drews bereit, den schweren Gang nach Spa zu tun. Er kennt die inneren Verhältnisse im Reich und befürchtet, daß jeden Moment Unruhen ausbrechen könnten und dadurch womöglich alle Pläne über den Haufen geworfen würden. Über die Unterredung am 1. November berichtet Wilhelm II. später brieflich einem Vertrauten in einem Ton, der die ganze Blindheit des Kaisers entlarvt. Wilhelm, der durchaus eine vorbildliche Vernunfthaltung einnehmen konnte, lief schon im nächsten Augenblick Gefahr, unerträgliche Arroganz und Kraftmeierei an den Tag zu legen, die durch nichts mehr gerechtfertigt waren.

Aber lassen wir den Regenten selbst sein Gespräch mit

Drews schildern: »Also gestern war Drews bei mir, um mir von der Regierung aus Berlin, der sogenannten Regierung, nichts Geringeres als meine Abdankung nahezulegen. Na, ich hab' ihn erst herauskommen lassen, und dann habe ich mir den Mann gekauft, ihn angefahren – so – und gesagt: ›Was? Sie als preußischer Beamter, Untertan, der Sie Ihrem Kaiser den Eid der Treue geschworen haben, Sie wagen es, Sie unterstehen sich, vor mich hinzutreten mit solch einem Angebot!‹ Sie hätten bloß sehen sollen, wie der Mann zusammengefahren ist. Das hatte er nicht erwartet – einen tiefen Diener macht er gleich vor mir. ›Also gut, es sei‹, sagte ich. ›Wie stellen Sie sich eigentlich das Weitere vor? Sie sind ja Verwaltungsbeamter etc. Meine Söhne haben mir in die Hand versprochen, daß keiner meine Stelle annimmt. Also mit mir tritt das ganze Haus Hohenzollern zurück.‹ Den Schreck hätten Sie sehen sollen, das hatte er nämlich wieder nicht erwartet. Also was wird? ... ›Chaos‹, sagt er und macht wieder einen Diener. Sehen Sie, man muß solche Wirrköpfe nur fragen, immer nur fragen, dann kommt die ganze Verworrenheit und Hohlköpfigkeit heraus. ›Na also‹, sagte ich, ›nun werde ich Ihnen sagen, wie das Chaos aussieht. Ich danke ab. Alle Dynastien stürzen nach, das Heer hat keinen Führer, die Front löst sich auf und flutet über den Rhein. Die Untreuen rotten sich zusammen, hängen, morden, plündern, und die Feinde helfen ihnen dabei. Und darum: Ich denke gar nicht daran, abzudanken. Der König von Preußen darf Deutschland nicht untreu werden. Ich denke gar nicht daran, wegen der paar 100 Juden und der 1000 Arbeiter den Thron zu verlassen. Das sagen Sie Ihren Herren in Berlin!‹ – Und als er dann abschob, der Drews, ganz begossen, habe ich ihm Dörings Predigt gegeben ... ›Das nehmen Sie mal mit, das mögen die Herren studieren und darin mal nachlesen über die deutsche Treue!‹«

Damit ist der arme Drews aber noch nicht entlassen. Wilhelm zitiert Hindenburg und General Groener herbei, und die schimpfen auch noch auf den Unglücksboten ein. In Wilhelms Originalton: »Groener, der ein Württemberger ist, also Süddeutscher, ein kleiner, gemütlicher Mann; was soll ich Ihnen sagen, der fährt den Drews an wie eine Wildkatze, er brüllt ihn an. Mag ich nun regiert haben wie ich will, gut oder schlecht, davon jetzt einmal ganz abgesehen – das meiste war natürlich schlecht. Aber ich habe nun doch einmal sechzig Jahre und davon dreißig Jahre auf den Thron. Eins muß man mir doch lassen, die Erfahrung! Wer soll an meine Stelle treten? Etwa der famose Max von Baden?«

Während der nächsten Tage begibt sich Wilhelm auf Inspektionsreise, zeigt sich bei den Truppen – freilich weiter hinten, beim Nachschub. Natürlich wird er »begeistert« empfangen, wie er nachher stolz berichtet. Jetzt ist seine Welt wieder in Ordnung, jetzt hat er wieder die rosarote Brille auf, die ihn alles freundlicher sehen läßt. Die Ernüchterung kommt nach seiner Rückkehr ins Hauptquartier. Hier warten schlechte Neuigkeiten auf ihn: Die Engländer haben wieder einen großen Einbruch erzielt, die ersten Nachrichten vom Matrosenaufstand in Kiel sorgen für Unruhe. Offiziere klagen über Disziplinprobleme – und zwar, wenn sie ihren Mannschaften klarmachen wollten, ein ehrenhafter Tod sei einer unehrenhaften Kapitulation vorzuziehen. Diese Töne sollte man eine Generation später wieder hören in Deutschland.

Mittwoch, 6. November: Die Revolution marschiert, in die Friedensparolen der kriegsmüden Matrosen, Soldaten und Arbeiter mischen sich zunehmend radikale Losungen. »Eben habe ich die Nachricht erhalten«, platzt Philipp Scheidemann in eine Konferenz, »daß zahlreiche Kieler Matrosen in Hamburg und in Hannover die staatlichen Machthaber festgenommen und die öffentliche Gewalt an sich gerissen haben. Meine Herren, jetzt gilt es nicht mehr zu diskutieren, jetzt gilt es zu handeln. Wir wissen alle nicht, ob wir morgen noch auf diesen Stühlen sitzen werden.« Scheidemann schaut seine Genossen an und richtet dann den Blick auf General Groener, der aus Spa nach Berlin gekommen ist, um mit den Spitzen der Sozialdemokratie die Lage zu beraten. Es war vielleicht schon die letzte Chance, die Monarchie zu erhalten.

Für die SPD geht es allerdings um mehr. Die Genossen fürchten die Revolution, die sie nicht gewollt haben. Sie fürchten um ihr schönes und demokratisches Konzept, das Evolution statt Revolution vorsieht, sie fürchten, daß linksradikale Agitatoren ihnen die Massen abspenstig machen könnten. Es besteht die Gefahr, daß nach dem Sturz der Dynastien ein Vakuum entstehen und zu einem Bolschewismus russischer Prägung führen könnte.

Friedrich Ebert, der Führer der Sozialdemokraten, bestürmt General Groener, für die Abdankung des Kaisers zu sorgen: möglichst heute noch – spätestens morgen. Beschwörend redet der Süddeutsche Ebert auf den Süddeutschen Groener ein, den man als menschlich angenehm schätzt, der so gar nichts von der preußisch-zackigen Art hat, mit denen andere Offiziere den Zivilisten im allgemeinen und den Sozialdemokraten im besonderen von oben herab begegneten. Groener ist ein Mann, mit dem sich reden läßt.

Nur leider nicht an diesem Tag und nicht über dieses Ansinnen. Schärfer als es seinem Naturell entspricht, erklärt Groener, seine Ehre verbiete ihm eine weitere Diskussion dieser Frage. Im übrigen könne er versichern, daß kein kaiserlicher Prinz an die Stelle Wilhelms treten würde, womit der Weg, den sich die SPD für die Erhaltung der Monarchie ausgedacht habe, versperrt sei. »Jetzt müssen die Dinge ihren Lauf nehmen«, sagen die führenden Männer der Sozialdemokratie mit todernster Stimme und verabschieden sich förmlich und feierlich von dem General, der nicht über seinen Schatten zu springen vermochte. Am nächsten Tag fällt in Bayern die erste Krone. Das Schicksal der deutschen Fürsten nimmt in der Tat seinen Lauf.

An diesem 7. November drohen die sozialdemokratischen Mitglieder der Reichsregierung mit ihrem Rücktritt, wenn der Kaiser nicht innerhalb vierundzwanzig Stunden dem Thron entsage. Kanzler Max von Baden meldet das in Spa, bietet seinerseits seinen Rücktritt an und versucht, den Kaiser auf eine Kompromißformel einzuschwören: Er solle als Oberster Kriegsherr so lange im Amt bleiben, bis der Waffenstillstand unter Dach und Fach sei, aber jetzt schon ankündigen, unmittelbar danach den Thron zu räumen.

Der Monarch weigert sich mit dem Argument, nach dem Waffenstillstand werde seine größte Aufgabe erst beginnen, wenn er an der Spitze seiner Truppen nach Deutschland zurückkehre, um für Ordnung zu sorgen. Wilhelm erteilt Befehl, an solchen Rückmarschplänen zu arbeiten und steigert sich immer mehr in diesen Gedanken hinein: Eher werde er sein eigenes Schloß zerschießen lassen, als dem Pöbel nachzugeben. Er werde an der Spitze seiner Truppen in Berlin einziehen und fürchterlich Gericht halten über alle Verräter.

Noch am Abend des 8. November droht Wilhelm: »Wenn die Leute nicht Vernunft annehmen, gehe ich mit den Herren (des Hauptquartiers und seines Stabes) und den Truppen, die mir noch treu sind, und wenn es nur ein Bataillon ist, in die Heimat, und wenn ich selbst dabei fallen sollte. Aber es ist meine Pflicht, die Ordnung wiederherzustellen.« Diese Aussage wiederholt er so oft, bis ihm General Groener und Feldmarschall von Hindenburg nicht allzu schonend beibringen, daß es jene zuverlässigen Truppen nicht gibt, mit denen man einen Bürgerkrieg führen könnte.

Groener, der das zuerst begriffen hatte, mochte jetzt schon bereuen, mit Ebert und Scheidemann nicht mitgezogen zu haben. Der kluge General empfand Wilhelms Säbelrasseln – diesmal gegen die eigenen Landsleute gerichtet – als nachgerade peinlich. Und in diesem Sinne bearbeitete er auch erfolgreich den Feldmarschall. Hindenburg sah nun ebenfalls ein, wie unhaltbar die Lage mit dem Kaiser geworden war. Die Nachrichten aus der Heimat, wo ein Thron nach dem anderen wankte und fiel, taten ein übriges. Trotzdem bringt es keiner von beiden übers Herz, Wilhelm direkt zum Rücktritt aufzufordern, geschweige denn gar, ihn dazu zu zwingen.

Am Morgen des 9. November findet Wilhelm ein Telegramm vor, das Max von Baden in der Nacht abgeschickt hat, des Inhalts: Falls es nicht zur Abdankung komme, werde er, Max, zurücktreten. Dann stehe das Reich ohne Kanzler, ohne Regierung, ohne Parlamentsmehrheit da, stehe unfähig da, mit den Alliierten weiter über Waffenstillstand und Frieden zu verhandeln.

»Tut es jetzt schon«, kritzelt Wilhelm mit dem ihm eigenen Humor an den Rand des Formulars. Anschließend frühstückt er und macht seinen Morgenspaziergang, wobei er sich in Betrachtungen darüber ergeht, daß die Westmächte es nicht zulassen könnten, wenn Deutschland den Bolschewisten ausgeliefert würde. Da müßten sie dann schon eher ihn für Ordnung sorgen lassen. Es ist wieder die alte Melodie, nur ein bißchen anders arrangiert.

Bei seiner Rückkehr erwarten ihn Hindenburg und Groener. Aus des Feldmarschalls Bitte, entlassen zu werden oder wenigstens schweigen zu dürfen, weil er es

nicht mit der Ehre eines preußischen Offiziers vereinbaren könne, das zu sagen, was dem Könige jetzt gesagt werden müsse, folgert Wilhelm, daß es um Unangenehmes geht: Um das böse Erwachen aus einem Traum, dem er eben noch im Park nachgehangen war.
Da ergreift Groener das Wort. Er erklärt klipp und klar, auf die Armee sei nicht länger Verlaß, sie werde weder nach außen noch im Innern weiterkämpfen. Zwei hohe Offiziere, die der Unterredung beiwohnen, widersprechen, schon um dem verwirrt um sich blickenden Kaiser beizuspringen. Weil nicht sein kann, was nicht sein darf, äußern sie die Überzeugung, bei fester Führung ließen sich in wenigen Tagen genügend zuverlässige Truppen zusammenstellen, mit denen man die Lage unter Kontrolle bekommen würde. Der Kaiser mischt sich in das Gespräch und greift diesen Strohhalm begierig auf.
Nun findet es der skeptisch dreinschauende Groener an der Zeit, noch deutlicher zu werden: »Unter seinen Generalen wird das Heer in Ruhe und Ordnung in die Heimat zurückmarschieren, aber nicht unter der Führung Eurer Majestät!« Wilhelm wird laut: »Exzellenz«, wendet er sich scharf an Groener, »diese Erklärung verlange ich von Ihnen schriftlich. Schwarz auf weiß will ich die Meldung aller kommandierenden Generale haben, daß das Heer nicht mehr hinter seinem Obersten Kriegsherrn steht. Hat mir das Heer denn nicht den Fahneneid geschworen?« Der Fahneneid, erwidert Groener, zähle in revolutionären Zeiten nicht mehr viel; er sei »nur noch eine Fiktion, eine Idee, von der keine Wirkung mehr ausgeht«. Wilhelm wendet sich brüsk ab: Diese Welt versteht er nicht mehr!
Im Hintergrund wird telefoniert. Mehrfach meldet sich die Berliner Reichskanzlei, berichtet von Unruhen und Schießereien in der Hauptstadt. Verschiedene Truppenteile hätten versagt und den Befehl verweigert. Einige

der hohen Offiziere sprechen nacheinander mit Berlin, werden dringend gebeten, auf den Kaiser einzuwirken, ihm den Rücktritt nahezulegen. Keiner tut es. Auch Groener ist nur dazu bereit, seinem Herrscher die Fakten zu sagen – die Schlüsse soll der Kaiser jedoch selbst daraus ziehen. Berlin muß also noch warten, Berlin wird vertröstet.

Inzwischen wendet sich Wilhelm an Hindenburg: »Was meinen Sie, kann ich als Deutscher Kaiser abdanken und König von Preußen bleiben? Könnte denn nicht wenigstens mein Sohn den Thron besteigen, als Wilhelm III. etwa? Wär' das nicht zu machen?« Hindenburg schweigt verlegen. »So geben Sie mir doch Antwort«, verlangt der Kaiser. »Was soll ich meinem Sohn sagen, wenn er gleich kommt?«

Groener beendet diese gespenstische Szene mit den Worten: »Ich fürchte, Majestät, dazu wird es zu spät sein.« Wilhelm, dem nicht entgangen war, wie besorgt die Herren auf die Telefongespräche aus Berlin reagiert hatten, fragt: »Wieso zu spät? Was haben die Schweinehunde aus Berlin wieder Neues gefunkt?« Es geht nicht ganz klar hervor, wen er mit dieser Titulierung meint: die Revolutionäre oder die Reichsregierung.

Gleich darauf trifft der Kronprinz ein; beim Aussteigen pflaumt er seinen Chauffeur noch an: »Nu fahren Se ja wohl bald Scheidemannen!« Dann tritt er auf die wartenden Offiziere zu: »Sind denn die paar Matrosen noch nicht an die Wand gestellt?« Man informiert ihn kurz über die Lage in Berlin und läßt den Kronprinzen anschließend mit seinem Vater allein. Aus den hastigen, fahrigen Gesten wird erkennbar, mit welcher Erregung der Kaiser auf seinen Sohn einredet.

Zur gleichen Zeit erweist sich, daß General Groener den inneren Zustand der Truppe durchaus richtig eingeschätzt hatte: Von den fünfzig Kommandeuren, die ins

Große Hauptquartier befohlen worden waren, um über die Stimmung an der Front Bericht zu erstatten, waren elf unterwegs hängengeblieben. Den restlichen neununddreißig stellte man jetzt zwei Fragen. Die erste lautet: »Wie steht das Heer zum Kaiser? Wird es ihm im Kampf zur Wiedereroberung der Heimat folgen?« Nur ein Kommandeur bejaht die Frage bedingungslos, fünfzehn Offiziere enthalten sich einer klaren Äußerung, dreiundzwanzig verneinen. Die Antwort auf die zweite Frage: »Wie steht das Heer zum Bolschewismus? Wird es gegen den Feind im Innern marschieren?« ist noch schwieriger: neunzehn Neinstimmen stehen acht Enthaltungen gegenüber. Der Rest von zwölf Kommandeuren einigt sich auf eine Kompromißformel: »Eventuell nach Aufklärung. Wenn die Familien in Gefahr sind, dann wird das Heer vielleicht marschieren.«
Oberst Wilhelm Heye, der Chef der Operationsabteilung, faßt das niederschmetternde Ergebnis der Befragung für den Kaiser zusammen und schließt: »Jede Stunde Waffenstillstand ist wichtig.« Wilhelm stimmt zu: »Waffenstillstand wollen wir ja auch haben. Aber ohne daß ich klarsehe, danke ich nicht ab. Marschiert denn das Heer ohne mich geordnet nach Hause?« Heye antwortet: »Die Armee marschiert auch unter den Generalen allein nach Hause. Sie ist noch fest in der Hand der Führer. Aber wenn Eure Majestät mit ihr nach Hause marschieren, so ist es ihr recht und eine Freude. Nur kämpfen will die Armee nicht mehr, weder nach außen noch innen.«
Noch einmal dreht sich die Diskussion im Kreis, verläuft in den alten Bahnen. Bürgerkrieg will der Kaiser jetzt nicht mehr. Vorbei ist es mit seinen Drohungen, in Berlin fürchterlich Gericht zu halten. Er möchte sich zu einer preußischen Division begeben und mit ihr friedlich nach Hause ziehen. Auch zu einem Entschluß vermag er

sich endlich durchzuringen: Er wolle als Kaiser abdanken, nicht aber als König von Preußen. Das ist zwar keine Lösung, aber immerhin ein Anfang.
Anschließend geht Wilhelm zum Mittagessen und beauftragt einige Mitarbeiter, die Verzichtsurkunde zu entwerfen. Während des Essens wieder drängende Anrufe aus Berlin: Jede Minute sei kostbar! Rückantwort aus Spa: Die Abdankung könne nicht in wenigen Minuten über die Bühne gebracht werden. Aber man könne davon ausgehen, daß Seine Majestät den Weg freimache. Für wen? Nun, man müsse Geduld haben, bis alles formuliert sei. Von der politischen Unmöglichkeit, nur die Kaiserkrone abzulegen, die preußische aber zu behalten, redet keiner.
Plötzlich ist das auch völlig unwichtig geworden. Max von Baden, in Berlin des Wartens mittlerweile müde geworden, greift nun, da die Abdankung jede Minute kommen muß, den Ereignissen vor. Er verkündet von sich aus, Kaiser und Kronprinz hätten abgedankt. »Verrat, schamloser Verrat!« schreit Wilhelm, als er davon hört. »Ich bleibe König von Preußen und danke als solcher nicht ab. Ich bleibe bei der Truppe!« Später wird es für Wilhelm feststehen: »Ich ging, oder vielmehr: ich wurde von meiner eigenen Regierung gestürzt.« Max von Baden war und blieb in seinen Augen der Sündenbock – als ob es eine Alternative gegeben hätte!
Mit seiner Eigenmächtigkeit wollte Prinz Max wenigstens die Monarchie als solche noch retten. Auch Friedrich Ebert dachte bis zuletzt an Kontinuität, an einen reibungslosen Übergang vom Kaiserregiment zur parlamentarischen Demokratie mit einem Monarchen an der Spitze. Aber die Verhältnisse waren stärker und schneller. Der Kommunist Karl Liebknecht ruft zur gleichen Stunde, da die Meldung über den Verzicht von Kaiser und Kronprinz verbreitet wird, die bolschewistische

Räterepublik aus. Und Philipp Scheidemann verkündet, in Konkurrenz dazu, die demokratische Republik, wofür er von Ebert heftige Vorwürfe einstecken muß. Dabei war der Gedanke der Monarchie ohnehin überholt: auch Scheidemann oder Ebert hätten daran nichts mehr ändern können.

Die sozialdemokratischen Führer gehen zum Reichskanzler, dessen ganzer Mut mit der Ausrufung der Republik erloschen ist. Ebert beansprucht die Führung der Regierung für sich. Max von Baden ist froh, die Last der Verantwortung los zu sein. Immer noch versucht Ebert, die Idee der Monarchie aufrechtzuerhalten, möchte jedenfalls die Entscheidung über die künftige Staatsform einer verfassunggebenden Versammlung vorbehalten wissen, wofür er zunächst einmal sogar die zähneknirschende Zustimmung der Unabhängigen Sozialisten erhält. Als neuer Reichskanzler will sich Ebert der Unterstützung seines Vorgängers versichern. Sein Ziel ist es, Max von Baden als provisorisches Staatsoberhaupt, als Reichsverweser, zu gewinnen. Der Prinz lehnt ab und sagt zum Abschied: »Herr Ebert, ich lege ihnen das Deutsche Reich ans Herz!« Ebert erwidert mit großer Würde: »Ich habe zwei Söhne für dieses Reich verloren.«

In Spa findet sich die Heeresleitung mit der Abdankungserklärung aus Berlin überraschend schnell ab. Gegen den Inhalt der Verlautbarung wird überhaupt kein Protest eingelegt; nur gegen die Form und gegen die Eigenmächtigkeit verwahrt man sich, aber auch das geschieht nicht öffentlich. Nachdem sich Wilhelms erster Wutanfall gelegt hat, läßt er seine Umgebung apathisch gewähren. Von seinen vorherigen Ambitionen, die preußische Krone zu retten, ist nun nicht mehr die Rede. Und der Plan, friedlich heim ins rote Berlin zu marschieren, verliert angesichts der ständig einlaufenden

Katastrophenmeldungen ebenfalls beträchtlich an Reiz.

Am späteren Nachmittag erscheinen Hindenburg und Groener erneut in Wilhelms Villa Fraineuse. Sie werden höchst ungnädig empfangen: »Mein Gott, sind Sie schon wieder da!« Und Groener bekommt jetzt die Quittung für seine deutlichen Worte am Mittag: »Mit Ihnen bin ich fertig. Ihnen habe ich nichts mehr zu sagen. Sie sind württembergischer General.«

Mit Hindenburg freilich muß Wilhelm reden. Dieser schenkt ihm reinen Wein ein: »Ich kann es nicht verantworten, daß Eure Majestät von meuternden Truppen nach Berlin geschleppt und der revolutionären Regierung als Gefangener ausgeliefert werden. Deshalb muß ich Eurer Majestät raten, abzudanken und nach Holland zu gehen.« Noch ein kleiner Wutanfall, dann schickt sich Wilhelm ins Unvermeidliche.

Er schreibt einen Brief an den Kronprinzen, der Spa erst vor ein paar Stunden verlassen hat: »Lieber Junge, da der Feldmarschall mir meine Sicherheit hier nicht mehr gewährleisten kann und auch für die Zuverlässigkeit der Truppen keine Bürgschaft übernehmen will, so habe ich mich entschlossen, nach schwerem inneren Kampfe, das zusammengebrochene Heer zu verlassen. Berlin ist total verloren in der Hand der Sozialisten, und sind dort schon zwei Regierungen gebildet, eine von Ebert als Reichskanzler, eine daneben von den Unabhängigen. Bis zum Abmarsch der Truppen in die Heimat empfehle ich, auf Deinem Posten auszuharren und die Truppen zusammenzuhalten! So Gott will auf Wiedersehen ... Dein tiefgebeugter Vater Wilhelm.«

Den schweren inneren Kampf, von dem im Brief die Rede ist, liefert Wilhelm quasi als Postskriptum nach. Seinem Adjutanten erklärt er, er bleibe in Spa; Hindenburg wiederum läßt er ausrichten, er werde am nächsten

Tag nach Holland reisen. Beim Abendessen im Hofzug geht es so weiter: »Man will mich überreden, nach Holland überzutreten. Das tue ich nicht, das wäre, als wenn ein Kapitän sein sinkendes Schiff verlassen würde.« Irgendwann an diesem Abend sagt er auch: »Das beste wird schon sein, ich schieße mich tot!« Um dann gleich wieder von diesem Gedanken abzurücken, weil Selbstmord einer Flucht aus der Verantwortung gleichkäme. Da ist die Flucht nach Holland schon bequemer. Einige Zeit später wird ihm mitgeteilt, alle anderen Wege seien blockiert; wie lange der Weg nach Holland noch frei sei, könne niemand sagen. Darauf Wilhelm: »Gut, also wenn es sein muß! Aber nicht vor morgen früh!« Dann geht er zu Bett. Noch während er schläft, verläßt kurz vor fünf Uhr früh der Zug den Bahnhof in Richtung auf ein Exil ohne Wiederkehr. In seinem unheimlich starken Abgang reißt Wilhelm alle deutschen Fürsten mit.

Der Zug ist fast 36 Stunden unterwegs, aufgehalten von einer ratlosen holländischen Regierung, die zwar mit dem Übertritt des Kaisers gerechnet hatte, aber immer noch nicht genau weiß, wie sie sich ihm gegenüber verhalten soll. Am 11. November erreicht man nachmittags das vorläufige Ziel. Es ist Schloß Amerongen, im Besitz des Grafen Bentinck, der als Ritter des Jonanniter-Ordens seinem Ordensbruder Wilhelm von Hohenzollern Quartier gibt und ein festliches Begrüßungsdinner ausrichtet. Zuvor wird »eine Tasse richtigen guten englischen Tees« serviert, um die der Flüchtling gebeten hatte.

Während der Hofzug durch Holland rollt, wird in der Nacht vom 10. zum 11. November im Wald von Compiègne der Waffenstillstand unterzeichnet. Der Zentrumspolitiker Matthias Erzberger hat es auf sich genommen, die deutsche Delegation zu leiten, nachdem sich kein hoher Militär dazu bereit fand: Die hatten die

Suppe nur eingebrockt – auslöffeln mußten sie die Zivilisten. Und Erzberger stellt mit Entsetzen fest, daß diese Suppe so heiß gegessen werden muß, wie sie gekocht wurde. Marschall Ferdinand Foch verlangt nichts weniger als die totale Kapitulation; Verhandlungen lehnt er schroff ab. Als Waffenstillstand kann man ein solches Ergebnis keineswegs bezeichnen.
Erzberger sucht Rat bei Hindenburg und fragt an, was zu tun sei. Der Feldmarschall zählt neun Punkte auf, in denen Erleichterung zu fordern sei, schließt aber sein Telegramm mit den Sätzen: »Gelingt Durchführung dieser Punkte nicht, so wäre trotzdem abzuschließen. Bitte Entschluß in diesem Sinne schleunigst herbeizuführen.« Tatsächlich bleibt Foch hart. So fügt sich Erzberger, starr vor Entsetzen und Schmerz, schließlich ins Unvermeidliche: Der Erste Weltkrieg, der zehn Millionen Tote gekostet hatte, ist beendet. In Compiègne und später in Versailles wird schon der Samen für den Zweiten Weltkrieg gelegt.
Aber zurück zu den Hohenzollern: Am 28. November trifft die Kaiserin bei ihrem Mann in Holland ein. Noch am gleichen Tag bequemen sich Wilhelm und sein Sohn, eine formelle Abdankungsurkunde zu unterzeichnen. Und dann sitzt Wilhelm in Holland und »trägt das schwere Los der Verbannung«, wie es die Familie hochtrabend nennt. Schuld an seinem Sturz sind jetzt nur noch die anderen, die »vaterlandslosen Gesellen«, »Versager« wie Hindenburg und die »Feldwebelfresse« Ludendorff, »Verräter« wie Max von Baden und General Groener. Selbstgerecht wie eh und je, macht er alle für das Unglück – für »sein« Unglück – verantwortlich – nur nicht sich selbst.
Einige Zeit bangte Wilhelm sogar um sein Leben: Die Siegermächte verlangten seine Auslieferung, wollten ihn vor ein Gericht stellen. Es wäre eine Chance gewesen,

vor einem internationalen Gerichtshof die alliierte These von der deutschen Alleinschuld am Ausbruch des Weltkriegs zu erschüttern. Wilhelm hat sie verpaßt. Ein Todesurteil gegen ihn wäre schwer vorstellbar gewesen. Kriegsgreuel und Kriegsverbrechen kamen auf allen Seiten vor, der Kaiser selbst hatte keinen Befehl unterzeichnet, der ihm zur Last zu legen war. Er hätte eine weit bessere Figur machen können als die Angeklagten des Nürnberger Prozesses nach dem Zweiten Weltkrieg.

Die Königin von Holland hat es immer kategorisch abgelehnt, den hohen Asylsuchenden an seine Gegner auszuliefern. Die vielen Pläne, die Wilhelm schmiedete, um sich durch Untertauchen der Auslieferung zu entziehen, hatten also keinen realen Hintergrund. Es waren ohnehin nur Gedankenspiele: »Mein verkrüppelter Arm«, klagte Wilhelm, »daran werden sie mich alle erkennen.« Die Siegermächte drangen im übrigen nicht weiter in die Holländer. Ihnen war es letztlich wohl auch lieber, die Unwägbarkeiten eines Prozesses zu vermeiden. Das offensichtlich schlechte Gewissen des Kaisers, seine Angst vor der Verantwortung, ließen sich propagandistisch besser ausschlachten.

So trug Wilhelm II. denn das »schwere Los der Verbannung« weiter, bald im käuflich erworbenen Schloß Doorn, umgeben von treuen Dienern, von Adjutanten und Hofschranzen. Vor ihnen konnte er weiterhin den Kaiser spielen, sie hörten ihm geduldig zu, wenn er fast jeden Abend zu Tiraden gegen seine Gegner ausholte.

Als die Kaiserin stirbt und ihr Leichnam nach Berlin überführt wird, demonstriert das kaisertreue Publikum noch einmal für das Haus Hohenzollern. Keine zwei Jahre danach heiratet Wilhelm erneut; damit ist er allerdings bei seinen Anhängern unten durch.

Die Hoffnung, man werde ihn irgendwann zurückrufen

auf den Thron seiner Väter, hat Wilhelm nie aufgegeben. Er wartet beim Kapp-Putsch, beim Hitler-Putsch sowie bei der Wahl Hindenburgs auf diesen Moment. Selbst von den Nazis erhofft er die Wiederherstellung der Monarchie, auch wenn er mit Hitler nie so gemeinsame Sache macht wie sein Sohn August Wilhelm. Daß die Nationalsozialisten von Anfang an nichts weniger wollten als eine Restauration, hat er wohl bis an sein Lebensende nicht begriffen.

Am 4. Juni 1941 stirbt Wilhelm in Doorn im Alter von 82 Jahren, bewacht (und überwacht) von deutschen Soldaten, die ihm Hitler 1940 vor das Schloß gestellt hatte. »Unsere herrlichen Truppen«, gerät er in seinen letzten Stunden ins Schwärmen, als er von der Eroberung Kretas durch deutsche Fallschirmjäger erfährt. Deutschen Boden hat Wilhelm II. seit 1918 nicht mehr betreten.

Heute ist – der Kronprinz starb 1951 – Prinz Louis Ferdinand Chef des Hauses Hohenzollern: ein zurückhaltender Herr, der nur gelegentlich Interviews gibt und sich weit weniger in den Vordergrund drängt als die Vertreter anderer hochadeliger Häuser. Ein Teil der Sensationspresse hat seinen Namen immer dann ins Spiel gebracht, wenn in der Bundesrepublik die Wahl eines Staatsoberhaupts aktuell wurde. Louis Ferdinand war indes zu klug, um solchen Spekulationen von sich aus neue Nahrung zu geben. Desto auffälliger benehmen sich einige Vertreter der nachfolgenden Hohenzollern-Generation, die als Angehörige des Jet-Sets und der Diskotheken-Society durch Affären Schlagzeilen machen, die zumindest Louis Ferdinand nicht mit Vergnügen lesen dürfte.

Das Königreich Bayern

Das Königreich Bayern ist nach Bevölkerungszahl (6,887 Millionen) und Fläche (75 870 Quadratkilometer) der zweitgrößte Staat des Deutschen Reiches. Es besteht aus dem östlichen Hauptgebiet (das dem heutigen Bayern entspricht) und der linksrheinischen Pfalz. Von allen größeren deutschen Gliedstaaten hat Bayern die geringste Bevölkerungsdichte (91 Einwohner pro Quadratkilometer) und ist eindeutig agrarisch geprägt: Getreide aller Art, Kartoffeln, Rüben und Flachs, Hopfen und Wein (Pfalz, Franken) in den flacheren Landesteilen, Viehzucht in den Alpen und den Mittelgebirgen. Dazu kommen große Waldungen, die zur Hälfte in öffentlicher Hand sind. Ansonsten ist Großgrundbesitz eher selten. Der Bergbau liefert Kohle, Erze, Graphit und Salz. Schwerpunkte der Industrie, die sich langsamer als anderswo entwickelte, sind die Großstädte München, Augsburg, Nürnberg, Fürth, Würzburg, Aschaffenburg, Ludwigshafen und Kaiserslautern. Bayern produziert von Maschinen bis Porzellan, vom Bier bis zu optischen Geräten eine breite Waren-Palette.

Das Königreich Bayern ist im Bundesrat mit sechs Stimmen vertreten und entsendet 48 Abgeordnete in den Reichstag. Bayern hat zahlreiche Sonderrechte, so eigene

Post und Eisenbahnhoheit. Das Königreich Bayern ist eine konstitutionelle Monarchie (Verfassung von 1818, mehrfach revidiert). Der Landtag besteht aus zwei Kammern: die der Reichsräte und die der Abgeordneten. Reichsräte sind die königlichen Prinzen, drei katholische Bischöfe, ein protestantischer Geistlicher, die Kronbeamten und die Vertreter der ehemals reichsständischen Fürsten- und Grafenfamilien. Der König kann aber auch eine beschränkte Zahl von Männern seines Vertrauens zu Reichsräten ernennen. Die Abgeordnetenkammer setzt sich aus 159 Mitgliedern zusammen, die (seit 1906) in allgemeinen direkten, gleichen und geheimen Wahlen bestimmt werden. Der Landtag hat das Etatrecht, und alle wichtigen Gesetze bedürfen seiner Zustimmung. Auch Staatsschulden dürfen nur mit seinem Einverständnis eingegangen werden.

Der ›Millibauer‹

Revolution in Bayern und Flucht König Ludwigs III.

Der König hatte gegen 14 Uhr zu Mittag gegessen. Mäßig, wie es sich für einen fast 74jährigen Mann empfiehlt, bescheiden, weil Krieg war. Aber mäßig auch nicht zuletzt deshalb, weil Ludwig III. von Bayern ein sparsamer Hausvater war. Manche nannten ihn sogar geizig. Seine Frau lag krank zu Bett, der halbe Hofstaat ebenfalls: Von der letzten Inspektionsreise auf dem Balkan hatte des Königs Umgebung eine hartnäckige Darmkrankheit mit nach München eingeschleppt, wahrscheinlich eine Art Paratyphus. Ein weiterer Grund, weshalb Ludwig III. vorsichtig mit dem Essen sein mußte.
Nach Tisch hatte der König dann allein die Residenz verlassen und war am Hofgarten vorbei hinunter zum Englischen Garten marschiert, um seinen obligatorischen Verdauungsspaziergang zu machen. Es war Donnerstag, der 7. November 1918, ein föhnig-heiterer Spätherbstnachmittag, wie er im Voralpenland nicht selten ist.
Für Ludwig III. wurde es ein denkwürdiger Tag. Als er schon auf dem Heimweg war, erkannten ihn ein paar Arbeiter. »Majestät, schaun S', daß S' hoamkemma, sunst is g'feit aa«, sollen sie ihn in breitem Dialekt ange-

sprochen haben. Oder nach anderen Berichten: »Herr König, Revolution is, gehn S' hoam, damit Eahna nix passiert.«

Der König tat, wie ihm geraten wurde. Als er über den Apothekenhof in die Residenz zurückkam, hörte er wohl, daß es Unruhen und Aufmärsche gegeben habe. Zu größerer Sorge bestehe jedoch kein Anlaß: Man habe die Lage im Griff, die entsprechenden Gegenmaßnahmen seien bereits eingeleitet. Beruhigende Erklärungen, freilich aus zweiter und dritter Hand; keiner wußte genau, was tatsächlich vorging in der Stadt. Und wenn wirklich jemand Befürchtungen hegte, dann wollte er damit den alten Herrn und seine kranke Frau tunlichst verschonen. Hatte im übrigen nicht der Führer der bayerischen Sozialdemokraten, der hünenhafte Erhard Auer, feierlich versprochen, daß nichts Ernstliches passieren würde? Wer sollte auch gegen den biederen Bürgerkönig Böses im Schilde führen?

Gewiß, allzu beliebt war Ludwig III. nicht. Jedenfalls nicht in den bürgerlichen Kreisen seines eigenen Landes. Im preußischen ›Ausland‹ sah man das wohl anders. Wenn je ein Reichsoberhaupt vom Volk frei zu wählen wäre, sagte der Sozialist August Bebel einmal im Reichstag, und »aus einem der regierenden Fürstenhäusern gewählt werden müßte – ich gebe Ihnen mein Wort, Prinz Ludwig hätte die größte Aussicht«. Das Bebel-Zitat datiert freilich noch aus der Zeit, als Ludwigs Vater, der greise Prinzregent Luitpold, die weiß-blaue Monarchie regierte.

Als der kunstsinnige Grandseigneur 91jährig im Dezember 1912 gestorben war, machte sein Sohn Ludwig bald einen entscheidenden Fehler: Er ließ sich dazu überreden, die Verfassung zu ändern und die Königskrone anzunehmen, die nach des Märchenkönigs Ludwig II. Tod im Jahre 1886 *de jure* dessen unheilbar krankem Bruder Otto I. zustand, der in einer zur Irrenanstalt umfunktionierten Zimmerflucht des Schlosses Fürstenried dahindämmerte und erst im Spätherbst 1916 starb. Viele Bayern haben das Ludwig III. sehr übelgenommen. Wenn sein Vater Luitpold auf Krone und Thron verzichtet hatte, sollte man auch von Ludwig Geduld erwarten dürfen. Dabei war der alte Herr wirklich alles andere als ein vom Ehrgeiz zerfressener Usurpator. Seine Räte hatten ihm halt gesagt, daß sich vieles einfacher handhaben lasse, wenn aus dem Prinzregenten Ludwig der König Ludwig III. würde. Als solcher aber wurde er dann vom Volk zumindest unbewußt mit dem legendenumwobenen Märchenkönig verglichen. Und mit dem II. hatte der III. Ludwig allerdings wenig gemein.

Der König hieß im Volksmund ›Ludwig der Vielfältige‹, weil er ungebügelte, viel zu lange Ziehharmonikahosen trug. In Uniform sah er aus wie ein schlampiger alter Dorfgendarm. Oder man nannte ihn den ›Millibauern‹, weil er sich mehr um seine Milchkühe auf Gut Leutstetten kümmerte als ums Theater und um die Malerei. Vom Kunstsinn seiner Vorfahren hatte er jedenfalls nichts mitbekommen. Seine Förderung und seine Anregungen galten der Landwirtschaft, dem Gewerbe, der Verkehrserschließung Bayerns. ›Schlösser zu des Volkes Wohlergehen‹, wie's im Volkslied so schön und so falsch besungen wird, baute er keine.

Das Volk verzeiht einem König viel. Er darf rauschende Feste feiern, ein Verschwender sein, den Frauen nachstellen. Aber er darf nicht jede Woche in eine billige Bierwirtschaft mit stinknormalen Bürgern zum Kegeln gehen. Er darf sich nicht sein königliches Gehalt erhöhen lassen – übrigens am gleichen Tag, an dem eine Verbesserung der Lehrerbesoldung vom Landtag abgelehnt wurde –, um das Geld in seine eigene Landwirtschaft zu investieren. Die Bayern wollten einen strahlenden Herrscher und keinen, der sich als erster Bauer im Land verstand und sich von jedem bäuerlichen ›Standesgenossen‹ duzen ließ. Als Ludwig III. im Weltkrieg täglich von Leutstetten aus mit dem Zug kostenlos Milch für soziale Zwecke nach Nürnberg schicken ließ, verdächtigten ihn viele Bürger, er würde seine Milch nach Preußen schaffen lassen, weil er dort ein paar Pfennige mehr dafür bekäme.

Nein, beliebt war der König nicht. Eher schon hatte das Volk vor Ludwigs Sohn Rupprecht Respekt, der seit 1914 als Feldmarschall eine Armee und dann eine Heeresgruppe kommandierte und am Ende des Krieges mit 48 Jahren im besten Mannesalter stand. Anders als sein Vater war Rupprecht ein politischer Kopf, der bereits Mitte des Krieges ahnte, wo das alles hinführen würde; der erkannte, daß man besser im ersten Kriegsjahr einen Kompromiß-Frieden geschlossen hätte, als auf den Sieg-Frieden zu setzen, der in immer weitere Ferne rückte. Rupprecht drängte im Frühjahr 1918 ganz energisch darauf, Schluß zu machen, hoffte allerdings immer noch auf territoriale Gewinne für sein Haus Wittelsbach. Andere deutsche Fürsten waren zu diesem Zeitpunkt freilich noch um einiges blinder.

Einen tatkräftigen Mann wie Rupprecht hätten die Wittelsbacher an diesem Donnerstag abend in München gebraucht. Und nicht einen alten, hilflosen König, der die Welt nicht mehr verstand und verstört hinunterlauschte auf den Max-Joseph-Platz, wo Sprechchöre hinauf an die geschlossenen Fenster der Residenz brandeten: »Runter mit dem Millibauern! Runter mit der Topfenresl!« Mit der ›Topfenresl‹ war die Königin gemeint, die geborene Erzherzogin Marie Therese von Österreich-Este. Prinz Ludwig hatte sie im Februar 1868 in Wien zu einem Zeitpunkt geheiratet, als noch niemand – und

er zuletzt – ahnen konnte, daß er einmal den Wittelsbacher Thron besteigen würde.
An Prinz Ludwigs Hochzeitstag lag sein revolutionärer Gegenspieler Kurt Eisner, geboren zu Berlin im Mai 1867, noch in den Windeln. Eisner hatte Philosophie und Germanistik studiert und war ein guter Journalist mit Drang zum Höheren, was sich in seiner selbstgewählten Berufsbezeichnung ›Schriftsteller‹ ausdrückte und in seinem zunehmenden politischen Engagement, das ihn von Jahr zu Jahr weiter nach links rücken ließ. Nach München war er 1910 gekommen. Hier arbeitete er für diverse SPD-Blätter. Während des Weltkrieges schloß er sich als überzeugter Pazifist der linken Abspalterpartei, der USPD, an. Seine erste größere politische Rolle spielte er im Januar 1918 beim Streik der Munitionsarbeiter, zu dessen Rädelsführern er nicht zuletzt durch eine Rednergabe gehörte. Eisner wurde eingesperrt und erst im Oktober wieder entlassen. Es war das eine Geste der königlichen Justiz an die Linke – und außerdem ein Zeichen dafür, daß man den zugereisten Berliner in München eben doch nicht so ganz ernst nahm. Er galt als Schwabinger Kaffeehaus-Literat, als linker Spinner oder als jüdischer Linksintellektueller ohne echten Anhang in der Münchner Arbeiterschaft. Außerdem sah er mit seinem langen wilden Vollbart aus wie ein altgewordener Kommunarde. Kein Typ für Münchner: eine Revoluzzer-Karikatur, nicht mehr.
Bayern war kein Industriestaat. Gerade in der Residenzstadt München hatten die Könige die Fabriken kleinzuhalten gesucht, weil sie sich kein revolutionäres Proletariat heranzüchten wollten. In Bayern gingen die Uhren anders: Es gab weniger Luxus – wenn man vom Märchenkönig absieht – und kein so himmelschreiendes Elend wie anderswo. Die Einkommensunterschiede waren nicht so gewaltig wie in anderen Landstrichen des

Reichs, die Klassenunterschiede zumindest in den Bierkellern aufgehoben. Dort war der Sozi genauso der ›Herr Nachbar‹ wie der höhere Beamte. ›Leben und leben lassen‹ hieß die allgemeine Devise. Wobei natürlich die oben schon ein bißchen besser lebten als die unten.
»In Folge des ausgeprägten demokratischen Gefühls«, schrieb der bayerische SPD-Führer Georg von Vollmar im Jahre 1894, »ist geringerer Klassenhaß, weniger gegenseitige Absperrung und Überhebung, aber Verkehr auf gleichem Fuße vorhanden ... wenig Unternehmungsgeist und Profitgier, keine Spur von Unterwürfigkeit, aber Genußfreudigkeit, mäßige Arbeitslust.«
Aus dieser Analyse von Volkscharakter und gesellschaftlichen Zuständen hatte der Edelmann und ehemalige Offizier als Führer der bayerischen Sozialdemokraten den Schluß gezogen, daß Evolution der Revolution vorzuziehen sei: nicht gewaltsamer Umbruch, sondern nur organische Entwicklung würde wahren Fortschritt bringen. Vollmars SPD war eine königlich-bayerische Volkspartei und insofern der deutschen SPD um Jahrzehnte voraus – nach Godesberger Art.
Auch Vollmars Nachfolger Erhard Auer hielt es mit diesem Programm. Er konnte sich einen modernen, demokratisch-parlamentarischen Rechtsstaat durchaus unter einer Wittelsbacher Dynastie vorstellen. Zwar sagte Auer ein Jahr vor der Revolution im Landtag: »Der moderne Staat kann wohl die Fürsten, aber nicht die Massen entbehren.« Aber er ließ immer durchblicken, daß ihm die Kombination aus Königreich und Demokratie vorschwebte. Gegen eine völlige Parlamentarisierung des Staates sträubten sich die herrschenden Kreise allerdings nach wie vor.
Erst am 2. November 1918 bequemte man sich halbherzig zu einem königlichen Erlaß, wonach in Zukunft das Kabinett, zwar immer noch allein vom König ernannt,

nicht nur das Vertrauen der Krone, sondern auch das des Landtags besitzen mußte. Eine Koalition zwischen bürgerlichen und sozialdemokratischen Kräften – mit deutlicher antipreußischer Stoßrichtung übrigens – zeichnete sich ab: eine große historische Chance. Beide Seiten jedoch zögerten, versuchten kleinlich zu feilschen, gaben nur hinhaltend Schritt um Schritt nach. Sie ahnten nicht, daß ihnen diese Chance bloß für Tage und Stunden gegeben war. Die Zeit arbeitete nicht für eine friedliche Umgestaltung der Verhältnisse.
Die Sozialdemokraten versuchten allerdings, Druck auf den künftigen Partner auszuüben. Die große Friedenskundgebung auf der Theresienhöhe am Nachmittag des 7. November sollte das bürgerliche Lager davon überzeugen, daß Eile geboten sei. An Revolution dachte Auer, dachten die Sozialdemokraten gewiß nicht. Wohl aber Kurt Eisner, der seit seiner Entlassung in einer Reihe von Versammlungen testete, wie groß das revolutionäre Potential in München war und wie geduldig die Polizei sich seine scharfmacherischen Reden gefallen ließ. Daneben empfing er in seinem kleinen Haus in München-Großhadern zahlreiche Genossen zu konspirativen Gesprächen, knüpfte selbst auch Kontakte auf dem Land, zum Beispiel mit den radikalen Bauernführern Karl und Ludwig Gandorfer.
Den kompletten Umsturzplan hatte er allerdings kaum in der Tasche. Er mußte sich aufs Improvisieren verlassen und im übrigen auf die Gunst der Stunde hoffen. Ohne Pannen ging es auch bei Eisner nicht ab. Die Generalprobe der Revolution hätte er zum Beispiel beinahe verpaßt. Sie sollte am Dienstag, dem 5. November, im ›Hackerkeller‹ stattfinden, wurde aber kurzfristig wegen des großen Andrangs auf die benachbarte Theresienwiese verlegt. Eisner, der sich verspätet hatte, mußte sich erst von Bierkeller zu Bierkeller durchfragen, bis ihm

eine Kellnerin den Weg zur Bavaria wies. Er traf dort gerade noch rechtzeitig ein, um seine Rede zu halten.
Für den Donnerstag nachmittag war zwischen SPD-Auer und USPD-Eisner vereinbart, daß beide Parteiführer je zwanzig Minuten sprechen sollten. Auer hatte dem Innenminister Maximilian Friedrich Ritter von Brettreich versichert: »Eisner wird heute nachmittag an die Wand gedrückt werden.« Eisner hatte mit seinen Vertrauten noch mittags diverse Pläne geschmiedet, wie man die große Friedenskundgebung revolutionär umfunktionieren könnte, wobei er sich bis zuletzt nicht klar war, ob er sich mit seinem Anhang absondern und auf eigene Faust vorgehen oder ob er die sozialdemokratische Mehrheit zu infiltrieren versuchen sollte. Herr von Brettreich ließ jedenfalls auf großen Plakaten verkünden, die Bevölkerung dürfe überzeugt sein, »daß sie gegen jede Willkür und Gewalttätigkeit den ausreichenden Schutz finden wird«.
Am frühen Nachmittag schlossen in München dann die Geschäfte; das Warenangebot war ohnehin nicht mehr groß. Wer es sich leisten konnte, ging in die Bräuhäuser und genehmigte sich eine Maß Bier oder gar den besonderen Luxus einer Schweinshaxe, die es trotz Kriegsnot noch zu kaufen gab. Die Arbeiterschaft verschob das Bier auf den Feierabend und versammelte sich auf der Theresienwiese. Kurz vor 15 Uhr herrschte dort um die provisorische Rednertribüne herum schon drangvolle Enge. Gewerkschaftsmitglieder waren scharenweise von den Fabriken anmarschiert, sozialdemokratische Ortsvereine kamen in geschlossener Formation, Soldaten aus den Kasernen fanden sich ein und – für München ein ungewohntes Bild – rund tausend Matrosen! Sie waren vom habsburgischen Mittelmeer-Kriegshafen Pola wegen der österreichischen Kapitulation nach Kiel und Wilhelmshaven kommandiert worden, wurden auf-

grund der dortigen Meuterei aber zu einer Zwangspause in München festgehalten. Am Rande sah man Schwabinger Figuren ebenso wie neugierige Bürger, die von den nahen Bierkellern herübergekommen waren: mehr als hunderttausend Menschen, eine Ansammlung, die München bis dato noch nicht erlebt hatte.

Die Versammlung verlief programmgemäß. Ein paar Grußworte, einige Solidaritätsadressen, dann hielten Erhard Auer und Kurt Eisner wie vereinbart ihre Reden. Eisner schlug scharfe Töne an, beanspruchte im übrigen aber nicht einmal seine ganze Redezeit. Im Bayerischen Landtag an der Prannerstraße beriet man zur gleichen Stunde die Kartoffelversorgung. Auf der Theresienwiese wurde ›Für Demokratisierung und gegen nationale Verteidigung‹ demonstriert.

Nach Schluß der Kundgebung formierte sich hinter Erhard Auer vor der Bavaria ein großer Demonstrationszug, der sich, Blasmusik vorneweg, in Richtung Stadtmitte in Bewegung setzte: Über die Landwehrstraße ging es zum Stachus, durch die Brienner und Residenzstraße zur Maximilianstraße, wobei keiner der wackeren Genossen auch nur auf die Idee kam, im Vorbeimarschieren etwa drohende Sprüche gegen die königliche Residenz loszulassen. Man zog die Isar entlang zum Friedensengel. Dort gab es noch eine Abschiedsrede, in der zu Ruhe und Ordnung aufgerufen wurde. Dabei waren sämtliche Teilnehmer längst rechtschaffen müde. Man zerstreute sich in alle Windrichtungen, ohne im geringsten zu ahnen, was in der Zwischenzeit auf der anderen Seite der Stadt vor sich ging.

Eisner hatte es geschafft, seinen Anhang, zusammen mit unentschlossenen Soldaten und Matrosen, nach Kundgebungsschluß in die entgegengesetzte Richtung zu dirigieren. In der Schule an der Guldeinstraße im Westend, die als Munitionslager zweckentfremdet war, versorgte man sich, ohne auf Gegenwehr zu stoßen, mit Waffen. Dann zog man über die Donnersberger Brücke zu den Truppenunterkünften und rollte beinahe planmäßig ein Quartier nach dem anderen auf. Von Minute zu Minute schwoll der Zug an: Als man zuletzt an die Türkenkaserne kam, waren es schon einige Tausend, die Eisner folgten. Im Vergleich zu den Zehntausenden, die sich Auer und dem SPD-Marsch angeschlossen hatten, war es jedoch immer noch ein unbedeutender Haufen, der sich überdies dauernd in Gruppen und Grüppchen aufspaltete.

Vor der Türkenkaserne lief übrigens nicht alles ganz so glatt wie zuvor. Erst nachdem die Revoluzzer ein paar Warnschüsse in die Luft abgefeuert hatten, fanden auch hier die Verbrüderungsszenen zwischen Arbeitern und Soldaten unter dem Segen der Linksintellektuellen statt. Polizei ließ sich nicht blicken. Auch kein Offizier versuchte, mit ›zuverlässigen‹ Truppen dem Spuk ein Ende zu machen.

Die königliche Regierung, in Erwartung der Kabinettsumbildung nur noch geschäftsführend im Amt, spielte Vogel Strauß und steckte den Kopf in den Sand. Schlimmer noch, sie log sich selbst in die Tasche. Des Königs Innenminister Maximilian Friedrich Ritter von Brettreich bezeichnete die ersten Putschnachrichten mit einer Mischung aus Fatalismus und Wunderglauben als »wilde Gerüchte«. Nur wenigen Vertrauten gestand der Minister den Ernst der Lage. Sie wirklich in den Griff zu bekommen, versuchte er wohl nicht einmal. Als sich Eisners Solo-Marsch nicht länger leugnen ließ, beruhigte der Herr Minister alle Anfragenden mit der frei erfundenen Versicherung: »Eisner sitzt bereits hinter Schloß und Riegel.«

Tatsächlich saß Eisner jenseits der Isar im ›Franziskanerbräu‹ und dachte angestrengt darüber nach, was nun werden sollte. Sein bisheriger Erfolg hatte ihn selber überrascht. Und vielleicht reifte erst jetzt, nachdem der halbe Weg beschritten war, in ihm der Entschluß, auch die zweite Etappe zu wagen. Seine Anhänger brachten ihn zurück in die Stadtmitte, in den ›Mathäser‹. Es war mittlerweile 21 Uhr geworden, längst dunkle Nacht. Im Biertempel entschloß sich Eisner zum Handeln. Was am Nachmittag schon der linke Bauernführer Ludwig Gandorfer und wenig später der anarchistische Schriftsteller Erich Mühsam versucht hatten, vollendete Eisner jetzt mit seiner Autorität, machte es gleichsam offiziell: Er rief zur Revolution auf, proklamierte die Republik.

Militärlastwagen patrouillierten vom ›Mathäser‹ aus und besetzten die wichtigsten Gebäude: die Zeitungsredaktionen, die Ministerien, das Generalkommando, Eisenbahn, Post und Telegrafenamt. Zur gleichen Zeit wurde im ›Mathäser‹ ein Arbeiter- und Soldatenrat gewählt, der sich ab 23 Uhr als »im Amt befindlich« bezeichnete. Der nächste Weg führte in die Prannerstraße zum Landtag, wo man den Pförtner herausläutete und sich daranmachte, eine vorläufige Regierung zu bilden.

Kurt Eisner geht richtig davon aus, »daß ich das Amt des Ministerpräsidenten übernehme«, läßt aber gleich durchblicken, wie sehr ihm an einer breiten Basis gelegen sei. Er will nicht nur Auer und die SPD in sein Kabinett einbauen, sondern auch unabhängige Fachminister aus dem bürgerlichen Lager gewinnen. Gewollt hat Erhard Auer die Revolution keineswegs; sie jedoch rückgängig zu machen, sieht er ebenfalls keine Veranlassung. Er tritt als Innenminister in die Regierung ein, weiß sich Respekt zu verschaffen, sorgt für Ruhe und Ordnung. Unproblematisch ist die Zusammenarbeit mit Eisner, vor allem mit Eisners anarchistisch-kommunistischem Anhang, zwar nicht. Aber mit Eisner selbst läßt sich wenigstens reden.

Einen Vorwurf kann man Eisner nicht machen: Er ist kein Anhänger der Diktatur des Proletariats, er ist links, aber kein Bolschewist. Er sagt nicht nur einmal, er sei der Garant dafür, daß es in Bayern zu keinen sowjetischen Zuständen komme. In der Tat nimmt die Münchner Räterepublik erst 1919 – nach Eisners Ermordung durch Graf Arco – bolschewistische Züge an. Vielleicht war Eisner ein idealistischer Träumer: außenpolitisch ganz gewiß. Er glaubte zuversichtlich, für Bayern und Deutschland bessere Friedensbedingungen herauszuholen, indem er alle Kriegsschuld auf die herrschenden deutschen Kreise von 1914 abzuschieben suchte. Die Revolution, die junge Republik – dessen war er sicher – würde man die Fehler der Monarchen nicht voll entgelten lassen. Das war keineswegs Eisners einziger Irrtum.

Aber zurück in den Landtag, in dem Kurt Eisner nach einem langen, ereignisreichen Tag Ruhe suchte und auf einem Sofa fand. Als am Morgen die ersten Abgeordneten des Königreichs kamen, mußten sie feststellen, daß sie arbeitslos geworden waren in einer Republik, die sich über Nacht etabliert hatte und eine überraschte Bevölkerung nun von ihrer Existenz in Zeitungen und auf Plakatdrucken in Kenntnis setzte. Noch während Eisners Getreue die Massenmedien jener Zeit in ihrem Sinne bearbeiteten, war der Repräsentant des alten Regimes, war König Ludwig III. auf der Flucht.

Am Abend hatten einige Minister kleinlaut den König aufgesucht und ihn mit der Empfehlung überrascht, die Residenzstadt zu verlassen: Sie könnten für seine Sicherheit nicht mehr bürgen. Ludwig, der stündlich mit dem Gegenschlag gerechnet hatte, fiel aus allen Wolken. Ein um das andere Mal fragte er, warum man ihm denn nicht Bescheid gegeben hätte über den Ernst der Situation: »Daß man mich gar nicht über die Lage unterrichtet hat! Hab' ich denn niemand, der sich um mich hätte annehmen können?«

Es sollte jedoch noch schlimmer kommen. Die drei Automobile der königlichen Familie standen aufgebockt im Marstall, ohne Reifen, ohne ausreichenden Kraftstoff. Der eine Chauffeur war davongelaufen, der andere mußte erst aus dem Urlaub zurückgerufen werden. Die kranke Königin wird aus dem Bett geholt, Ludwig läßt sich in seinen Pelzmantel helfen. Dann besteigt man das Auto, das notdürftig fahrbereit gemacht worden ist, und schleicht mit kleinster Beleuchtung auf Umwegen aus der Innenstadt: eine überflüssige Vorsichtsmaßnahme insofern, als die Revolutionäre gar kein Interesse zeigten, die Residenz abzusperren. Vielleicht hatten sie auch schlicht vergessen, darauf zu achten.

Das Reiseziel des Königs ist Schloß Wildenwart bei Prien am Chiemsee. Dem nachmittäglichen Föhn waren Nebel und Nieselregen gefolgt, es herrschten schlechte Sichtverhältnisse. In der Nähe von Rosenheim kam der Wagen des Königs von der Straße ab und landete in einem Acker. Erst nach Stunden konnte er durch einen Bauern wieder flottgemacht werden. Morgens um vier Uhr war endlich das erste Fluchtziel erreicht. Ein Auto der königlichen Kolonne, in dem zwei Töchter Ludwigs saßen, hatte sich total verfranzt und erreichte Wildenwart erst am Mittag.

In Wildenwart war dem königlichen Flüchtling nur kurze Rast vergönnt. Gerüchte machten die Runde, daß die Roten bereits die Verfolgung aufgenommen hätten. Also wurde abends, im Schutz der Dunkelheit, die Flucht zum Jagdhaus Hintersee in der Ramsau fortgesetzt. Dort traf man am Morgen des 9. November ein – und fand verschlossene Türen vor. Keiner hatte daran gedacht, den Förster zu verständigen: der mußte erst aus dem Bett geholt werden. Außerdem stellte sich heraus,

daß kein Bissen zu essen im Haus war. Etwas Büchsenfleisch und Kommißbrot halfen über den schlimmsten Hunger hinweg.
Die Flucht freilich geht weiter. Nächste Station ist Schloß Anif bei Salzburg, wo Graf Moy dem König Asyl gewährt. Wieder ist nichts vorbereitet; wieder steht man frierend und durchnäßt vor versperrten Gittern. Es ist Sonntag, der 10. November 1918. König Ludwig III. ist mürbe geworden und entschlossen, dem bösen Spiel ein Ende zu machen. Er ruft seinen letzten Ministerpräsidenten Otto von Dandl zu sich und erklärt diesem seine Bereitschaft, Regierung und Krone niederzulegen.
Dandl hat wenigstens für diesen Augenblick schon vorgesorgt und präsentiert dem König einen Entwurf für die Thronentsagung: »Das Volk hat seinen Willen kundgetan«, beginnt die vorbereitete Erklärung. Als Dandl das vorliest, fällt ihm Ludwig ins Wort. »Halt!« sagt er. »Streichen Sie das, und schreiben Sie dafür: ›Zeit meines Lebens habe ich mit dem Volk und für das Volk gearbeitet. Die Sorgen für das Wohl meiner geliebten Bayern war stets mein höchstes Streben.‹« Alles andere an der Verzichterklärung ist Routine. Der König entbindet seine Beamten und Soldaten vom Treueid und stellt fest, daß er an der Ausübung der Regierung gehindert sei. Und so weiter ...
Sein Sohn, Kronprinz Rupprecht, der als Führer einer Heeresgruppe noch im Feld steht, telegrafiert aus Brüssel nach München an die neuen Machthaber und legt Protest ein: »S. M. der König von Bayern ist in der Erklärung seines freien Willens behindert. In meiner Eigenschaft als Kronprinz von Bayern lege ich Verwahrung ein gegen die politische Umwälzung, die ohne Mitwirkung des gesamten bayerischen Volkes und der gesetzlichen Gewalten vor sich gegangen ist. Bayerns Volk und sein seit Hunderten von Jahren mit ihm ver-

bundenes Fürstenhaus haben Anspruch . . .« Rupprecht fordert Wahlen, fordert Entscheidung durch eine Nationalversammlung über die künftige Staatsform Bayerns. Er bekommt nicht einmal eine Antwort auf sein Telegramm.

Am Mittwoch, dem 13. November, erklärt Ludwig III. seine Abdankung offiziell, ohne allerdings für sich und seine Erben förmlich und für immer auf den Thron zu verzichten. Das stört die Regierung Kurt Eisners freilich nicht weiter. Großzügig antworten die neuen Machthaber: »Der Ministerrat des Volksstaates Bayern nimmt den Thronverzicht Ludwigs III. zur Kenntnis. Es steht dem ehemaligen König und seiner Familie nichts im Wege, sich wie jeder andere Staatsbürger frei und unangetastet in Bayern zu bewegen, sofern er und seine Angehörigen sich verbürgen, nichts gegen den Bestand des Volksstaates Bayern zu unternehmen.« Die mehr als siebenhundert Jahre währende Herrschaft der Wittelsbacher in Bayern hat damit ihr Ende gefunden.

Da es im ›ausländischen‹ Anif nicht genug zu essen gibt, kehrt der König zurück nach St. Bartholomä, in den Schutz königstreuer Forstleute, die ihn vor Gefahren verstecken, die wahrscheinlich gar nicht existieren. Ludwigs Töchter wiederum finden bei einem Gastwirt am Fuß der Kampenwand bis in den Dezember hinein Unterschlupf; sie tarnen sich als Haustöchter in einfacher Chiemgauer Tracht.

Nach und nach spricht sich herum, daß die neue Republik auf Ordnung hält. Die Königsfamilie vereinigt sich wieder, eine Tochter feiert sogar Hochzeit – obwohl Königin Therese kurz zuvor, Anfang Februar 1919, gestorben ist. Mitten in die Hochzeit am 23. Februar platzt die Nachricht, daß zwei Tage nach der Ermordung Kurt Eisners, des Führers der Revolution und ersten Ministerpräsidenten der Republik, nun tatsächlich die Dikta-

tur des Proletariats, die rote Räteherrschaft, ausgebrochen sei.
Der König flieht erneut: nach Tirol, in die Schweiz, auf seinen ungarischen Besitz Sarvar, den ihm seine Frau vererbt hat. Es sind unruhige Monate, beschwerlich für den alten Mann mit seiner angegriffenen Gesundheit, dem ein Leben lang alles Unangenehme abgenommen und jedes Hindernis aus dem Weg geräumt worden ist. Hinzu kommt, daß der 74jährige noch immer nicht fassen kann, warum ihn die Revolution um seinen Thron gebracht hat.
Im April 1919, im Zusammenbruch der Räteherrschaft, kehrt Ludwig wieder zurück nach Bayern. Er hält sich meistens in Wildenwart auf, kümmert sich aber auch um sein Gut Leutstetten und um seine geliebte Landwirtschaft, führt das beschauliche Leben eines Landedelmanns. Wenige Wochen vor seinem Tod besucht er noch den Wallfahrtsort Altötting, was Erzbischof Michael von Faulhaber in seiner Totenrede lobend erwähnt.
Gestorben ist Ludwig am 21. Oktober 1921 während eines Jagdaufenthaltes auf Sarvar in Ungarn. Hieraus entstand die Legende, der König sei im Exil und am Heimweh zugrunde gegangen. Kardinal Faulhaber nährte diese Legende, indem er seine Trauerpredigt unter das Motto von Papst Gregor VII. stellte: »Gerechtigkeit habe ich geliebt, Unrecht gehaßt. Deshalb sterbe ich in der Verbannung.« Das Haus Wittelsbach hatte nichts gegen diese Lesart einzuwenden. Hunderttausende säumten die Straßen, als Ludwigs Leichnam durch München gefahren wird. Im Dom erwartet die Trauerversammlung, Rupprecht werde sich zum König ausrufen lassen. Aber zu einem Staatsstreich gibt sich der Kronprinz nicht her.
Bis zu seinem Ende glaubte Ludwig daran, seine Landsleute würden ihn im Triumph als König zurückholen.

Nun hatten die Bayern inzwischen die Roten vertrieben – das Geschenk der Republik aber wollten sie allerdings nicht mehr zurückgeben. Ihre königlich-bayerischen Instinkte reichten gerade noch aus für ein besonders feierliches Begräbnis Ludwigs (gut dreißig Jahre später wurde ein solches auch dem toten Kronprinzen Rupprecht zuteil).

Heute ist Erbprinz Albrecht Chef des Hauses Wittelsbach und einer Familie, die zu den Reichen im Lande zählt, wenn auch nicht zu den Allerreichsten. Albrecht und seine erwachsenen Söhne Franz und Max Emanuel führen ein eher zurückgezogenes Leben, im Unterschied zu einigen Wittelsbacher Prinzen aus Seitenlinien, die häufig in den Klatschspalten der Boulevardblätter auftauchen, Diskotheken mit ihrer Anwesenheit beehren und die Namenslisten zieren, wenn die Münchner Gesellschaft – und Halbwelt – ihre Feste feiert. Für diese ›Königlichen Hoheiten‹, wie sie von der gehobenen Schicht des Freistaates meist ehrfürchtig tituliert werden, ist die gute alte Zeit noch nicht vorbei.

Das Königreich Sachsen

Das Königreich Sachsen ist von der Bevölkerungszahl der drittgrößte, von der Fläche her der fünftgrößte Staat im Deutschen Reich. Es verfügt, von einigen Parzellen abgesehen, über ein geschlossenes Staatsgebiet mit einer Fläche von 14993 Quadratkilometern. Das Königreich Sachsen weist – von Stadtstaaten abgesehen – nicht nur im Deutschen Reich, sondern auch unter allen Staaten Europas die größte Bevölkerungsdichte auf: 321 Einwohner pro Quadratkilometer bei einer Bevölkerungszahl von 4,8 Millionen. Es ist nicht nur eines der Hauptindustrieländer der Erde mit einer hochentwickelten Industrie für Maschinenbau und Textilien, für Genußmittel und Papier, sondern verfügt zudem über intensiv genutzte landwirtschaftliche Regionen, obwohl nur 15 Prozent der Bevölkerung in der Land- und Forstwirtschaft beschäftigt sind.

Sachsen ist eine konstitutionelle Monarchie, hat im Bundesrat vier Stimmen und 23 Abgeordnete im Reichstag. Die Verfassung schreibt dem König vor, im wesentlichen im eigenen Land zu leben und keine fremde Krone ohne Erlaubnis seiner Stände entgegenzunehmen. Die Ständeversammlung besteht aus zwei Kammern: Die Erste setzt sich zusammen aus den königlichen Prinzen, hohen

Geistlichen und Beamten, Gelehrten, Großgrundbesitzern und Personen des besonderen Vertrauens des Monarchen. In die Zweite Kammer entsenden die Städte 37, die ländlichen Wahlkreise 45 Abgeordnete (die nicht direkt gewählt werden können). Ein Dreiklassenwahlrecht gibt den steuerstarken Bürgern besonderes Gewicht. Wählen darf außerdem nur, wer 25 Jahre alt ist und mindestens 30 Mark an Einkommen- oder Grundsteuer entrichtet. Der Landtag muß vom König wenigstens alle zwei Jahre – zur Erstellung eines Doppelhaushalts – einberufen werden.

Leipziger Allerlei

Wie König Friedrich August III. von Sachsen um seinen Thron kam

Die Revolution hatte den König aus seiner schönen Dresdner Residenz ins benachbarte Schloß Moritzburg vertrieben. Dort saß er einige Tage schmollend und halbwegs beleidigt, aber nicht in königlichem Zorn. Eher wie ein Vereinsvorsitzender von der Liedertafel ›Harmonia‹, den Intrigen seiner Sängerkameraden ums Amt gebracht haben. Will heißen: Eine Welt brach für den Monarchen nicht zusammen. Aber es war halt ärgerlich, wie ihn seine undankbaren Sachsen aufs Altenteil geschickt hatten. Nu, das Leben geht weiter, sagt sich ein braver Sachse in solchen Situationen.

Auf Moritzburg erreicht den König Donnerstag, den 14. November 1918 ein Telefonanruf, der zu einem geradezu klassisch gewordenen Dialog führt. Die Vorgeschichte dieses Gesprächs ist so recht typisch. Ordnung muß auch bei der Revolution sein, zumal wenn sie in Deutschland gemacht wird. Und deshalb versammelte der Vorsitzende des Arbeiter- und Soldatenrats, Genosse Otto Rühle, der zugleich provisorischer Regierungschef war, seine Kabinettskollegen um sich. Es ging um die eher theoretische Frage, wer die königlichen Beamten und Offiziere von ihrem Treueid entbinden sollte, den sie Friedrich August III. geschworen hatten.

Theoretisch war die Frage deshalb, weil die Räte längst die volle Macht im Staate übernommen hatten, ohne daß sich die Offiziere und Beamten quergelegt hätten. Die einen ließen die neuen Machthaber gewähren, die anderen stellten sich ihnen sogar mit verdächtiger Eile voll zur Verfügung, indem sie ihren Dienst- oder Fahneneid ohne Gewissensbisse auf die neue rote Obrigkeit übertrugen. Aber trotzdem – Ordnung muß sein!
Sollte also der Arbeiter- und Soldatenrat einfach per Erlaß den Eid aufheben, oder sollte man den König bitten, mit Abdankung und Thronverzicht auch die Entbindung von allen Treuegelöbnissen auszusprechen? Die zweite Lösung war natürlich die bessere, und so bat Rühle den alten Finanzminister Dr. Schröder, sich mit Schloß Moritzburg in Verbindung zu setzen. In einem Nebenzimmer des Landtags fand man ein Telefon. Rühle hörte mit.
In gebührend untertäniger Form trug der Minister dem König sein Ansinnen vor. Friedrich August überlegte ein paar Sekunden und antwortete dann mit rauher Stimme und in reinstem Sächsisch: »Nu, das genn mer schon machen.« Minister Schröder bedankte sich artig und erheiterte seinen Begleiter durch eine tiefe Verbeugung am Telefon, die der König ja nun nicht sehen konnte.
Friedrich August wollte jetzt bestätigt haben, was ohnehin glasklar war: »Da hab'ch wohl nu nischt mehr weiter zu sagen?« Der Minister stimmte dieser Vermutung mit höflicher Umschreibung zu: »Majestät, alle Befugnisse sind ja mit der Revolution auf den Arbeiter- und Soldatenrat übergegangen.« Worauf der König weniger verbindlich, aber sehr drastisch antwortete: »So, so. Na, da macht euern Dregg alleene!«
Später hat Friedrich August versucht, von diesem geflügelten Wort abzurücken. So habe er sich wohl nicht aus-

gedrückt, und das sei auch nicht sein Sprachschatz. Nun, das wußten seine Sachsen gewiß besser. Sie kannten ihren gottsöbersten Pappenheimer zu gut, um an diesem und anderen Sätzen zu zweifeln, die dem König nicht in den Mund gelegt werden mußten, weil er sie in erfrischender Deutlichkeit sozusagen am laufenden Bande selbst produzierte: Leipziger Allerlei aus der königlich-sächsischen Hofküche!

Die sächsischen Revolutionäre jedenfalls ließen sich die königliche Aufforderung zur Drecksarbeit nicht zweimal sagen. Tags darauf entließ der Arbeiter- und Soldatenrat die bisherige Übergangsregierung und setzte ein neues Kabinett ein, in dem drei Sozialdemokraten mit drei Unabhängigen Sozialisten unter der Oberaufsicht der Räte amtierten. Die Revolution war vollendet, die Republik geschaffen.

Gegärt hatte es im Königreich Sachsen bereits während des ganzen Weltkrieges. Im September 1915 verlangten die Sozialdemokraten beispielsweise in der Debatte über die Thronrede eine völlig neu orientierte Innenpolitik und forderten das allgemeine gleiche Wahlrecht. In Sachsen war die Arbeiterschaft stärker vertreten als sonst im Reich. Karl Liebknecht zum Beispiel war ein sächsischer Abgeordneter. Nirgendwo sonst auch wurden die unmäßigen deutschen Kriegsziele so offen diskutiert und mißbilligt wie in Leipzig oder Dresden.

Der zunehmenden Radikalisierung – nicht nur des Industrieproletariats – suchte man von oben her mit Verhandlungsbereitschaft zu begegnen. Aber es wurde nur viel geredet und wenig getan. Seit dem Frühjahr 1917 debattierte man in beiden Kammern ausgiebig über eine Verfassungsänderung. Die Erste Kammer, eine Art ›House of Lords‹, sollte in eine berufsständische Vertretung umgewandelt und wenigstens durch Angehörige aus Handel, Industrie und Handwerk ergänzt werden.

Je länger man jedoch darüber redete, desto deutlicher kamen linke Stimmen zum Tragen, die auf eine völlige Abschaffung der Ersten Kammer abzielten.
Was die Zweite Kammer betrifft, war die Forderung der Linken noch klarer: Man verlangte die Einführung allgemeiner, freier und gleicher Wahlen ohne Zusatzstimmen für höheres Alter, für Familienstand oder für hohe Steuerleistung. Die Regierung des Königreichs sollte sich fürderhin nur noch auf eine parlamentarische Mehrheit und nicht auf den Willen des Herrschers berufen dürfen.
Vor allem in den Industriegebieten Sachsens hatten sich die Lebensumstände im Laufe des Krieges drastisch verschlechtert: überdurchschnittliche Preissteigerungen auf der einen Seite, Versorgungsschwierigkeiten, vorwiegend auf dem Ernährungssektor, auf der anderen. Wann immer sich die Lage gefährlich zuspitzte, stellte die Regierung Entgegenkommen in Aussicht, war sie zu kleinen Zugeständnissen bereit. Das große Reformwerk aber wurde auf die Zeit nach dem Krieg verschoben – und da fehlte den Sozialdemokraten, und vor allem den Unabhängigen Sozialisten, einfach der Glaube! Noch ging man ja allgemein davon aus, daß Deutschland den Krieg jedenfalls nicht als Verlierer beenden würde. Eine halbwegs siegreiche Staatsmacht geriete dann nur allzuleicht in Versuchung, das Rad zurückzudrehen und die versprochenen Reformen auf den St. Nimmerleinstag zu verschieben. Das hatten die deutschen Fürsten schon zu Napoleons Zeiten mit Erfolg praktiziert.
Zu spät entschloß man sich auch im Königreich Sachsen, eine neue Regierung im Sinne des parlamentarischen Systems zu bilden. Erst am 26. Oktober 1918 trat die königliche Regierung zurück und gab den Weg frei für ein Kabinett unter nationalliberaler Führung, dem zwei sozialdemokratische, ein freisinniger und ein linksliberaler

Minister angehörten. Den Unabhängigen Sozialisten war das mittlerweile viel zu wenig. Sie forderten – wenn man das so sagen darf – schon am 1. November die Revolution.

Als nach vernichtenden militärischen Nachrichten das deutsche Waffenstillstandsangebot bekannt wurde, als schließlich gerüchteweise Genaueres über die Matrosenmeuterei in Kiel und über die Vorgänge in Berlin bis nach Sachsen durchdrang, trösteten sich Krone und Regierung mit Phrasen wie der, daß Leipzig nicht Kiel sei und Dresden nicht Berlin. Am 6. November tat man ein übriges und postierte an zentralen Punkten der Großstädte und vor öffentlichen Gebäuden Maschinengewehre: am Leipziger Rathaus allein acht. In der Zeitung stand, daß ausgesuchte ›Helden‹ zusammengezogen seien, von denen man annehmen dürfe, sie würden »im Kampf gegen den inneren Feind nicht versagen«. So war es am 7. November zu lesen.

Vierundzwanzig Stunden später, am Freitag, dem 8. November 1918, brach die Revolution aus. Die Initialzündung gaben Soldaten auf dem Leipziger Hauptbahnhof, die sich über ihre Marschverpflegung ärgerten. Sie inszenierten einen kleinen Protestmarsch, allen voran ein Mann, der ein rotes Taschentuch auf einem Spazierstock schwenkte. Bald darauf hatten sie eine richtige rote Fahne, dem kleinen Grüppchen von Soldaten schlossen sich andere an, auch Landsturmleute und einige Matrosen, die – niemand wußte woher – plötzlich auftauchten.

Es mögen einige hundert, gewiß nicht mehr als tausend Mann gewesen sein, die zum Volkshaus in die Zeitzer Straße zogen, sich mit dort befindlichen Truppen auf gemütlich-sächsische Art verbrüderten und zuletzt darangingen, einen Soldatenrat zu wählen. Das geschah nach bayerischem Vorbild, weil gerade um diese Stunde

die Ausrufung der Republik Bayern auch in Leipzig bekannt wurde.
Dann brach man wieder auf, plünderte ein Waffenlager und zog zu allen Quartieren, in denen Soldaten untergebracht waren. Die Feldgrauen warfen zum Teil ihre Stahlhelme weg, rissen sich Achselklappen und Kokarden herunter, entwaffneten ihre Offiziere, soweit sich diese nicht ohnehin verdrückt hatten.
Schließlich fühlte man sich stark genug, zum Generalkommando zu marschieren. Dort freilich war die Arbeit bereits getan. Auch in den Kasernen hatten sich fast zur selben Stunde Soldatenräte gebildet. Die Generale von Schweinitz und von Kauffmann hatten vollständig kapituliert, die militärische Befehlsgewalt an die Räte übergeben und ihnen nicht nur alle Depots mit Lebensmitteln, sondern auch Munition und militärisches Gerät überlassen. Nur ein einziger Oberst – ein Pfarrerssohn, wie die Quellen ausdrücklich vermerken – wollte die Kapitulation nicht mitmachen und weigerte sich, den Weg in das von ihm verwaltete Bekleidungsamt freizugeben. Er wurde verhaftet und 14 Tage lang gefangengehalten, bis alles vorbei war.
In Windeseile verbreitet sich die Kunde von der Leipziger Revolution nach Dresden. Dort sitzen am Freitagabend die Bürger im Zirkus Sarassani und lachen von Herzen über die Witze des dummen Augusts. Da plötzlich ertönen in breitestem Sächsisch Kommandorufe: »Alles Millidär raus!« brüllt einer im Befehlston. »Es lebe die Rebubligg!« schallt es von den Rängen. So erfährt man in Dresden, daß Revolution ist.
Und wie reagieren die braven sächsischen Bürger darauf? Sie schimpfen wie Rohrspatzen darüber, daß die schöne Vorstellung nicht nur gestört, sondern abgebrochen wird. Dann begeben sie sich schnurstracks zu den Zirkuskassen, um ihr Eintrittsgeld zurückzuverlangen.

Und während sie sich noch um jeden Heller und Pfennig streiten, wächst draußen der Zug der Arbeiter und Soldaten, die mit roten Fahnen und Armbinden zu den Kasernen ziehen und die paar Schutzleute, die ihnen Einhalt gebieten wollen, einfach ignorieren. Um Mitternacht gibt es auch in Dresden einen vereinigten Arbeiter- und Soldatenrat, der mit jeder Stunde mehr die Staatsmacht in seinen Besitz bringt, ohne daß auch nur ein Schuß fallen müßte.

König Friedrich August III. sitzt in seinem Dresdner Schloß und hat für das alles eine beruhigende Erklärung: »Das sin Umzüge, weider nischt«, sagt er in breitem Sächsisch. Bei dieser Ansicht bleibt er auch den ganzen Samstag über. Schließlich hat sich noch keiner der Herren, die jetzt die Republik ausrufen, zu Seiner Majestät persönlich bemüht und ihm das mitgeteilt. Die revolutionären Massen sind ja noch nicht einmal ins persönliche Blickfeld des Königs gerückt.

Für den Abend haben Majestät eine hervorragende Idee: »Wir fahren ins Theater!« verkündet er seinem verblüfften Hofstaat. Im Schauspielhaus steht des Königs Lieblingsstück auf dem Programm: ›Der Raub der Sabinerinnen‹. Revolution hin, Revolution her – bei diesem Schwank darf der König nicht fehlen. Als ihm seine Beamten ernstliche Vorhaltungen machen, schaut er sie entgeistert an und antwortet so richtig bockig: »Ich hawe den Leiten doch nischt gedahn, und die duhn mir ooch nischt.«

Bestärkt wird der König durch seinen Bruder Johann Georg, der argumentiert, daß man eine Republik doch nicht einfach ausrufen könne, sondern zuerst das Volk befragen müsse. Und so stecken sie den Kopf in den Sand und besinnen sich erst eines Besseren, als sie von fern her Maschinengewehrgeknatter hören. Hätte Friedrich August gewußt, daß dies nur ein paar harmlose Probeschüsse waren, dann wäre er doch noch zu seinen geliebten ›Sabinerinnen‹ gefahren.

Friedrich August war vielleicht die köstlichste Gestalt unter den deutschen Fürsten. Das Haus Wettin, dem Sachsens Könige und Herzöge entstammen, geht bis ins erste Jahrtausend zurück. Wettiner Herrscher waren es, die Martin Luther gegen das Erzhaus Habsburg und gegen den Papst in Schutz nahmen und zu den glühendsten Protestanten der ersten Stunde gehörten. Ein Sachsenkönig konvertierte aber auch – um der polnischen Krone willen – zurück zum katholischen Glauben nach dem Motto: Warschau ist eine Messe wert.

Unseres Friedrich Augusts Vater, König Georg, war nicht nur ein Taufschein-Katholik, sondern ein Frömmler von offenbar unerträglichem Ausmaß. Der heimlische Herrscher am Hof war der Beichtvater. Über das Klima in Dresden und über ihren Schwiegervater notierte Erzherzogin Luise: »Sein einziger Gedanke war die Erfüllung religiöser Pflichten, und er verstand diesen so genau nachzukommen, daß von dem Tage meiner Ankunft in Dresden an ich wörtlich in Frömmigkeit übersättigt wurde. Intolerant wie bigott, geistig beschränkt und engherzig, war mein Schwiegervater (der sich zugleich verpflichtet fühlte, die Rolle einer scharfen, unangenehmen Schwiegermutter zu übernehmen) ein Fanatiker im reinsten Sinne des Wortes, da er wie von einer Art religiösen Wahnsinns erfaßt gewesen sein muß, um stundenlang vor dem Altar seiner Hauskapelle auf den Knien liegen zu können. Sowie er jedoch die Kapelle verließ, fiel alle Frömmigkeit von ihm ab, und er vergaß Toleranz und christliches Verzeihen.«

Luise, Erzherzogin von Österreich und Prinzessin von Toscana, hatte Prinz Friedrich am 21. November 1891 geheiratet. Wie es sich in einer katholischen Ehe gehört, kamen die Kinder schnell und reichlich: zwei allein im

Jahre 1893, das dritte 1896, die nächsten 1900 und 1901 und das sechste im Mai 1903, als das Paar schon drei Monate geschieden war. Denn mitten in ihrer letzten Schwangerschaft war die lebenslustige Erzherzogin ausgerückt. Sie hatte vielleicht weniger den Mann und die Kinder, sondern vor allem den frommen Schwiegervater satt – und sich in den italienischen Schmalzgeiger Enrico Toselli vergafft, dessen ›Toselli-Serenade‹ heute noch zu den Lieblingsstücken der Wunschkonzerte gehört. Ein paar Jahre später heiratete sie übrigens ihren Geiger.
Es war *der* Skandal – wenn nicht des Jahrhunderts, so doch der Ära vor dem Ersten Weltkrieg. Das Volk, das die freundliche Luise wirklich geliebt hatte, geriet aus dem Häuschen. Es empörte sich jedoch nicht etwa über die Ungetreue, sondern gab vielmehr dem scheinheiligen König Georg alle Schuld, der von der Prinzessin als einer »im stillen längst gefallenen Frau« sprach. Die Dresdner waren nahe daran, das Schloß zu stürmen. Einer Kammerfrau und einem Minister, die man für die Drahtzieher eines Komplotts gegen Luise hielt, flogen Steine nach.
Drei Monate nach des frommen Georgs Tod und der Thronbesteigung Friedrich Augusts III. versuchte Luise, den Weg zurück zu Mann und Kindern zu gehen. Der neue König war nur allzu bereit, seiner Frau, die er immer noch liebte, zu verzeihen. Luise hätte um der Kinder willen ihr freies Leben wieder aufgegeben. Die Hofschranzen aber wollten es anders und verhinderten mit Tricks und Intrigen ein Zusammentreffen des geschiedenen Paares. Das Glück des Königs und die Sehnsucht einer Mutter nach ihren Kindern galten nichts gegen eine Staatsräson, die einer Königin kein Vorleben gestattet – geschweige denn einen Seitensprung.
Friedrich August III. hat nie geklagt über die Fesseln, die ihm sein Amt auferlegte. Nur wenige Vertraute ahn-

ten, daß ihn das häusliche Unglück weit mehr mitnahm als die Revolution und die Abdankung. Der König war nach dem Fortgang von Luise seinen Kindern Vater und Mutter zugleich und erzog sie sparsam und bürgerlich. Wenn der König mit seiner Schar spazierenging, hatte die Erzieherin meist sogenannte ›Bemmen‹ eingepackt, belegte Brote, die im Wirtshaus die Rechnung billiger machten. Am Sonntag gab's wohl auch einmal Kuchen. Und wenn die Kleinen kleckerten, beschimpfte sie die väterliche Majestät unter Grinsen der umstehenden Bürger als »Schweinigel«.

Der König selbst wurde ein wenig spießig und auf harmlose Art auch seltsam. Trank er ein bißchen mehr als ihm guttat, so fiel er gelegentlich vom Pferd – oder auch aus der Rolle, indem er vor Augenzeugen ausspuckte oder weithin hörbar rülpste. Geradezu gefürchtet war allerdings sein Humor, der oft volkstümlich, manchmal aber geradezu peinlich wirkte. »Närrisches Essen, was?« antwortete der König einem Kranken, der sein Leiden als »Knochenfraß« angab. Und wenn sich ein Mann mit einem ungewöhnlichen Namen vorstellte, meinte der König begütigend: »Komischer Name! Na ja, besser als gar keener.«

Takt war nicht des Sachsenherrschers Stärke. Das sollte sogar Kaiser Wilhelm II. zu spüren bekommen. Zu Kaisers Geburtstag hatte sich Friedrich August persönlich zwecks Gratulation eingefunden, was Wilhelm II. ungemein schmeichelte. Doch mitten in der speziellen Danksagung des Kaisers für so viel Aufmerksamkeit platzte der Sachsenkönig heraus: »Da is weiter nischt dabei. Ich war sowieso in Berlin, wegen der Hundeausstellung.« Wilhelm revanchierte sich für solche Fehlleistungen, indem er seinen sächsischen Vetter mit »mehr August als Friedrich« charakterisierte.

Der Krieg war Friedrich August III. mit zunehmender

Dauer ein Ärgernis. Er absolvierte zwar geduldig die obligaten Lazarettbesuche, ließ sich aber bei seinen Truppen im Felde selten sehen. Für Soldaten, die seit Kriegsbeginn an der Front standen, zeigte er ein Herz: »Mir wär's ooch zu lange«, tröstete er sie. Und manchem altgedienten Krieger, der noch immer keinen Orden an der Uniform trug, bediente der König höchstpersönlich aus seiner Zigarrenschachtel mit irgendeiner Medaille.

Friedrich Augusts III. Einstellung zum Krieg war zumindest für einen Teil der deutschen Fürsten typisch. Er gab sich unmilitärisch und friedliebend, ohne allerdings je in Berlin energisch auf Beendigung des Gemetzels zu dringen. Zwar ließ er oft flapsige Bemerkungen los – aber daß ein Friedensschluß mit kleinen Gewinnen verbunden sein müßte, stand auch für den Sachsenkönig fest. Wozu war man schließlich katholisch, wenn nicht wenigstens ein Stück Polen oder sonst etwas Passendes für ihn abfallen würde? Ein schneller Verständigungsfrieden und die Krone von Litauen – das war das politische Credo des Herrschers. Daß dann alles anders wurde, daß statt einem Sieg-Frieden die totale Niederlage kam und statt einer zweiten Krone auch die erste verlorenging, hatte Friedrich August III. wohl nie erwartet. »Meine Sachsen reden bloß, die duhn mir nischt«, sagte er noch in den ersten Revolutionstagen.

In einem Punkt behielt er ja auch recht. Seine Sachsen wollten ihm wirklich nichts Übles antun. Das System der Monarchie hatte sich ganz einfach überlebt, den letzten König mochte man trotzdem, weil er gutmütig und freundlich gegen jedermann war und nichts Arrogantes an sich hatte, weil er ein bürgerlich-normaler Mensch geblieben war. Wenn sich Friedrich August später – Jahre nach seiner Thronentsagung – auf der Straße blicken ließ, dann jubelten ihm die Menschen zu. »Ihr seid mir saubere Rebubligganer!« kommentierte

der Exkönig dann kopfschüttelnd diese Sympathiebeweise. Er konnte nicht begreifen, daß dieser Beifall nicht der Institution Monarchie, sondern nur ihm, dem guten Menschen allein, gelten sollte.
Als Friedrich August Anfang des Jahres 1934 starb, hatte er zu seinen sechs Kindern bereits sechs Enkel. Die finanziellen Verhältnisse der Familie waren ordentlich, wenn auch nicht überwältigend geregelt. Freilich lagen die verbliebenen Besitztümer vorwiegend in dem Teil Deutschlands, der nach 1945 zur sowjetischen Besatzungszone und später zur DDR wurde. Wie Hunderttausende anderer Deutscher waren die Erben des letzten sächsischen Königs nach dem Zweiten Weltkrieg deshalb auf ihre Verwandten im Westen und auf den Lastenausgleich angewiesen. So reich wie mancher Reichsfreiherr, der 1815 seine staatliche Souveränität gegen großen Privatbesitz eingetauscht hatte, wurden des letzten Sachsenkönigs Enkel und Urenkel nie.

Das Königreich Württemberg

Das Königreich Württemberg ist auf zusammenhängendem Staatsgebiet mit einer Fläche von 19507 Quadratkilometern der drittgrößte, mit einer Einwohnerzahl von 2,438 Millionen der viertgrößte Teilstaat im Deutschen Reich. Landwirtschaftlich bestimmt wird Württemberg durch das fruchtbare Unterland, wo Getreide, Obst und Wein wachsen. Auf der rauhen Alb mit ihren dürren Weiden wird Schafzucht betrieben, im Oberland Großviehzucht. Insgesamt ist Württemberg ein Land der Bauern, auch wenn rund um Stuttgart eine blühende Industrie aufgebaut wurde. Bedeutend sind der Maschinenbau, die Eisenindustrie, die Erze aus dem eigenen Land verarbeitet, und die Textilindustrie. Salz wird vor allem am Neckar gewonnen. Der Fleiß der schwäbischen Bevölkerung ist im ganzen Reich sprichwörtlich.

Das Königreich Württemberg ist eine konstitutionelle Monarchie mit großer, wenn auch lange ungeschriebener Tradition, von der Großbritanniens Außenminister James Fox schon um 1800 gesagt hat: »Es gibt nur zwei Länder, die eine alte demokratische Verfassung haben: England und Württemberg.« Die Landstände setzen sich aus zwei Kammern zusammen, wobei der Ersten Kammer nicht nur Angehörige des Königshauses, des

Adels, der Kirchen und der Wissenschaft angehören, sondern auch Vertreter von Handel und Industrie, Landwirtschaft und Handwerk. Neben dieser Ständekammer steht die Abgeordnetenkammer, für deren Mitglieder das allgemeine, freie, gleiche, unmittelbare und geheime Wahlrecht gilt. Das passive Wahlrecht ist für beide Kammern an das 25. Lebensjahr gebunden. Im Bundesrat ist das Königreich Württemberg mit vier Stimmen, im Reichstag mit 17 Abgeordneten vertreten.

Schwabentreue

Revolution in Stuttgart und Abdankung König Wilhelms II. von Württemberg

Revolution lag in der Luft. Aber der Kanonenschuß, der am 25. Februar 1848 über Stuttgart donnerte, war nicht das Signal zum Aufstand und kam aus keiner Kartätsche, mit der sich ein regierender Fürst Aufständische vom Leib gehalten hätte. Es war ein Salutschuß, der die Geburt eines königlichen Prinzen aus dem Hause Württemberg verkündete. Prinz Wilhelm sollte einmal als König Wilhelm II. die Reihe der Grafen, Herzöge, Kurfürsten und Könige abschließen, die seit dem Jahre 1083 im Schwabenlande herrschten.

Wilhelms Urgroßvater war 1803 Kurfürst und 1806 König von Napoleons Gnaden geworden und hatte zehn Jahre als Friedrich I. die Krone getragen. Auf ihn folgte Wilhelm I., der seinem Land vier Töchter, jedoch nur einen Sohn hinterließ. Wilhelm I. starb im Sommer 1864 in einiger Gewißheit darüber, daß die Ehe seines Sohnes und Nachfolgers Karl I. kinderlos bleiben würde. Nach menschlicher Voraussicht würde also einmal sein Enkel, Prinz Wilhelm, den Thron besteigen, ein Sohn seiner drittgeborenen Tochter Katharine, die ihren Vetter Friedrich von Württemberg geheiratet hatte. Wilhelm II. war also Enkel und Großneffe von Wilhelm I. zugleich.

Getauft wurde der kleine Prinz am 18. März 1848, just an dem Tag, da in Berlin die März-Revolution ausbrach. Es liegen keine Hinweise darauf vor, daß dieses Datum als böses Omen gewertet wurde. Eine so alte Dynastie mochte in diesen Revolutionstagen vielleicht Unbehagen gefühlt, aber nicht im Traum daran gedacht haben, daß der König siebzig Jahre später vom Thron gejagt werden würde.
Im Elternhaus des kleinen Prinzen ging es eher schwäbisch-sparsam zu. Die Erziehung war so normal, wie das in einem hochadeligen Hause möglich war. Die Schule besuchte der kleine Willy zwar mit ausgesuchten Knaben aus dem ganzen Land, die aber keineswegs alle adelig waren. Seinen Klassenkameraden, im Ländle die ›Prinzenbuben‹ genannt, blieb Wilhelm zeitlebens verbunden.
Nach dem Gymnasium begann dann freilich der unaufhaltsame Aufstieg. Das Reifezeugnis wurde dem hoffnungsvollen Sprößling ausgehändigt, als er noch keine 18 Jahre alt war – was natürlich gebührende Würdigung fand. Wie (fast) alle Prinzen in deutschen Landen war selbstredend auch Wilhelm ein Muster an Fleiß und Intelligenz, an Bildung und Wissen. Er war tapfer und fromm, ernst und humorvoll zugleich: wie eben nach öffentlicher Meinung einer beschaffen sein muß, der zu Höherem und Höchstem berufen ist.
Der frühreife Knabe bezog die Universität Tübingen, hörte brav Vorlesungen über Rechtswissenschaft und Nationalökonomie, besuchte historische Kollegs, studierte ein bißchen Technologie, Geologie und Chemie – der Stoff, aus dem man Universalgenies macht. Später ging Prinz Wilhelm für ein paar Semester nach Göttingen und kehrte schließlich ins heimische Tübingen zurück, um sein Studium ›abzuschließen‹. Der Abschluß freilich ließ noch ein wenig auf sich warten und wurde

ihm 1877 in Form der Ehrendoktorwürde der juristischen Fakultät nachgereicht, wozu König Karl I. seinem Neffen sinnigerweise sehr herzlich gratulierte: Als ob der 29jährige den Doktorhut h. c. durch besondere wissenschaftliche Leistungen erworben hätte. Dabei war die hervorragendste Tat des Studiosus wohl der Beitritt zu den Studentenverbindungen ›Suevia‹ und ›Bremensia‹.

Ausführlicher soll auch auf die zweite Karriereleiter eingegangen werden, weil sie ebenso typisch für einen deutschen Prinzen ist, der den ›hohen Beruf‹ des Herrschens erlernte. Noch während seiner ersten Tübinger Studentenzeit war Wilhelm zum Militärdienst einberufen worden. Er fing natürlich gleich als Leutnant an, zog 1866 in den deutschen Bruderkrieg gegen Bismarcks Preußen, roch ein bißchen Pulverdampf und wurde ansonsten weit vom Schuß gehalten.

Der Feldzug war kurz und ging schnell verloren. Kriegsheld Wilhelm kehrte zurück an die Universität und setzte seine militärische Karriere drei Jahre später im Garderegiment zu Fuß in Potsdam als eine Art Gastoffizier des preußischen Königs fort, begleitet von seinem Landsmann Hauptmann Ferdinand Graf Zeppelin, der den Prinzen vor dienstlichen Ausrutschern zu bewahren hatte. Es war übrigens jener Graf Zeppelin, der später als Erfinder des Luftschiffs Weltberühmtheit erlangte.

Den Deutsch-Französischen Krieg von 1870/71 erlebte der württembergische Prinz im Hauptquartier der 3. Armee des preußischen Kronprinzen Friedrich. Und als nach Stuttgart durchdrang, daß der junge Wilhelm partout auch einmal ins Feuer wollte, traf der königliche Onkel Vorsorge, daß sein Neffe und Thronerbe sich nicht allzu weit vorwagen durfte. Immerhin lief Prinz Wilhelm über Schlachtfelder, um Verwundeten Trost zuzusprechen, und einmal traf eine verirrte Kugel sogar seinen Begleiter: Grund genug, ihm die damals höchste Tapferkeitsauszeichnung, das Eiserne Kreuz Zweiter Klasse, zu verleihen.

Von da an ging es erst recht bergauf. Mit 27 Jahren wird Wilhelm Oberstleutnant und Regimentskommandeur in preußischen Diensten; kaum 30 Jahre alt, kommandiert er eine württembergische Kavalleriebrigade und wird von seinem König zum Generalmajor befördert. Diese so glänzende militärische Karriere wird dann im Ersten Weltkrieg gekrönt durch das Eiserne Kreuz Erster Klasse und die Beförderung zum Generalfeldmarschall: zwei Auszeichnungen, die sich König Wilhelm II. durch ein paar Frontbesuche verdient hatte.

Übrigens dürfte der König diese Ehrungen gewiß nicht mehr angestrebt haben, weil sich seine Lust am Militär schon frühzeitig in Grenzen gehalten und im Laufe der Jahre in eine spürbare Abneigung gewandelt hatte. Neben dem Herzog von Meiningen war Wilhelm II. von Württemberg der einzige regierende deutsche Fürst, der auch während des Ersten Weltkriegs für die Deutsche Friedensgesellschaft gearbeitet und ihr Räume und Mittel zur Verfügung gestellt hatte. Was die Militärs veranlaßte, hinter dem König herzuspionieren und seine Briefe zu öffnen.

Zur Ausbildung und zum Werdegang eines Monarchen gehört auch die obligate Erholungs- und Studienreise, die Prinz Wilhelm in Etappen – mit Schwerpunkt Italien – über fast zwei Jahre ausdehnte. Während dieser Lehr- und Wanderjahre lernte Wilhelm im Sommer 1876 die 19jährige Prinzessin Marie von Waldeck-Pyrmont kennen, die er im darauffolgenden Februar heiratete.

Es scheint sich – und das war in regierenden Häusern nun gewiß nicht die Regel – um eine echte Liebesheirat gehandelt zu haben. Die Ehe währte nur kurz: Tochter Pauline wird geboren, der ersehnte Erbe, Prinz Ulrich, stirbt als Säugling, das dritte Kind kommt tot zur Welt, und an den Folgen dieser Fehlgeburt stirbt Prinzessin Marie im April 1882. Den frühen Tod der geliebten Frau verwindet Wilhelm wohl nie. Innerlich bewahrt er ihr ein ganzes Leben die Treue. Die zweite Ehe mit der ungewöhnlich schönen 21jährigen Prinzessin Charlotte zu Schaumburg-Lippe, geschlossen im April 1886, hielt zwar 35 Jahre bis zu seinem Tode, blieb aber kinderlos und galt als nicht übermäßig glücklich.

Als Karl I. im Oktober 1891 starb, wurde die Thronbesteigung des 43jährigen Wilhelm lebhaft begrüßt. Auch deshalb, weil der verstorbene König in den letzten Jahren seiner Regierungszeit persönlich umstritten war. Er hatte sich viel im Ausland aufgehalten, um vor allem an der Riviera seine stets »angegriffene Gesundheit« zu pflegen, wofür man im sparsamen Schwabenlande offenbar nicht allzuviel Verständnis aufbringen mochte.

Die langen Abwesenheitszeiten hatten es allerdings mit sich gebracht, daß Wilhelm schon vor seiner Thronbesteigung vielfach als Stellvertreter des Königs in Erscheinung trat und so laufend und in immer stärkerem Maße in seine Aufgaben eingeführt wurde. Wobei man sich diese Aufgaben, gerade in Württemberg, nicht allzu schwierig vorstellen darf.

In einem Lande mit großer liberaler – und im Vergleich zu anderen deutschen Staaten kann man auch sagen: demokratischer – Tradition hatte ein im Grunde eher unpolitischer Mann wie Wilhelm II. wenig Probleme zu lösen. Er hielt sich an seine politischen Ratgeber, zeigte sich vernünftigen Reformen gegenüber aufgeschlossen, achtete peinlich genau die konstitutionelle Verfassung, war reichstreu und im übrigen recht gemütlich. Wilhelm wollte leben und leben lassen, hielt auf seine königliche Ruhe, erfüllte soweit als möglich den Willen des Volkes, wie er sich in der Mehrheit des Landtags artikulierte. Im Frieden nach außen und in Frieden mit seinem Volk zu leben, war sein aufrichtiges Ziel.

Wilhelm II. gab regelmäßige Herrenabende für Vertreter aus dem Mittelstand, feierte Hoffeste mit allen Bevölkerungsschichten: ein Bürgerkönig und Volksmensch. An der königlichen Tafel hingegen wurde eher bescheiden gespeist. An erster Stelle stand kräftige schwäbische Hausmannskost mit Spätzle und dicken Saucen. Obwohl der königliche Keller gut bestückt war, trank Wilhelm neben Bier vor allem einen sauren Weißwein ›Marke Eigenbau‹, den er gern auch an seine Freunde verschickte, die darüber nicht sehr glücklich waren. Der Dienerschaft gegenüber war er – soweit das ein Schwabe überhaupt sein kann – ausgesprochen großzügig.

Seine privaten Hobbys waren die Jagd, die er übrigens erst nach seiner zweiten Eheschließung für sich entdeckte, und zwei weiße Spitzhunde, die ganz Stuttgart in Schrecken hielten. Wer eine neue Hose brauchte, mußte nur abwarten, bis die Königsspitze mit ihrem Herrn spazierengingen. Zwanzig Mark, als Schmerzensgeld und für ein neues Beinkleid, hatte der König immer einstecken. Im übrigen waren es oft die Hunde allein, an denen die Bevölkerung den König erkannte. Gekleidet wie ein mittlerer Beamter, bewegte er sich grundsätzlich ohne irgendeinen Begleitschutz durch die Stadt und gab sich betont zurückhaltend und bescheiden. Wurde er erkannt und gegrüßt, dankte er herzlich. Steifes Zeremoniell und Hofstaatsgepränge waren ihm stets zuwider. »Wenn ich nicht König wäre«, sagte er einmal, »wollte ich demokratischer Volksvertreter sein.«

Ein echtes Anliegen bedeuteten ihm die Pflege der Kunst sowie des Theaters, und hier besonders das Werk von

Württembergs größtem Sohn, Friedrich von Schiller. Wilhelm II. war ein engagierter Förderer des Schiller-Vereins. Politik dagegen, politische Macht und politischer Einfluß interessierten ihn weniger. Die württembergische Karte im Bundesrat oder in Berlin auszuspielen, lag ihm fern. Er hatte wohl auch Angst, daß ihm Einflußnahme als Partikularismus ausgelegt würde.
Gewiß, der von 1906 bis 1918 regierende Stuttgarter Ministerpräsident Karl von Weizsäcker unterstützte die vorsichtige Politik des Reichskanzlers Theobald von Bethmann Hollweg. Und auch der Schwabe Alfred von Kiderlen-Wächter, der bis zu seinem Tode 1912 als Staatssekretär des Auswärtigen in Berlin im Sinne eines dauerhaften Friedens wirkte, war ganz Wilhelms Mann. Aber als sich nach dem Attentat von Serajewo im Sommer 1914 düstere Kriegswolken über Europa zusammenballten, fehlten den Württembergern die Kraft und Energie, bremsend in den Lauf der Geschichte einzugreifen.
Im Krieg versuchte sich der König an die allgemeinen Rationen zu halten, aß auch das schlechte, mit Kleie versetzte Notbrot, was einen alten Sozialdemokraten, der zu Besuch in Wilhelms Palast war, so beeindruckte, daß er dem mittlerweile greisen König ein paar Laibe echtes Bauernbrot in die Residenz sandte. Im übrigen sorgte während der letzten Kriegsjahre die ländliche Bevölkerung für den geliebten Herrn und schickte Eier und Mehl in den Palast. Der gute alte König wunderte sich dann oft, wieso sein Koch aus der amtlichen Lebensmittelration so schöne goldgelbe Pfannkuchen zu zaubern vermochte. Aber schließlich war das nicht das einzige, was der Monarch nicht durchschaute.
König Wilhelm II. besuchte seine Truppen im Feld, hielt ermunternde Reden und verteilte Orden. Auch als 70jähriger machte er stundenlange Lazarettvisiten und

fand für jeden Verwundeten ein gutes Wort. Er schickte Liebesgaben an die Front und erhielt dafür auch mal einen Aschenbecher, der aus einer Granatspitze gefertigt war.
Am rührendsten ist die bezeugte Geschichte, daß Wilhelm II. viele Abende in seinen Privaträumen damit verbrachte, Briefmarken aus der bei Hofe eingehenden Post auszuschneiden, sie sachgemäß im warmen Wasser abzulösen und zu trocknen. Diese wurden dann verkauft, und mit den daraus erzielten paar Mark Erlös machte er Kriegerwitwen und Waisen eine kleine Freude. Auf die Idee, daß es für einen König Wichtigeres zu tun gegeben hätte, kam der nette alte Herr wohl nicht.
Zum 25jährigen Thronjubiläum im Oktober 1916 hieß es in einer Glückwunschadresse: »O glücklich' Land, dem solch ein Königspaar vom Herrn der Herren vorgesetzet war.« Und zum siebzigsten Geburtstag erinnerte ein Festredner – wie konnte es anders sein – an das sentimentale Gedicht von der Schwabentreue, das mit der Zeile beginnt: »Preisend mit viel schönen Reden«, und mit dem Fazit endet, daß der angestammte Fürst »in Wäldern noch so groß, er sein Haupt kann kühnlich legen jedem Untertan in' Schoß«. An diesem 25. Februar 1918 hat Wilhelm II. gewiß nicht geahnt, daß keine neun Monate mehr vergehen sollten bis zur Abdankung. Und bis zu dem bitteren Tag, an dem nicht seine alten Getreuen, sondern zwei anständige Revolutionäre für seine persönliche Sicherheit sorgen mußten.
Freitag, 8. November 1918, am frühen Abend: Im württembergischen Innenministerium am Stuttgarter Dorotheenplatz ging eine Schar ratloser Herren auseinander. Der Innenminister hatte die Führung der Polizei, den ranghöchsten General der Königlich-Württembergischen Armee, den Stuttgarter Oberbürgermeister und einige andere Herren, Offiziere und Beamte, zu sich ge-

beten. Seit Tagen brodelte es im Lande, vor allem aber in der Hauptstadt des Königreiches. Und jetzt war die Kunde aus dem benachbarten Bayern gekommen, daß dort die Republik ausgerufen worden und der König geflohen sei.

Die trügerische Hoffnung, daß in den Fabriken am Freitag und Samstag Zahltag sei und deshalb kein braver Schwabe auf die Straße gehen werde, muß von den Herren begraben werden. Für den folgenden Tag ist eine große Kundgebung auf dem Schloßplatz angekündigt. Der General kann für nichts bürgen: Um die Demonstration zu verhindern, benötige er mindestens eine Division zuverlässiger Soldaten. Er habe diese Division jedoch nicht, und für die Zuverlässigkeit seiner Truppen könne er auch nicht mehr garantieren. Der Oberbürgermeister rät ganz entschieden von allen Versuchen ab, die geplante Demonstration zu untersagen. Er fürchtet Straßenkämpfe, bürgerkriegsähnliche Zustände und damit den Zusammenbruch der Lebensmittelversorgung, die ohnehin äußerst problematisch ist. In ihrem Defätismus werden die Herren noch durch den König bestärkt, der seinen Kabinettschef ins Ministerium schickt und ausrichten läßt, er lehne es unter allen Umständen ab, daß seinetwegen Blut vergossen werde.

Die allgemeine Hilflosigkeit faßt der Innenminister in einer Phrase zusammen, die ebenso schön wie hohl klingt: Jetzt müsse jeder so handeln, wie es ihm Gewissen und Pflicht gebieten. Der einzige, der überhaupt etwas unternimmt, ist Stuttgarts Oberbürgermeister. Noch in der Nacht läßt er ein Plakat drucken, das alle Mitbürger dazu aufruft, Ruhe und Ordnung zu bewahren. Die Demonstration auf dem Schloßplatz, so meint das Stadtoberhaupt, werde »der ruhigen und geordneten Überleitung in andere staatsrechtliche Verhältnisse dienen«. Unklar bleibt allerdings, was der Oberbürgermei-

ster damit ausdrücken will: Meint er eine rein repräsentative Monarchie oder schon die Republik?
Der König ahnte bis zum 6. November offenbar nicht, was auf ihn zukommen könnte. Gewiß, seit Wochenbeginn hatte es den einen oder anderen Demonstrationszug gegeben; man hatte die Wache um den Wilhelmspalast auf 18 Mann verstärkt, aber von dem Plan, eine Bürgerwehr aufzustellen, war man abgekommen. Die königliche Regierung glaubte, den revolutionären Parolen durch ihren Rücktritt die Spitze nehmen zu können. Sie wollte den Weg frei machen für ein neues Kabinett, das sich nicht auf den Willen des Königs, sondern auf die Mehrheit des Parlaments berufen konnte.
König Wilhelm sah die Notwendigkeit der Regierungsumbildung durchaus ein, auch wenn es dem alten Mann schwergefallen sein mochte, sich von den vertrauten Gesichtern zu trennen. Im übrigen erfüllte der Monarch seine normalen Pflichten und Termine, eröffnete am Donnerstag eine Ausstellung einer Stuttgarter Firma und berief am Freitag ein neues Ministerium mit nationalliberalem Schwerpunkt. Die Vereidigung des Kabinetts war für Samstag vormittag 11 Uhr anberaumt worden.
Genau um diese Zeit wird es dann kritisch. Die Vereidigung der Minister kann gerade noch abgewickelt werden, als eine größere Menge zum Wilhelmspalast drängt. Ein Leutnant und 18 Mann halten dort Wache. Sie sind eindeutig einem Polizeihauptmann unterstellt, der nicht mehr auffindbar ist. Vorn am Hofeingang stehen einsam zwei Polizisten, die dem Leutnant gegenüber auf ihrer Weisung beharren, erstens jedermann hereinzulassen und zweitens auf keinen Fall zu schießen.
Der Offizier, allein gelassen, stellt es seinen Leuten frei, ob sie den Palast schützen wollen. Diese lassen sich das nicht zweimal sagen und verdrücken sich. So steht denn

der arme Leutnant allein am Eingang. Während seine Musketiere jedoch widerstandslos ihre Waffen abgegeben haben, beharrt der Offizier darauf, wenigstens seinen Degen zu behalten. Ein paar Anführer mit roter Armbinde fordern ihn mehrfach auf, den Eingang freizugeben und sich entwaffnen zu lassen. Mit geradezu rührendem Trotz besteht der Offizier aber auf Erfüllung seiner Pflicht. »Niemals werde ich meinem König den Treueschwur brechen«, ruft er etwas pathetisch, »und am wenigsten in seinem Hause!«

Von hinten, wo sich bei solchen Gelegenheiten immer die Tapfersten drängeln, ertönen Rufe: »Bluthund! Schlagt ihn tot!« Die vorne Stehenden werden handgreiflich, ziehen den Leutnant aus dem Eingang in den Hof; sie reißen ihm die Schulterstücke herunter, den Helm und den Degen. Von irgendwoher peitscht ein Knall über die Köpfe. Ein Schuß? Aber von welcher Seite? Oder war es nur die Fehlzündung eines Automobils?

Die Menge jedenfalls gerät dadurch außer Rand und Band. Mit Fäusten und Gewehrkolben wird auf den Leutnant eingeschlagen, auch ein Stich mit der Spitze seines Helms trifft ihn. Blutüberströmt bricht der Mann zusammen. Da macht sich plötzlich Entsetzen breit, die Leute weichen zurück. Einige stürmen jetzt in den Palast. Die meisten aber verziehen sich in den Hintergrund. Der zusammengeschlagene Leutnant wird, als er das Bewußtsein wiedererlangt, in der benachbarten Akademie verbunden, erhält eine Tasse Tee und einen frischen Zivilanzug.

Der König hat seinem Offizier diesen ebenso sinnlosen wie heldenmütigen Einsatz nicht vergessen. Der Leutnant, im Zivilberuf ein junger Pfarrer, wird später vom König nicht nur belohnt, sondern erhält bis zum Tode Wilhelms II. regelmäßig Briefe des Mannes, der fortan

nur noch als Herzog oder auch ganz schlicht als »Ihr aufrecht ergebener Wilhelm zu Württemberg« unterschreibt.
Die Revolutionäre mit der roten Armbinde sind überwiegend Matrosen aus Kiel und landfremde Soldaten. Ihre erste Forderung lautet, daß die königliche Hausflagge durch einer rote Fahne ersetzt wird. Der alte König tritt ihnen entgegen, nennt ihr Ansinnen Hausfriedensbruch, weicht aber dann der Gewalt, nachdem er feststellen muß, daß er von den wenigen verbliebenen Herren seiner Umgebung, die betreten im Vestibül stehen, keine Hilfe zu erwarten hat. Einzig Wilhelms Leibarzt – der ob seiner derben Art in ganz Stuttgart bekannte Obermedizinalrat Dr. von Gußmann – staucht einen roten Unteroffizier zusammen, der betrunken den Teppich vollkotzt.
Während draußen ein paar Schmierer die Palastwände verunstalten und überall ›Volkseigentum‹ draufmalen, bahnt sich der Stuttgarter Techniker Gustav Esterle mit lauter Stimme einen Weg durch die Menge. Er besorgt sich eine rote Armbinde und spielt sich als Führer der Revolutionäre auf. Esterle hat sein Wirken im Lauf der Jahre immer phantasievoller ausgeschmückt und sich später bei jeder passenden Gelegenheit als Retter des Königs feiern lassen. Immerhin scheint es ihm gelungen zu sein, durch sein bestimmtes und autoritäres Auftreten Schlimmeres zu verhüten. Langsam dirigiert er den revolutionären Haufen aus dem Palast. Offen bleibt die Frage, ob tatsächlich die Gefahr bestand, daß sich jemand an dem alten Herrn vergreifen wollte.
Am Nachmittag konstituiert sich ein Arbeiter- und Soldatenrat und erklärt die vorläufige Übernahme der vollziehenden Gewalt. Jetzt greifen auch die Sozialdemokraten – buchstäblich in letzter Minute – in den Gang der Ereignisse ein. Sie reklamieren die Führung der Revolu-

tion für sich und setzen Schritt um Schritt durch, daß ihnen die Schlüsselpositionen der neuen Regierung zufallen. Wie der neue Ministerpräsident Wilhelm Blos (SPD) und sein gemäßigter Sicherheitsbeauftragter, der Soldatenrat und Landwehrmann Paul Hahn, erklären, bestehe Revolution nicht darin, Tausende von Mänteln und Stiefeln aus den Heeresdepots zu stehlen und dann zu verschieben. Republik bedeute nicht, sich Politik von ein paar Dutzend Schreiern aufzwingen zu lassen.

Im Palast, den sechs Revolutionäre bewachen, wartet der greise König darauf, auf sein Schloß Bebenhausen, eine Autostunde südlich von Stuttgart, gebracht zu werden. Und es sind nicht etwa württembergische Offiziere und hochbezahlte Hofbeamte, die sich für eine sichere Reise des Königs verbürgen. Nein, zwei Landwehrleute, die eben noch an der Revolution beteiligt waren, nehmen jetzt die Übersiedlung in die Hand. Sie melden sich bei der provisorischen Regierung und bitten um einen Schutzbrief für den König. Gerade weil sie an der Revolution teilgenommen hätten, wollten sie nicht, daß ein wehrloser alter Mann mißhandelt und ›die Idee‹ dadurch befleckt würde.

Schwierigkeiten gibt es nur noch mit der Organisation der Übersiedlung. Am Abend hat man sich jedoch darauf geeinigt, daß der königliche Konvoi vorne und hinten von je einem rotrepublikanischen Auto begleitet wird. Vor dem Aufbruch geht der König noch einmal – zum letztenmal in seinem Leben – durch das Schloß. Tränen stehen ihm in den Augen, und ein ums andere Mal sagt er: »Ich habe doch nur das Beste gewollt!«

Dann verläßt er mit dem Rest seiner Getreuen – ein Graf Stauffenberg ist darunter – den Palast. Die anderen Hofschranzen, die ein Leben lang Ämter, Würden und Brot vom Königshause hatten, sind längst auf und davon. In den frühen Morgenstunden des 10. November können die beiden Landwehrleute ihrem Ministerpräsidenten Blos melden, daß der König unversehrt und unbehelligt in seinem Jagdschloß in Bebenhausen angekommen sei und daß sie ihm sogar noch eine warme Suppe auf dem Weg besorgt hätten.

Am 30. November entsagte Wilhelm II. formell dem Thron, weil »meine Person niemals ein Hindernis sein soll für die freie Entwicklung der Verhältnisse des Landes und dessen Wohlergehen«. Der König dankte seinem Volk und seinen Soldaten und gelobte seine Liebe und Treue zur Heimat: »Gott segne, behüte und schütze unser geliebtes Württemberg in alle Zukunft!«

Der sozialdemokratische Ministerpräsident und seine Regierung nahmen den Thronverzicht nicht nur entgegen, sondern rafften sich zu einem damals keineswegs selbstverständlichen Dank auf: ». . . daß er in all seinen Handlungen von der Liebe zur Heimat und zum Volk getragen war und daß er durch seinen freiwilligen Verzicht dazu beigetragen hat, die Bahn für die freiheitliche Entwicklung zu ebnen. Das württembergische Volk vergißt nicht, daß der König mit seiner Gemahlin in Werken der Nächstenliebe stets edel und hilfreich gehandelt hat.«

Der Dank der neuen Machthaber stand nicht nur auf dem Papier. In einem Vertrag sicherte die Regierung dem nunmehrigen Herzog Wilhelm von Württemberg eine Jahresrente von 200000 Mark zu und ließ ihm neben seinem Privateigentum – unter anderem Weinberge und ein Gestüt – ein lebenslängliches Wohnrecht in den Schlössern zu Bebenhausen und Friedrichshafen. Und als die Königin um eine zum Krongut gehörige wertvolle Halskette bat, erklärten nach einigem Gerangel sogar die Spartakisten: »Nun, kleinlich wollen wir nicht sein.«

Kleinlich war man auch nicht, als der König im Oktober 1921 starb. Seine Witwe behielt das Wohnrecht in Bebenhausen, ihre Jahrespension von 35000 Mark wurde im Lauf der Jahre verdoppelt. Der Staat übernahm auch die Ruhestandsbezüge der früheren königlichen Hofbeamten.
Stuttgart hat der Exkönig Herzog Wilhelm nach seinem Thronverzicht nie wieder betreten. Und er hatte auch testamentarisch angeordnet, daß der Leichenzug auf dem Weg nach Ludwigsburg, wo er neben seiner ersten Frau begraben werden wollte, einen weiten Bogen um die Hauptstadt schlagen sollte. Mehr als hunderttausend Menschen säumten die Straßen beim Begräbnis – Demonstration der Anhänglichkeit an das alte Königshaus; Demonstration vielleicht auch gegen den neuen Thronprätendenten Herzog Albrecht, einen Vetter aus der katholischen Linie des Hauses Württemberg.
Herzog Albrecht, in dessen Adern habsburgisches und bourbonisches Blut fließt, brachte ein großes Privatvermögen mit ein: mehrere Schlösser, zwei Gestüte, zehn Landgüter, zahlreiche Grundstücke, Häuser und Hotels in den Städten, Weinberge der besten Lagen sowie Waldungen. 1930 belief sich der Grundbesitz des Herzogs auf mehr als 11000 Hektar. Woraus man schließen darf, daß die Familie derer zu Württemberg auch heute noch ausreichend versorgt ist . . .

Das Großherzogtum Baden

Das Großherzogtum Baden ist mit einer Fläche von 15070 Quadratkilometern der viertgrößte, mit einer Bevölkerungszahl von 2,143 Millionen der fünftgrößte deutsche Bundesstaat. Es verfügt über ein zusammenhängendes Staatsgebiet vom Bodensee im Süden bis nach Bayern und Hessen im Norden: ein breiter Landstreifen, der sich zwischen den Städten Karlsruhe und Rastatt auf einen Flaschenhals von 18 Kilometer Durchmesser verengt.

Baden hat in nur hundert Jahren seine Einwohnerzahl mehr als verdoppelt und hatte, weil es sich im Großherzogtum gut leben ließ, kaum Abwanderer in andere Länder. Die Landwirtschaft wird überwiegend von kleineren Bauern betrieben. Sie erzeugen vom Getreide bis zum Schlachtvieh, vom Wein zum Tabak, von Pfirsichen und Mandeln bis zu Zwiebeln und Spargel alles, was das Leben schön macht. Dazu kommt etwa in Mannheim, Karlsruhe, Pforzheim, Heidelberg oder Freiburg, aber auch in vielen Klein- und Mittelstädten eine ständig wachsende Industrie, die unter anderem Zement und Textilien, Maschinen und Zigarren produziert. Besonders stürmisch entwickelt sich die chemische Industrie.

Baden ist im Bundesrat mit drei Stimmen, im Reichstag mit 14 Abgeordneten vertreten. Die badische Verfassung (seit 1818) spricht dem Großherzog die vollziehende Gewalt zu, zur Gesetzgebung braucht er die Landstände. Deren Erste Kammer besteht aus den Prinzen des großherzoglichen Hauses, Geistlichen beider Konfessionen, Vertretern des Adels, der Wissenschaft und einigen Personen, die das besondere Vertrauen des Monarchen besitzen. Die Zweite Kammer zählt 63 Abgeordnete, von denen 20 aus den Städten, 43 vom Land kommen, alle in allgemeiner, geheimer, aber indirekter Wahl bestimmt. Die Zweite kann die Erste Kammer überstimmen und ist somit das politisch einflußreichere Organ der Landstände.

Landesvater

Der honorige Abschied des Großherzogs Friedrich II. von Baden

Die katholischen Abgeordneten beider Kammern des Großherzogtums Baden versammelten sich in der Stadtpfarrkirche St. Stephan; die Protestanten feierten den Gottesdienst in Anwesenheit Seiner Königlichen Hoheit, des Großherzogs, eine Stunde später in der Schloßkirche zu Karlsruhe. Zeremonienmeister führten die Parlamentarier zu ihren Stühlen, auf den Emporen waren Plätze für das Diplomatische Corps, für die Mitglieder des Staatsministeriums, für hohe Militärs und für die großherzogliche Familie reserviert. Nach den Gottesdiensten wurden beide Kammern in ihre Sitzungssäle gebeten, um den Großherzog in Begleitung des Oberstallmeisters und anderer Hofchargen unter dem Geläute sämtlicher Glocken zu erwarten.

Es war Donnerstag, der 22. August 1918, und das Land feierte das hundertjährige Jubiläum der Verfassung, die Großherzog Karl einst dem badischen Volk gegeben hatte. Diese Verfassung von halbwegs liberalem Zuschnitt hatte sich durchaus bewährt »als Grundfeste badischer Freiheit und Ordnung«, wie Großherzog Friedrich II. in seinem Jubiläumsaufruf schrieb. In Baden waren die Uhren immer schon ein wenig anders gegangen. Wenn in der stürmischen Revolutionszeit 1848/49 das Großherzogtum Schauplatz schwerer Zusammenstöße war, darf das jedenfalls nicht als Zeichen dafür gewertet werden, daß im Badischen besonders despotisch regiert wurde.

An diesem 22. August erinnerte der Großherzog an seinen Vater Friedrich I., der im Spiegelsaal von Versailles nach der Reichsgründung den ersten Hochruf auf Kaiser Wilhelm I. ausgebracht hatte. »Dankbar hat Baden teilgenommen an den Segnungen des wunderbaren Aufstiegs des deutschen Volkes«, faßte Friedrich II. die Vergangenheit zusammen. Für die Gegenwart und Zukunft stellte er »das von uns allen ersehnte Endziel Sieg und Frieden« heraus. »In diesen Tagen des Kampfes, des Leidens und des Harrens erkennen wir mehr denn je den Segen tiefgegründeter staatlicher Ordnung, festen Zusammenhalts und unerschütterlichen Vertrauens zwischen Fürst und Volk!«

Zwei Monate und 18 Tage später, am 9. November 1918, konnte von ›Sieg‹ nicht mehr die Rede sein; aber die staatliche Ordnung im Großherzogtum schien immer noch tief gegründet, der Zusammenhalt fest und das Vertrauen unerschütterlich. In Berlin war die Republik ausgerufen worden, hatte der Erbprinz des Großherzogtums, Reichskanzler Max von Baden, Deutschland dem Sozialdemokraten Friedrich Ebert »ans Herz gelegt«. Während überall im Reich Demonstrationen und Kundgebungen stattfanden, blieb es in Karlsruhe, der Residenzstadt des Großherzogtums, ruhig. Die alte Herrschaft, die auf das Jahr 1533 zurückging, zeigte sich noch völlig intakt.

Allerdings hatten sich auch in Karlsruhe ein Soldatenrat und ein sogenannter Wohlfahrtsausschuß gebildet, in dem – im Gegensatz zu vielen anderen ähnlichen Einrichtungen dieser Tage – gemäßigte Sozialdemokraten die Richtlinien bestimmten. Die SPD hatte über lange

Jahre hinweg, sowohl mit den Nationalliberalen als auch mit dem katholischen Zentrum zusammenwirkend, die Gesetzgebung im Großherzogtum mitgetragen. Sie war integriert in den Staat; an ihrer Treue zur Verfassung bestand kein Zweifel.

Der Großherzog verschloß sich nicht der Einsicht, daß sein Ministerium, bisher nur ihm verantwortlich, auf eine neue Basis gestellt werden müsse. Am Sonntag, dem 10. November, kamen ihm allerdings Wohlfahrtsausschuß und Soldatenrat zuvor und bildeten eine neue provisorische Regierung. »Die neue Regierung wird eine auf Grund des allgemeinen Wahlrechts hervorgegangene Landesversammlung darüber entscheiden lassen, welche Staatsreform, ob Monarchie oder Republik, für Baden maßgebend sein soll. Ohne Rücksicht darauf, wie diese Entscheidung ausfällt, soll Baden für die Zukunft einen Bestandteil des deutschen Reiches bilden.« Die provisorische Regierung forderte das Volk nicht nur dazu auf, Ruhe und Ordnung zu bewahren, sie hielt die Soldaten auch zu Gehorsam an und befahl ihnen, in ihre Kasernen zurückzukehren. Von den Beamten verlangte sie, in ihren bisherigen Stellungen weiterhin treu ihre Pflicht zu erfüllen.

Der Großherzog antwortete auf die Bildung der neuen Regierung unverzüglich. Er mochte sie zwar nicht als verfassungsmäßig für das ganze Land anerkennen, weil sie lediglich aus Mitgliedern des Soldatenrats und aus gerade zufällig in Karlsruhe greifbaren Parteivertretern bestand, verzichtete jedoch, »angesichts der Zeitumstände«, auf jeden Widerspruch. »Der Großherzog begrüßt es lebhaft«, so ließ er dem Wohlfahrtsausschuß und dem Soldatenrat mitteilen, »daß nach Ihrer aller Ansicht Baden unter allen Umständen ein Bestandteil des Deutschen Reiches bleiben soll ... und gibt sich der Hoffnung hin, daß die provisorische Regierung ihr Ziel,

unserer geliebten Heimat Ruhe und Ordnung zu erhalten, erreichen möge.«
Der Vorsitzende des neuen Ministerrats war ein Sozialdemokrat, als Außenminister fungierte ein Nationalliberaler. Von den elf Kabinettsmitgliedern nahmen nur zwei eine radikalere Position ein. Alle anderen standen zunächst tatsächlich zu ihrem Programm, über die künftige Staatsreform einer neu zu bildenden Nationalversammlung die Entscheidung zu überlassen.
Die neue Regierung verbürgte sich für die Sicherheit des Monarchen, nahm mit diesem Versprechen allerdings den Mund zu voll. Während Regierung, Soldatenrat und Wohlfahrtsausschuß sich teils im Innenministerium, teils in einer Gastwirtschaft zu nächtlichen Sitzungen zusammenfanden, nutzte der Obermatrose Heinrich Klumpp – ein 47jähriger, mit dem Eisernen Kreuz dekorierter Karlsruher – die Gelegenheit zu einer Art Privatrevolution. Der ›Klumppenheiner‹, der als trinkfestes Original galt und wegen einer Unterschlagungssache vorbestraft war, streifte sich eine rote Armbinde über den Ärmel, stellte sich selbst einen Sonderausweis aus und fing sich eine Gruppe Infanteristen ein, um zum Schloß zu marschieren.
Zuerst ballerten sie ein bißchen in der Gegend herum, zogen dann den einzigen Wachtposten in ein Gespräch (»Kamerad, wir sind vom Soldatenrat!«) und drangen schließlich in das Schloß ein. Dort riefen sie nach dem »größten Lump« von Baden, womit sie den Großherzog meinten. Sie schossen durch die langen Gänge und schaukelten sich gegenseitig hoch. »Raus mit dem Lump! Raus mit der Alten, der Luise!« brüllten sie durch das totenstille Schloß. Schließlich zogen sie wieder ab, sammelten die anderen Infanteristen auf, die draußen im Freien weitergeballert hatten, und gingen heim.
Bei der nachfolgenden Untersuchung wurden in den In-

nenräumen 68, an der Schloßmauer 26 Einschüsse festgestellt. Größerer Schaden wurde nicht angerichtet. Die Reparaturkosten beliefen sich auf 490 Mark. Nur das Bild Friedrichs des Großen hatte ein häßliches Loch. Der tote Preußenkönig war damit die einzige Person, die bei der badischen Revolution eine Kugel abbekommen hatte. Aber diesem Friedrich II. tat das ja nicht mehr weh.

Wohl aber erschreckten die Schüsse und das Geschrei den anderen Friedrich II., den Großherzog von Baden. Der 61jährige glaubte wirklich, sein letztes Stündlein sei angebrochen. Er löschte alle Lichter in seinen Privatgemächern und packte in Windeseile – laut Augenzeugenberichten in acht Minuten – das Notwendigste zur Flucht. Mit ihm flohen seine Gemahlin Großherzogin Luise und Tochter Viktoria, die Königin von Schweden, die gerade in Karlsruhe zu Besuch weilte. Man stieg in zwei bereitgestellte Autos und fuhr Hals über Kopf nach Schloß Zwingenberg bei Eberbach im Neckartal. Als der Großherzog davonbrauste, heulte irgendwo in der Stadt eine Sirene auf, was er als weiteres Anzeichen dafür nehmen mochte, daß jetzt die blutige Revolution ausgebrochen sei.

Heinrich Klumpp wurde von der provisorischen Regierung schon am nächsten Tag festgenommen und wegen Landfriedensbruch unter Anklage gestellt. Zugute kam Klumpp, daß man seine Vergehen offenbar als alkoholbedingte Tat wertete. Außerdem meldeten sich Zeugen, die bekundeten, er habe den Soldaten befohlen, möglichst hoch zu zielen, um niemand zu gefährden. Klumpp selbst versuchte, sich damit herauszureden, daß er »im Schloß nach versteckten Offizieren und Truppen gesucht habe« und selbst nur drei Schüsse abgegeben habe, um auf sich aufmerksam zu machen. Nach 40 Tagen Untersuchungshaft wurde er, als Nutznießer einer

Amnestie für revolutionäre Ausschreitungen, wieder auf freien Fuß gesetzt. Das Delikt ›Majestätsbeleidigung‹ war zu diesem Zeitpunkt bereits überholt.
War die eingeschränkte Anerkennung der provisorischen Regierung der erste kleine Schritt zur Abdankung des Großherzogs, so wog die Flucht aus Karlsruhe ins abgelegene Zwingenberg schon schwerer. Gewiß hätte Friedrich seine Stellung auch in Karlsruhe nicht auf Dauer halten können, aber seine Abwesenheit beschleunigte den Gang der Ereignisse in der Hauptstadt. Nach dem Sturz der Dynastien in den meisten anderen Staaten des Deutschen Reiches wurde es auch in Baden immer unwahrscheinlicher, daß sich die neue Regierung an ihren ursprünglichen Fahrplan halten würde. Die Entscheidung über die künftige Staatsform – ob Monarchie oder Republik – ließ sich kaum noch verzögern.
Am Mittwoch, dem 13. November, war es soweit. Noch zeigte sich der Großherzog nicht zum völligen Verzicht bereit: »Ich will kein Hindernis derjenigen Neugestaltung des staatsrechtlichen Verhältnisses des badischen Landes sein, welche die verfassunggebende Versammlung beschließen wird. Bis zu deren Entscheidung verzichte ich auf die Ausübung der Regierungsgewalt. Ich wünsche auch für den Fall, daß die provisorische Regierung es für ein Gebot der Stunde erachten sollte, die republikanische Staatsreform schon vor der Entscheidung der verfassunggebenden Versammlung zu beschließen, daß die Beamten im Interesse der Aufrechterhaltung der Ruhe, Ordnung und Sicherheit ihren Dienst weiterführen und daß niemand sich durch Rücksicht auf meine Person oder die Treue und Anhänglichkeit für mich und mein Haus abhalten läßt, die Anordnungen der neuen Regierung zu befolgen. Gott schütze mein liebes Badener Land!«
Die vorläufige Volksregierung ließ sich das nicht zwei-

mal sagen, sondern erklärte noch am gleichen Tag Baden zur freien Volksrepublik. Allerdings mit der Einschränkung, daß die endgültige Entscheidung über die Staatsreform der Nationalversammlung vorbehalten bleiben solle, deren Wahl für Anfang Januar anberaumt wurde. Aber auch diese Erklärung sollte acht Tage später nicht mehr das Papier wert sein, auf dem sie gedruckt war. Die Verhältnisse im übrigen Reich ließen es nicht mehr zu, daß Baden allein abseits stand.

Vorausgegangen war diesen Erklärungen vom 13. November ein Gespräch des Großherzogs mit dem Vorsitzenden der provisorischen Regierung, dem sozialdemokratischen Landtagsabgeordneten Anton Geiß. Zusammen mit dem ehemaligen Staatsminister von Bodman war Geiß am Tag zuvor nach Zwingenberg gefahren, um den Großherzog von den immer dringlicher werdenden Forderungen nach seiner Abdankung zu unterrichten. Das Gespräch wurde dadurch erleichtert, daß Anton Geiß und der Großherzog sich persönlich gut kannten. Geiß, der Vizepräsident der Zweiten Kammer gewesen war, hatte am Tag vor dem Verfassungsjubiläum ein letztes längeres Gespräch mit dem Großherzog geführt.

»Nun, Herr Geiß, das hätten wir uns nicht gedacht am 21. August, daß wir uns so wieder treffen würden, wie das heute hier der Fall ist«, begann Friedrich. Anton Geiß drückte sein Unbehagen an seiner Mission aus und bedauerte, daß die Sache jetzt so gekommen sei. Der Großherzog nahm das Bedauern durchaus ernst: »Wenn Sie mir das sagen, habe ich das Bewußtsein, daß es Ihre volle Überzeugung ist.« Sie besprachen dann in geschäftsmäßiger Nüchternheit miteinander die Erklärungen, die sie abgeben würden. Der Abschied gestaltete sich kurz: »Nun, dann will ich Sie nicht länger aufhalten . . . also adieu, Herr Geiß, ich wünsche Ihnen zu Ihrem Unternehmen und Ihrem neuen Amt recht viel Glück im Interesse unseres schönen Badener Landes.« Friedrich II. schüttelte dem Sozialdemokraten kräftig die Hand und drehte sich schnell um, um seine Ergriffenheit zu verbergen.

Die Großherzogin hingegen konnte ihre Gefühle weniger gut verheimlichen. Geiß erinnerte sich später an die Szene: »Dann kam die Großherzogin auf mich zu, reichte mir die Hand und sprach mir gleichfalls ihre Glückwünsche aus, daß es gelingen möge, unsere Verhandlungen zum Ziel zu führen. Die Frau hat jämmerlich geweint. Sie war ganz aufgelöst. Sie hat vorher kein Wort gesprochen, stand nur daneben mit Tränen in den Augen. Auch mich hat es erfaßt. Ich habe den Eindruck gehabt, wie wenn plötzlich ein großes Unglück in einer Familie eintritt, ohne jede Vorbereitung, ein Todesfall oder dergleichen.«

Für Anton Geiß genügte zunächst der in Zwingenberg ausgehandelte Kompromiß. Er war sich allerdings darüber klar, daß die meisten seiner Parteifreunde mehr und Endgültiges erwarteten. Besonders die Arbeiterräte der badischen Industriestädte wiesen in Karlsruhe darauf hin, daß in den Thronverzichten der anderen deutschen Dynastien das Wort ›vorläufig‹ nicht zu lesen war.

Aber nicht nur die großstädtische Arbeiterschaft bekannte sich schon zur Republik. Auch die bürgerlichen Parteien fürchteten einen Wahlkampf, in dem es nur um die zukünftige Staatsreform ging. Da sie sich ebenfalls auf den Boden der neuen Tatsachen stellen wollten, unterstützten sie deshalb die nächste Verhandlungsrunde der neuen Regierung mit dem Großherzog. Diese fand am 21. und 22. November auf Schloß Langenstein nahe am Bodensee statt, wo Friedrich II. als Gast des Grafen Douglas wohnte.

Erleichtert wurde dem Großherzog die endgültige Abdankung durch ein geradezu herzliches Gesprächsklima und durch viele sicherlich aufrichtig gemeinte Dankesworte der neuen Minister an den alten Herrscher. Am 22. November erklärte Friedrich II. von Baden: ». . . entbinde ich die Beamten, Soldaten und Staatsbürger ihres Treueides und verzichte auf den Thron. Diesen Verzicht erkläre ich mit Zustimmung meines Vetters, des Prinzen Max von Baden, auch für ihn und seine Nachkommenschaft. Mein und meiner Vorfahren Leitstern war die Wohlfahrt des badischen Landes. Sie ist es auch bei diesem meinem letzten schweren Schritt. Meine und der Meinigen Liebe zu meinem Volke höret nimmer auf!«
Nobel antwortete die Volksregierung: »Der Großherzog hat im Interesse des badischen Volkes die Folgerungen aus der von ihm persönlich nicht verschuldeten Lage gezogen. Das badische Volk anerkennt die Liebe zur badischen Heimat, die der Großherzog auch wieder in den Entschlüssen der letzten Tage bestätigt hat. Es gedenkt der Werke edler Menschlichkeit der Großherzogin-Mutter und der Verdienste des Prinzen Max um die Demokratisierung Deutschlands und um den Gedanken der Völkerverständigung.«
In diesem honorigen Geiste wurden auch die Verhandlungen über die Abfindung des Großherzogs geführt. Rein rechtlich hatte das Fürstenhaus das uneingeschränkte Eigentum an den Domänen. So jedenfalls war es in der alten Verfassung geregelt. Großherzog Friedrich II. stellte sich aber nicht auf diesen Rechtsstandpunkt, sondern verließ sich auf die Zusage der neuen Regierung, man werde eine Regelung finden, die dem 61jährigen Großherzog a.D. und seiner Familie einen standesgemäßen Ruhestand erlaube.
Friedrich wurden einige Schlösser überlassen sowie die

Nutzung von 3667 Hektar Wald auf Lebensdauer beider Ehegatten. Die rund 300000 Mark, die sich daraus ergaben, sollten sich schon einige Jahre später als äußerst wertvoll erweisen. Denn die ebenfalls vereinbarte Kapitalabfindung von 6 Millionen Mark in badischen Wertpapieren fiel restlos der Inflation zum Opfer. Die Abfindungsregelung, bei der sich der Großherzog wohltuend von der Raffgier manch anderer abgedankter Standesgenossen unterschied, wurde von Parlament und Regierung »als Zeichen der Treue und Anhänglichkeit« an das Land »aus voller Überzeugung mit dem Dank des badischen Volkes« gewürdigt.
Großherzog Friedrich II. starb im August 1928 nach langer Krankheit und völlig erblindet. Von seinen Badenern wurde er aufrichtig betrauert als ein menschlich angenehmer und gerechter Mann, leutselig und vornehm zugleich, als ein echter Landesvater und ein Fürst, der seine von der Verfassung gezogenen Grenzen stets peinlich genau gewahrt hatte. Und der einen Stil geprägt hatte, dem sich auch seine Erben verpflichtet fühlten.
Prinz Max von Baden, der ehemalige Reichskanzler, überlebte den letzten Großherzog nur um ein Jahr. Der Prinz hatte nach dem Weltkrieg, zusammen mit seinem außenpolitischen Berater Kurt Hahn, das weltbekannte Landschulheim Salem am Bodensee in Form einer Stiftung gegründet, deren Kapital aus dem Erlös vom Schmuck seiner Frau stammte. Nach dem Tod von Max übernahm dessen Sohn Berthold Markgraf von Baden das Protektorat über Salem. Heute ist Maximilian der Chef des Hauses und Mentor des Internats, für das er einen Teil des Schlosses geräumt hat.

Das Großherzogtum Hessen

Das Großherzogtum Hessen mit der Hauptstadt Darmstadt besteht aus zwei durch preußisches Gebiet getrennten Hauptteilen und elf kleineren Exklaven. Es umfaßt insgesamt ein Gebiet von 7688 Quadratkilometern bei einer Einwohnerzahl von 1,282 Millionen Menschen.

Hessen ist industriell stark entwickelt. Bedeutung haben Hüttenwesen, Maschinenbau, Lederwarenfertigung, Möbelproduktion und chemische Industrie. Im Bergbau werden Braunkohle, Erze und Salze gewonnen. Landwirtschaftlich sind neben dem Ackerbau Obst, Gemüse und vor allem Wein zu erwähnen. Auch die Rinderzucht ist überdurchschnittlich erfolgreich.

Das Großherzogtum Hessen ist im Bundesrat mit drei Bevollmächtigten, im Reichstag durch neun Abgeordnete vertreten. Als konstitutioneller Monarch teilt der Großherzog die gesetzgebende Gewalt mit den aus zwei Kammern bestehenden Landständen. In der Ersten Kammer sitzen neben den großjährigen Prinzen die Chefs der standesherrlichen Familien, die Vertreter der Kirchen, der Wissenschaft und des Adels. Bis zu zwölf Staatsbürger kann der Großherzog in die Erste Kammer berufen. Die Zweite Kammer wird indirekt gewählt, wobei die größeren Städte zehn, die kleineren Städte und Landgemeinden vierzig Abgeordnete entsenden. Die Landstände haben zwar nicht das Recht, Gesetzentwürfe vorzulegen, können aber sämtliche Gesetze des Großherzogs, einschließlich von Steuergesetzen, blockieren.

Bürger Brabant

Absetzung statt Abdankung: Das Ende des Großherzogs Ernst Ludwig von Hessen

»Darmstadt, 8. November. Amtlich. Der Großherzog verordnete: Bis zur endgültigen Regelung der schwebenden Fragen und mit Rücksicht auf die gegenwärtige Lage wird zur Mitwirkung bei Regierungsgeschäften ein Staatsrat gebildet, dem neben den im Amt befindlichen Ministern Mitglieder beider Kammern der Landstände angehören. Unser Staatsminister ist mit der Ausführung betraut.«

Auch in Hessen versucht also der Großherzog Ernst Ludwig, der drohenden Revolution im letzten Augenblick zuvorzukommen. In der Zweiten Kammer des Parlaments legen die Parteien einstimmig fest, wie es weitergehen soll. Die wichtigste Forderung läuft zunächst auf eine Umgestaltung und Entmachtung der Ersten Kammer hinaus. Dort soll in Zukunft nicht mehr der Adel die bestimmende Kraft sein. Vertreter aus Handel, Industrie und Handwerk, Großgrundbesitzer, Bauern und Arbeiter, staatliche und kommunale Beamte, Angestellte, Vertreter des Geisteslebens und sonstiger bedeutsamer Berufe sollen der Ersten Kammer in offener Wahl durch die jeweiligen Organisationen zugeführt werden. Berufungen von oben und automatische Angehörigkeit durch Geburt sollen ausgeschlos-

sen sein. Außerdem soll diese Erste Kammer Beschlüsse der Zweiten Kammer, der frei gewählten Volksvertretung, nicht mehr verhindern können, wenn diese mit Zweidrittelmehrheit beschlossen hat.
Die Volksvertretung beansprucht für sich das Vorschlagsrecht bei der Ministerernennung, verlangt den Übergang des Familieneigentums des großherzoglichen Hauses in das Eigentum des Staates, will die Steuerprivilegien des Monarchen abschaffen. Das allgemeine, freie und gleiche Wahlrecht soll jedem Hessen, der 25 Jahre alt oder volljähriger Kriegsteilnehmer gewesen ist, zugestanden werden. Außerdem werden die Wahlpflicht und das uneingeschränkte Frauenwahlrecht gefordert.
Wie überall, kommt auch diese Demokratisierungsnotbremse zu spät. Am Abend des 8. November hält die SPD im Darmstädter Gewerkschaftshaus eine Versammlung ab. Der Reichstagsabgeordnete Quessel fordert das Zusammengehen der Soldaten mit der organisierten Arbeiterschaft, um »gemeinsam die Geschicke des neuen Deutschlands zu bestimmen«. Daß dieses neue Deutschland eine »sozialistische Republik« sein müsse, steht für Quessel fest.
Bevor man im Gewerkschaftshaus das Referat auch nur diskutieren kann, treffen erste Berichte von Unruhen in benachbarten Truppenunterkünften ein: Die Soldaten hätten ihre Offiziere abgesetzt und entwaffnet und seien auf dem Weg nach Darmstadt. Die SPD schickt ihnen einige Unterhändler entgegen. Die kommen gerade noch zurecht, um zu sehen, wie die Tore des Darmstädter Militärgefängnisses eingeschlagen und die dort Einsitzenden befreit werden. Noch vor Mitternacht ziehen Soldaten und Arbeiter in Richtung auf das Neue Palais, wo der Großherzog residiert.
Über diese Nacht existiert ein anschaulicher Erinnerungsbericht, später verfaßt von Prinz Ludwig, dem da-

mals zehnjährigen jüngsten Sohn des Großherzogs: »Am 8. November war der 12. Geburtstag meines Bruders«, beginnt der Prinz und erzählt von wilden Indianerspielen, bei denen er sich, im Park zwischen Gewächshäusern laufend, den Fuß verstaucht habe, so daß er kaum noch auftreten konnte. »Am Abend ging man wie immer zu Bett. Die Eltern kamen, man betete und schlief ein. Etwas später wohl, als wir schon fest schliefen, kamen die Eltern wieder ins Zimmer, und wir mußten uns anziehen, die Kleider, die sowieso schon für den Luftschutz bereitgelegt waren; denn damals gab es auch schon so etwas wie Fliegerangriffe.«
Es ging aber nicht hinunter in den Keller, sondern hinaus ins Freie. »Mein Vater nahm mich auf die Schultern, führte uns durch die menschenleeren, dunklen Straßen.« Bei Verwandten traf man den großherzoglichen Leibarzt, Geheimrat Dr. Happel, der die Kinder mit in sein Haus nahm. Der Großherzog und seine Frau liefen zurück ins Neue Palais. Die kleinen Prinzen rätselten, warum ein Fliegerangriff im Palais gefährlicher sein sollte als im Haus des Arztes.
»Uns war diese ganze Sache doch sehr unheimlich. Und dann hörte man wohl eine halbe oder eine Stunde später von weit her Schießen, Gewehrschießen und Brüllen, viele Stimmen, Gejohle und Geschrei, das immer näher heranrückte. In einem Augenblick wußten mein Bruder und ich, daß das die Revolution war, von der man ja schon so etwas hatte munkeln hören, wie ja Kinder oft von Erwachsenen Dinge aufschnappen, die diese für ganz geheim halten.«
Die kindliche Phantasie hörte die Schüsse und das Geschrei vielfach verstärkt. Die Buben hatten natürlich von den Vorgängen in Rußland gelesen und darüber gesprochen. Sie lagen zitternd in den Betten und waren sicher, zumindest für ihre Eltern sei das letzte Stündlein ange-

brochen. »Wir waren sehr ängstlich«, berichtet der Prinz. Um so befreiender empfanden es die Buben, als sie nach einer Weile von der Straße her die Stimme des großherzoglichen Adjutanten hörten: »Es ist alles gut, es ist alles ruhig, den Eltern geht es gut, das Haus wird bewacht, es sind Leute im Haus, geben acht, daß nichts passiert.«

Am Morgen darauf, Samstag, den 9. November stellte sich dann heraus, daß alles halb so schlimm gewesen war. Wohl wurde viel geschrien und auch ein bißchen geschossen, aber die Revolution war völlig unblutig verlaufen. Die vom Soldatenrat kommandierte Truppe, die zum Neuen Palais und zum Ständehaus, dem Sitz der Ersten Kammer, gestürmt war, hatte nur den Auftrag, die Gebäude zu sichern und ungebetene Besucher abzuhalten. Zwischen 40 und 60 Mann, fast lauter junge Burschen in viel zu großen Soldatenmänteln, patrouillierten an der Schloßmauer entlang, kommandiert von Soldatenräten. Wie auch ihre lässige Haltung erkennen ließ, gab es keine Offiziere mehr. Die Bewacher schlenderten, statt zu marschieren, hatten die Gewehre mit der Mündung nach unten umgehängt, trugen ihre runden Käppis ein bißchen schief. Es wurde geraucht und geredet, gelacht und gepfiffen. Sie waren offensichtlich sehr davon angetan, daß ihnen der Großherzog im Palais ein Matratzenlager anbot und sie mit Suppe und Kaffee versorgte. Prinz Ludwig schreibt dazu: »Man hatte die Diener ferngehalten, die Hausmädchen ihnen nahegebracht, und die waren nett und lustig mit den Leuten gewesen, die ja müde waren, wie auch eigentlich diese ganze Revolution viel Müdigkeit eines bis aufs Blut erschöpften Volkes ausdrückte, viel mehr als die aktive Wut einer entrechteten Masse.«

Noch in der Nacht hatte der Soldatenrat die Macht in Darmstadt ergriffen und per Flugblatt das Großherzog-

tum zur »freien sozialistischen Republik« erklärt. Alle Offiziere und Unteroffiziere wurden ihrer Funktionen enthoben. Die Truppen sollten ihre Führer selbst wählen und dem Soldatenrat Gehorsam schwören. Am Morgen, als von den öffentlichen Gebäuden die roten Fahnen wehten und alle zentralen Punkte und wichtigen Plätze mit Artillerie und schweren Maschinengewehren gesichert waren, schloß sich ein neu gebildeter Arbeiter- und Bauernrat den Soldaten an.
Bei der ersten gemeinsamen Sitzung dieser Gremien wurde noch am Nachmittag des 9. November die Absetzung des Großherzogs Ernst Ludwig beschlossen. Der Vorsitzende des Arbeiterrats, ein sozialdemokratischer Redakteur namens Knoblauch, erklärte dazu, der Groll des Volkes richte sich nicht persönlich gegen den Großherzog, der kaum Feinde im Hessenland habe. »Aber die Uhr des Gottesgnadentums ist nun einmal abgelaufen«, so Knoblauch; deshalb sei es schmerzloser, Ernst Ludwig einfach abzusetzen, als ihn zum Thronverzicht zu zwingen. Als Bürger des freien republikanischen Hessens sei Ernst Ludwig im übrigen durchaus willkommen.
Mit der reinen sozialistischen Republik war es dann schon zwei Tage später nichts mehr, weil die SPD darauf drang, das neue Kabinett durch Vertreter bürgerlicher Parteien zu verstärken. Die SPD stellte den Ministerpräsidenten und zwei weitere Kabinettsmitglieder, drei Minister wurden vom katholischen Zentrum und von der Fortschrittspartei in die Regierung entsandt. Über dem Kabinett thronte freilich noch einen Monat lang als Kontrollinstanz der Arbeiter- und Soldatenrat.
Dem Großherzog und seinen Angehörigen wurde mitgeteilt, sie müßten sich keineswegs als Gefangene fühlen, doch rate man ihnen in ihrem eigenen Interesse, möglichst wenig unter die Leute zu gehen. In der Resi-

denz könne man ihre Sicherheit gewährleisten, nicht aber in der Stadt. Auch bei kleinen Besorgungen wurden dem Großherzog und seiner Frau stets Leibwachen mitgegeben. Der Großherzog hieß inzwischen schlicht ›Bürger Brabant‹, nach dem Familiennamen des Geschlechts Hessen-Brabant. Offenbar hatten die Herren Revolutionäre und ihre bürgerlichen Helfer die Geschichte der Französischen Revolution studiert, wo man König Ludwig XVI. mit ›Bürger Capet‹ angesprochen hatte, bevor man ihn auf die Guillotine schickte. Alle redeten sich in diesen Tagen gegenseitig mit ›Bürger‹ an. Das war allerdings auch die einzige Parallele zwischen Frankreich 1789 und Hessen 1918.

Großes Aufsehen erregte Ende November, als der Bürger Storck, von Beruf Gewerkschaftssekretär, bei einer Besichtigung des Hofmarstalls dahinterkam, daß dort 240 abgabepflichtige Gummibereifungen und 300 lederne Pferdegeschirre lagerten. Man nahm dem Bürger Brabant die beanstandeten Vorräte nicht nur ab, sondern der Bürger Quessel ersuchte die Regierung, bei der Beschaffung von Pferden für die Landwirtschaft ihr Augenmerk besonders auf die Ställe des Bürgers Ernst Ludwig Brabant zu richten. Außerdem erstattete der Bürger Quessel beim zuständigen Bürger Staatsanwalt Anzeige gegen drei ehemalige Minister wegen Beihilfe zur Hinterziehung beschlagnahmepflichtiger, kriegswirtschaftlich notwendiger Gegenstände.

An den Bürger Brabant selbst wollte und konnte man nicht heran, weil die Juristen mit trefflicher Logik erklärten, daß er zum Zeitpunkt seiner Verfehlungen ja noch Großherzog gewesen wäre und als solcher einer Strafverfolgung nicht zugänglich sei. Ernst Ludwig scheint das alles nicht sehr ernst genommen zu haben. Er kämpfte um jedes einzelne Pferd, das ihm weggenommen werden sollte. Erst als man damit argumentierte, daß er durch seine Absetzung ja auch verminderte Repräsentationspflichten habe, gab er seine Gäule bis auf die zehn schönsten heraus.

Überhaupt wußte Bürger Brabant mit den neuen Machthabern gut umzugehen. Trotz mehrfacher Aufforderung, für sich und seine Erben einen Thronverzicht zu erklären, beharrte er auf einem Nein mit der Begründung, nach der Absetzung bedürfe es nicht auch noch einer Abdankung. Recht besehen war also Ernst Ludwig der einzige deutsche Bundesfürst, der nicht einmal andeutungsweise seinen Thronverzicht kundtat. Umgekehrt dürfte er wohl auch der einzige deutsche Fürst gewesen sein, der einen formellen Gruß an die erste frei gewählte republikanische Volkskammer richtete und ihr erfolgreiches Wirken zum Wohle des Landes Hessen und der Allgemeinheit wünschte.

Im übrigen verhielt sich der (1868 geborene) Ernst Ludwig nach seiner Absetzung weitgehend ruhig. Er lebte ziemlich zurückgezogen im Neuen Palais in Darmstadt oder auf einem Schloß im Engadin, das ihm ein befreundeter Fabrikant überlassen hatte. Seltener als seine Standesgenossen ließ er sich bei Kriegervereinen oder Regimentstreffen sehen. Im Jahre 1921 geriet er in die Zeitungen, als am Deutschen Schauspielhaus in Hamburg das von ihm verfaßte Stück ›Ostern‹ aufgeführt wurde, dem allerdings nur ein Achtungserfolg beschieden war. Seine künstlerischen Verdienste liegen auf anderem Gebiet: als Förderer des Jugendstils, als Gründer einer Malerkolonie, als Initiator bedeutender Ausstellungen der deutschen Kunst der Jahrhundertwende.

Weniger zurückhaltend zeigte er sich in den vermögensrechtlichen Auseinandersetzungen mit dem Volksstaat Hessen. Ernst Ludwig beanspruchte riesigen staatlichen Grundbesitz, wobei er sich auf die Verfassung von 1820 berief, die zwei Drittel der Staatsdomänen als schulden-

freies unveräußerliches Familieneigentum dem großherzoglichen Hause garantierte. Die Einkünfte aus diesem Besitz, so hatte die Konstitution ausdrücklich festgelegt, sollten »vornehmlich zur Deckung der Bedürfnisse des großherzoglichen Hauses und Hofes« dienen. Bedeutende Staatsrechtler wurden zum Thema der Gültigkeit dieser Verfassungsbestimmung zitiert.
Der Großherzog a. D. berief sich auf eine Lehrmeinung, wonach sein Recht auf den Besitz auch durch den Thronverlust nicht als erloschen anzusehen sei. Die Regierung fand den alten Kommentar eines Ordinarius für Staatsrecht, der solches Familieneigentum nur einem tatsächlich regierenden Hause einräumte.
Zunächst wies die hessische Regierung ab Januar 1919 dem Großherzog – den inzwischen niemand mehr ›Bürger Brabant‹ nannte – eine monatliche Pension von 7200 Mark zu, vor der Inflation eine Menge Geld. Außerdem bot sie ihm als einmalige Entschädigung rund elf Millionen Mark an, was Ernst Ludwig aber noch zuwenig war. Umgekehrt machte die Regierung allerdings zur Bedingung, daß Ernst Ludwig das Hoftheater und die von ihm begründeten Kunstsammlungen weiter unterhielt.
Die Verhandlungen zogen sich in die Länge. Der Großherzog kassierte Summen als Abschlagszahlungen, die bald der galoppierenden Inflation zum Opfer fielen. Ernst Ludwig hatte sein Auskommen; übermäßig reich ist er durch den Volksstaat Hessen nicht geworden. Im Jahre 1936 starb der Großherzog. Mit seinem Sohn – dem zu Beginn dieses Kapitels zitierten Prinzen Ludwig – ist, wie die Genealogen sagen, das Haus im Jahre 1968 ›im Stamm erloschen‹. Die übrige Familie – die Großherzogin-Witwe, der Erbprinz Georg und seine drei Kinder – kam im November 1937, als sie zur Hochzeit des Prinzen Ludwig nach England reisen wollte, bei einem Flugzeugunglück gemeinsam ums Leben.

Die mecklenburgischen Großherzogtümer

Das Großherzogtum Mecklenburg-Schwerin besteht aus einem zusammenhängenden Staatsgebiet sowie einigen kleinen Exklaven und umfaßt insgesamt eine Fläche von 13 127 Quadratkilometern, auf der 640000 Menschen leben. Mit 49 Einwohnern pro Quadratkilometer ist das Großherzogtum Mecklenburg-Schwerin ein ausgesprochen schwach besiedeltes Land, im Deutschen Reich darin nur noch vom Großherzogtum Mecklenburg-Strelitz unterboten. Mecklenburg-Schwerin ist eindeutig landwirtschaftlich orientiert, wobei trotz vieler Klein- und Kleinstbauern der Großgrundbesitz dominiert: Ein Prozent der Landwirte verfügen über 60 Prozent des Bodens. Das alte Feudalwesen ist beinahe in Reinkultur erhalten. Beide Mecklenburg erzeugen weit mehr Getreide, Kartoffeln und Vieh, als im eigenen Land verbraucht wird. Dafür gibt es so gut wie keine Industrie.

Im Bundesrat ist das Großherzogtum Mecklenburg-Schwerin durch zwei Bevollmächtigte, im Reichstag durch sechs Abgeordnete vertreten. Die Wahlen zum Reichstag sind die einzige politische Mitbestimmungsmöglichkeit der breiten Bevölkerung; denn die Landstände beider mecklenburgischen Großherzogtümer, die als ›Landesunion‹ eine gemeinsame Körperschaft bilden, werden nicht durch Wahlen ermittelt. Den Landständen gehören einmal die Rittergutsbesitzer an, zum anderen die Städte durch ihre auf Lebenszeit ernannten berufsmäßigen Bürgermeister. Jeder Gutsbesitzer hat kraft Besitzes das gleiche Stimmrecht wie eine Stadt. Die auf großherzoglichem Besitz arbeitende Bevölkerung ist überhaupt nicht in den Landständen repräsentiert.

Das Großherzogtum Mecklenburg-Strelitz besteht aus einem größeren Teil, der östlich von Mecklenburg-Schwerin, und einem kleineren Teil, der westlich davon fast bis Lübeck und Ratzeburg reicht. Von der Gesamtfläche von 2930 Quadratkilometern gehören 1652 Quadratkilometer dem Großherzog bzw. dem Staat. Die Bevölkerungszahl beträgt 106440, was einem Durchschnitt von 36 Einwohnern pro Quadratkilometer entspricht und damit die geringste Bevölkerungsdichte im ganzen Reich ergibt. Das Großherzogtum ist ein Agrarstaat mit nur neun Städten und zwei Marktflecken.
Im Bundesrat und im Reichstag ist Mecklenburg-Strelitz jeweils mit einer Stimme vertreten. In der ›Landesunion‹, den mit Mecklenburg-Schwerin gemeinschaftlich tagenden Landständen, hat der größere Partner ein natürliches Übergewicht. Allerdings sind die Befugnisse dieses ›Parlaments‹ ohnehin gering: das politische Sagen haben in jeder Hinsicht die Rittergutsbesitzer und – auf eigenem Grund und Boden – die Großherzöge.

Mittelalter

Das Ende von Friedrich Franz IV., dem letzten Großherzog von Mecklenburg-Schwerin

Am Samstag, dem 23. Februar 1918, nachmittags gegen vier Uhr verließ Adolf Friedrich VI., der 35jährige unverheiratete Großherzog von Mecklenburg-Strelitz, mit seinem Hund das Schloß zu einem Spaziergang. Als er bei Einbruch der Dunkelheit und auch zum Abendessen nicht zurück war, wurden seine Leute unruhig und suchten die halbe Nacht den Park und die Umgebung ab. Das einzige, was sie fanden, war die im eisigen Kanal des Schloßgartens schwimmende Mütze des Großherzogs. Alles deutete auf einen Unglücksfall hin.

Am nächsten Tag entdeckte man zuerst den winselnden Hund und anschließend durch ihn die Leiche des Großherzogs im Kanal. Seine Brust wies einen Einschuß auf. Der Gerichtsarzt und die Untersuchungsorgane kamen ziemlich schnell zu dem Ergebnis, daß der Fürst Selbstmord begangen hatte und dann tot ins Wasser gestürzt war.

Über die Motive wurde zunächst gerätselt, dann in ziemlich übler Weise spekuliert: Der flotte Junggeselle wäre in die Fänge einer verheirateten deutschen Fürstin englischer Abstammung geraten, die ihn mit ihrer Schönheit betört und zu Spionagediensten für den Kriegsgegner England bewogen hätte. Aus Angst vor

Schande und Entdeckung habe der Großherzog den Freitod gewählt.
Mit dieser Dame konnte nur die Fürstin Daisy Pleß gemeint sein, eine ausgesprochene Schönheit, die in der Tat mit dem Großherzog befreundet war, aber offensichtlich in allen Ehren. Adolf Friedrich war im übrigen alles andere als ein flotter Junggeselle, sondern eher ein sensibler Typ, ungemein liebenswürdig und gewissenhaft. Außerdem war nicht anzunehmen, daß der Großherzog irgend etwas gewußt haben könnte, das für die Engländer von Interesse gewesen wäre. Dennoch wurde getratscht und verdächtigt.
Kurz bevor sich der Spionagekrimi zur Staatsaffäre entwickeln konnte, lüftete die Regierung in Strelitz das Geheimnis des Selbstmordes, wenn auch nur andeutungsweise. Heute wissen wir ziemlich sicher, daß Adolf Friedrich VI. von seiner adeligen Umgebung gedrängt worden war, eine Ehe einzugehen und endlich für ebenbürtigen Nachwuchs zu sorgen, den das Haus Mecklenburg-Strelitz so notwendig brauchte. Eine entsprechende Prinzessin war auch schon gefunden (man munkelte, sie stamme aus dem Hause Anhalt). Bevor es jedoch zum Verlöbnis kommen konnte, mußte der Großherzog erst die Verbindung zu einer Berliner Opernsängerin lösen, der er in aufrichtiger Zuneigung verbunden war und die Ehe versprochen hatte.
Da reiche Großherzöge nicht gerade eine alltägliche Erscheinung sind, sträubte sich die Sängerin, Adolf Friedrich so ohne weiteres freizugeben. Vielleicht hat sie um ihn auch nur deshalb derart hartnäckig gekämpft, weil sie ihn schlicht und einfach liebte. Der Großherzog reiste mehrmals nach Berlin, Briefe wurden gewechselt, in denen die Sängerin offenbar anklingen ließ, daß sie notfalls für einen Skandal sorgen werde. Da gleichzeitig die Eltern der in Aussicht genommenen Prinzessin auf eine

Entscheidung drängten, geriet der ehrempfindliche Adolf Friedrich in Panik und setzte seinem Leben ein Ende. Unglücklicherweise geschah das an dem Tag, an dem ein mit dem Großherzog befreundeter Offizier die Berliner Dame zum Nachgeben überredet haben soll. (Der jüngere Bruder des Großherzogs, Karl Borwin, hatte übrigens 1908 angeblich auch den Freitod aus übertriebenem Ehrgefühl gesucht.)

Nach dem Selbstmord des Strelitzers gab es nur noch einen Agnaten in der Familie: den 55jährigen Herzog Karl Michael, einen Onkel des verblichenen Großherzogs. Karl Michael war in Rußland geboren, hatte dort großen Grundbesitz und stand in Diensten des Zaren. Wenige Wochen vor Ausbruch des Weltkrieges hatte Karl Michael seinem Neffen, dem Großherzog, einen Brief geschrieben und ihn als den Chef des Hauses um Zustimmung gebeten, sich in Rußland naturalisieren zu lassen. Gleichzeitig hatte er angeboten, für sich und seine mögliche Nachkommenschaft auf sämtliche Mecklenburger Thronansprüche zu verzichten.

Insgesamt gingen in dieser Angelegenheit drei Briefe hin und her. Man war sich im Sinne von Karl Michaels Wünschen einig – aber bevor es zu einem förmlichen Erbverzicht kommen konnte, brach der Krieg aus. Nach dem Selbstmord des regierenden Großherzogs stellte sich nicht nur die Frage, ob Karl Michael nun wirklich Russe geworden war und sein Verzichtangebot aufrechterhalten würde. Es war nicht einmal klar, ob der letzte Strelitzer überhaupt die Wirren der russischen Oktoberrevolution überlebt hatte. Erst im Januar 1919 traf von dem unter abenteuerlichen Umständen nach Dänemark entkommenen Herzog Karl Michael die Bestätigung ein, daß es bei seinem angebotenen Erb- und Thronverzicht von 1914 bleiben würde. Aber zu diesem Zeitpunkt hatte sich die Frage ohnehin schon erledigt.

Im November 1918 existierte nur noch ein mecklenburgischer Fürst: der Großherzog von Mecklenburg-Schwerin, der für Strelitz die vorläufige Regentschaft mitführte. Diese Regelung bot sich nicht nur aus verwandtschaftlichen Gründen an. Das kleinere Mecklenburg-Strelitz war in zwei Teile geteilt und grenzte im Osten und Westen unmittelbar an das Großherzogtum Schwerin. Beide Mecklenburgs werden durch einen gemeinsamen Landtag vertreten.
Die zwei Großherzogtümer wurden in geradezu mittelalterlicher Weise regiert. Theoretisch waren die Großherzöge absolute Herrscher, praktisch allerdings ihrerseits wieder abhängig von ihren ›Unterhäuptlingen‹. Denn wer in Mecklenburg ein Rittergut besaß oder kaufte, konnte damit nicht nur automatisch über die Zusammensetzung des Landtags mitbestimmen, sondern ziemlich unumschränkt auf seinem Grund und Boden herrschen: ihm oblagen die Polizeigewalt, das Recht auf Steuereintreibung, die Bau- und Gesundheitsaufsicht sowie die richterliche Gewalt in Vormundschafts- und Erbangelegenheiten.
Entsprechend vornehm war dieser Landtag, der jährlich einmal abwechselnd in zwei Landstädtchen zusammentrat. Die Herren Abgeordneten wohnten bei den örtlichen Handwerksmeistern und trafen sich abends zu gemeinsamer Tafel, bei der auf Kosten jeweils eines der Großherzöge mindestens sechs Weine, darunter auch immer Sekt, gereicht wurden, natürlich mit der dazugehörigen nahrhaften Unterlage. Nach diesen ›Arbeitsessen‹, wie man das heute nennen würde, wurde Karten gespielt – hauptsächlich Skat – und kräftig weitergetrunken. Was sollte man sonst auch tun? Außer einem Taler Trinkgeld für den großherzoglichen Party-Dienst, ›Fouriere‹ genannt, kosteten diese amtlichen Saufsessionen die Mitglieder des Landtags nichts. Es sei

denn, sie brauchten jeden Abend ein frisches Frackhemd.
Die Großherzöge mußten aber nicht nur für den Landtag aufkommen. Sie hatten alle Staatsausgaben aus den Einkünften ihres Dominalbesitzes zu bestreiten – denn einen Haushalt, einen Staatsetat, gab es nicht. Dem kleinen Strelitzer, der als einer der reichsten Fürsten und Großgrundbesitzer Deutschlands galt, fiel das leicht; der große Schweriner mußte dagegen oft den letzten Pfennig zusammenkratzen bzw. über jeden Zuschuß mit seinen ›Unterhäuptlingen‹ verhandeln, um die Staatsausgaben bestreiten zu können.
Vornehmlich aus diesem Grunde – weil dem einen das Wasser bis zum Hals stand und der andere sein Geld ebenfalls zusammenhalten wollte – versuchten beide Großherzöge, zumal der Schweriner, ihren Ländern eine zeitgemäße Verfassung zu verpassen. Mit dieser Absicht scheiterten sie aber immer wieder an ihrem Landtag, dem die gegebenen Verhältnisse gerade recht waren. Gewiß, die Landesherren hätten ganz einfach eine Verfassung erlassen können. Aber sie scheuten den Konflikt mit der Ritterschaft und der ›Landschaft‹, den Vertretern der weitgehend selbständigen Städte. Ritterschaft und Landschaft besetzten den Landtag in eigener Machtvollkommenheit: der perfekte mittelalterliche Ständestaat. Sollte das mecklenburgische Volk getrost seinen Reichstag wählen und so in Berlin mitbestimmen – zu Hause hatte es nichts zu sagen, da bestimmten die Großkopferten allein. Sie konnten sich dafür leicht den Luxus leisten, in Berlin als Liberale aufzutreten.
Am 5. November 1918 versuchte man, alle Versäumnisse nachzuholen. Wer diesen Termin für mecklenburgische Verhältnisse als relativ früh ansieht, sollte bedenken, daß Kiel und Wilhelmshaven quasi um die Ecke lagen und die meuternden Matrosen sich die beiden

Großherzogtümer als erste Ziele ihrer politischen Aktivitäten erwählt hatten. Großherzog Friedrich Franz IV. von Mecklenburg-Schwerin, nur um einige Wochen älter als sein verblichener Vetter aus Strelitz, beauftragte die Ministerien mit den Vorarbeiten zu einer durchgreifenden Änderung der Landesverfassung. Die bisherige Erste (und alleinige) Kammer, in der neben den Rittergutsbesitzern die Städte vertreten waren, sollte durch gewählte Abgeordnete verschiedener Berufsstände ergänzt werden. Als entscheidende politische Kraft war eine neue Zweite Kammer vorgesehen, die wie der Reichstag aus allgemeinen, gleichen, geheimen und unmittelbaren Wahlen hervorgehen sollte. Außerdem entschloß Friedrich Franz IV. sich, das bisherige Ministerium »in Gnaden« zu entlassen und »bald« ein neues Kabinett zu installieren, mit Beteiligung auch der in Mecklenburg vertretenen Parteien der Linken.
Am 7. November bildete sich in Schwerin ein Arbeiter- und Soldatenrat, den der Großherzog tags darauf zu Verhandlungen empfing. An diesem 8. November aber begann bereits die Besetzung der Telefon- und Telegrafenämter, der Bahnhöfe sowie der öffentlichen Gebäude. Unter dem Druck dieser Ereignisse mußte der Großherzog sofort zwei liberale Reichstagsabgeordnete in sein Ministerium berufen, dem er drei Tage später in dem nationalliberalen Reichstagsabgeordneten Dr. Peter Stubmann einen Ministerpräsidenten gab.
Zumindest bis zu diesem Zeitpunkt glaubte der Großherzog, daß nicht alles verloren sei, zumal er immer noch hoffte, die revolutionären Umtriebe würden sich auf Schwerin beschränken. Erst langsam wurde ihm klar, daß auch in Neustrelitz, wie in allen anderen größeren Orten der beiden Staatsgebiete, die revolutionären Kräfte an der Macht waren. Seine Hoffnung verdankte er also vor allem den schlechten Nachrichtenver-

bindungen bzw. dem Umstand, daß die Soldaten ihn in seinem Schloß von der Außenwelt regelrecht abgeschnitten hatten.

In der Nacht vom 13. auf den 14. November kam es zur Entscheidung. Nach einer langen Sitzung hatte der Schweriner Soldatenrat um 3 Uhr morgens die Ausrufung der Republik beschlossen. Wenige Stunden später stellte sich der Rostocker Arbeiter- und Soldatenrat hinter diese Forderung. Um 11 Uhr meldete sich das neue Ministerium beim Großherzog zum Vortrag an und kündigte »schwerwiegende Beschlüsse« an. Der Minister Dr. Hugo Wendorff, ein liberaler Reichstagsabgeordneter, brachte eine vorbereitete Urkunde mit und forderte den Großherzog auf, den Thronverzicht zu unterzeichnen. Friedrich Franz IV. erbat sich Bedenkzeit, lenkte jedoch schnell ein, als ihm Wendorff erklärte, die Alternative bedeute Generalstreik, blutige Unruhen und Bürgerkrieg. Friedrich Franz dankte ab und begab sich noch am selben Tage in ein kurzfristiges Exil nach Kopenhagen.

Die Frage der Abfindung wurde zunächst durch den Umstand kompliziert, daß sich Friedrich Franz IV. als zum Zeitpunkt der Revolution rechtmäßiger Großherzog auch in Mecklenburg-Strelitz bezeichnete; schließlich war Herzog Karl Michael ja bei seinem Verzicht geblieben. Die neue Republik war da anderer Ansicht und beschränkte sich darauf, die Großherzogin-Mutter von Mecklenburg-Strelitz und die Schwester von Adolf Friedrich zu entschädigen. Auch der aus Rußland geflohene Onkel Karl Michael wurde bedacht. Sehr glücklich dürften sie alle mit den Papiermillionen im Wettlauf mit der Inflation nicht geworden sein. Friedrich erhielt nach langen Verhandlungen für Schwerin einige Schlösser, an Wäldern und Feldern aber nicht mehr zugeteilt als ein begüterter Rittergutsbesitzer. Die

Barabfindung wurde ihm nach der Inflation noch ein bißchen aufgestockt.
Nach 1918 hielt sich das Haus Mecklenburg-Schwerin aus der Politik weitgehend heraus. Pferdezucht, Jagd und Reitsport waren dem Großherzog wichtiger. Beim Zusammenbruch 1945 wurde die Familie von Schloß Ludwigslust vertrieben. Großherzog Friedrich Franz ist im November 1945 in Flensburg 63jährig an Unterernährung gestorben. Seine Frau Alexandra, aus dem Hause Cumberland-Hannover, starb 1963 im Alter von 80 Jahren in Glücksburg.

Das Großherzogtum Oldenburg

Das Großherzogtum Oldenburg besteht aus einem Hauptteil, der von der Nordsee bei Jever fast bis nach Osnabrück herüberreicht, und aus zwei größeren Exklaven: die eine ist Eutin, nordwestlich von Lübeck, die andere liegt östlich von Trier und umfaßt Idar-Oberstein und Birkenfeld.
Zusammen ergibt das eine Fläche von 6429 Quadratkilometern, auf der 483 000 Menschen leben. Neben der Residenzstadt Oldenburg (rund 30 000 Einwohner) war Delmenhorst mit 22 000 Bürgern die größte Stadt.
Die Bevölkerungsdichte von 75 Einwohnern pro Quadratkilometer weist auf ein agrarisch bestimmtes Land hin. Neben Getreide und Gemüse sind die Pferdezucht und die schwarzbunten Rinder von Bedeutung. Die umfangreichen Wälder liefern Eichen- und Kiefernholz. Industriell sind im Norden der Schiffbau und die Glasproduktion von größerer Bedeutung, in Idar-Oberstein ist es die Edelsteinbearbeitung.
Im Bundesrat ist das Großherzogtum Oldenburg mit einer Stimme, im Reichstag durch drei Abgeordnete vertreten. Der Großherzog übt nach der Verfassung die ganze Staatsgewalt aus und ist nur in der Gesetzgebung und in der Besteuerung an die Mitwirkung seines Land-

tags gebunden. Dieser besteht aus einer Kammer mit vierzig Abgeordneten, die in allgemeinen, gleichen, aber indirekten Wahlen gewählt werden.
Der Landtag muß jährlich einmal vom Großherzog einberufen werden.

Scharfmacher

Wie der Großherzog von Oldenburg, Friedrich August, um seinen Thron kam

Der Großherzog von Oldenburg ließ bitten. Man könnte auch sagen, er ordnete das Erscheinen an. Zur Eröffnung der üblichen Herbsttagung des Landtags am 5. November 1918 wollte sich Friedrich August auch diesmal nicht in das Landtagsgebäude begeben, das er grundsätzlich nicht betrat. Er ließ den Abgeordneten mitteilen, sie möchten sich nachmittags im großen Saal des großherzoglichen Schlosses einfinden, um seiner Eröffnungsrede beizuwohnen. Es war eine Durchhalterede, wie sie zu diesem Zeitpunkt in Deutschland schon Seltenheitswert hatte.

»Frieden um jeden Preis«, sagte der in großer Uniform erschienene Großherzog, sei »unerträglich«. Der Feind würde nur auf ein Zeichen der Schwäche warten. Friedrich August weiter: »In dieser schweren Zeit ist es mir ein Bedürfnis, persönlich zu Ihnen zu sprechen, um Sie aufzurufen zur Mithilfe gegen den Kleinmut, der jetzt weite Kreise unseres Volkes ergriffen hat.« Was er an die Stelle des Kleinmutes setzen wollte, ließ er nur in dunklen Andeutungen erkennen. Er erinnerte zum Schluß seiner mit Schweigen und wenig Beifall aufgenommenen Rede an den alten norddeutschen Wahlspruch ›Lewwer duad, üs Slaav‹, was zu hochdeutsch ›Lieber tot, als

Sklave‹ heißt. In fast hitlerischem Götterdämmerungsstil mahnte er das deutsche Volk, daß es nicht wert sei weiterzuleben, wenn es sich an diesen alten Satz in der heutigen Zeit nicht halte. Ein kalter Krieger, ein Scharfmacher war er ja immer. Während des Krieges stachelte er Bayerns König Ludwig III. auf, in Berlin auf Entlassung des in seinen Augen zu laschen Kanzlers Theobald von Bethmann Hollweg zu drängen, ein Vorstoß, der in Fürstenkreisen Seltenheitswert besaß.

Ziemlich unvermittelt bekam er während seiner Rede die Kurve zur Realität, indem er kundtat, daß in Oldenburg eine politische Neuordnung eingeführt werden solle, »durch die der Volksvertretung ein ständiger Einfluß auf die Führung der Staatsgeschäfte gesetzlich gesichert wird«. Damit aber niemand auf die Idee kam, daß die Einsichten des hohen Herren etwa auf den Druck revolutionärer Kräfte hin zustande gekommen wären, gab er als Zweck der Reform an, die »Zuversicht im Volke zu beleben und das Vertrauen zur Regierung zu verstärken«. Im übrigen schwächte er seine Versprechungen insoweit ab, daß erst noch abzuwarten sei, bis die Zeit für die künftige Volksfreiheit reif geworden wäre.

Es war der letzte öffentliche Auftritt des Großherzogs. Das Hoch, das der Alterspräsident auf ihn ausbrachte, war auch das letzte. An Republik dachte noch niemand unter den Abgeordneten. Und der Großherzog selbst, der durch seine Gesandten in Berlin seit Tagen wußte, wie dick die Luft geworden war, erwog als äußerste Maßnahme seine Abdankung zugunsten seines Sohnes. Als er damit am 6. November bei einigen Parlamentariern vorfühlte, sahen die noch keine Veranlassung für einen solchen Opfergang. Aber vier Tage später proklamierte eine Massendemonstration in Wilhelmshaven den Marinesoldaten und Heizer Bernhard Kuhnt zum Präsidenten von Oldenburg und Ostfriesland. Die Ver-

sammlung und ein von Matrosen und Arbeitern gebildeter 21köpfiger Rat beschlossen den Rücktritt des Großherzogs.
Am Montag, dem 11. November, zog eine Abteilung bewaffneter Matrosen nach Oldenburg und drohte dem Großherzog Gewaltmaßnahmen für den Fall an, daß er gegen seine Absetzung Widerstand leiste. Friedrich August besprach sich mit seinen Ministern, zog einige führende Abgeordnete des Landtags hinzu, die ihm jetzt alle dringend dazu rieten, das Handtuch zu werfen. Bereits am Nachmittag wurde das Schreiben veröffentlicht, in dem Großherzog Friedrich August für sich und sein Haus den Thronverzicht aussprach.
Friedrich August war 47 Jahre alt, als er im Juni 1900 die Regierung nach dem Tod seines Vaters übernahm. Kaiser Wilhelm II. war höchstpersönlich zur Beerdigung erschienen, hatte es allerdings dem Großherzog hingerieben, daß er dadurch auf eine Elbregatta und einen Senatsempfang in Hamburg verzichten mußte. »Werde gleich nach der Beisetzung wieder abreisen«, telegrafierte Wilhelm, der sich im übrigen auf »alte Verehrung und Anhänglichkeit« an den Verewigten berief, womit es jedoch so weit auch wieder nicht her war. Das Verhältnis zwischen dem Haus Hohenzollern und den Oldenburgern war zeitweilig recht gespannt.
Der neue Großherzog hatte ein Gebiet zu regieren, das aus drei räumlich getrennten Teilen bestand: dem Herzogtum Oldenburg mit den Herrschaften Jever und Kniphausen, dem Fürstentum Lübeck und dem Fürstentum Birkenfeld.
Im Großherzogtum war eine vergleichsweise liberale Verfassung in Kraft, die freilich zu ständigen Spannungen zwischen Parlament und Herrscherhaus führte. Das eigentliche Problem des Staates war strukturpolitischer Art. Die Dreiteilung des Landes erschwerte die wirt-

schaftliche Entwicklung. In dieser Hinsicht konnte sich das Land zu seinem letzten Großherzog eigentlich nur beglückwünschen. Friedrich August hatte nach seiner Rückkehr aus dem Deutsch-Französischen Krieg die Universitäten Bonn, Straßburg und Leipzig nicht nur besucht, sondern sich dort wirklich technisch und wirtschaftlich fortgebildet. Auch eine große Bildungsreise, die ihn von Konstantinopel über Kleinasien bis nach Ägypten führte, weckte in dem jungen Prinzen vielseitige Interessen, die seinem Lande später zugute kamen. Er entdeckte seine Leidenschaft für die Seefahrt und erwarb auch das Steuermannsdiplom für große Fahrt. Friedrich August konnte sich mehrerer Erfindungen rühmen: Für eine von ihm konstruierte Schiffsschraube wurde ihm sogar die Würde eines Dr. ing. ehrenhalber der Technischen Hochschule Hannover verliehen. Kaiser Wilhelm II., selber ein fanatischer, wenn auch laienhafter Marinefreund, gab Friedrich August als einzigem deutschen Bundesfürsten das Recht, die kaiserliche Seeoffiziersuniform zu tragen. Andererseits verübelte Wilhelm dem Oldenburger sein »schnoddriges« Auftreten – wofür gerade der Kaiser wenig Grund hatte!
Für das Großherzogtum Oldenburg ergab sich aus der See-Passion des Herrschers der Ausbau der Weserhäfen und einer beachtlichen Werftindustrie. Aber Friedrich August war keineswegs ein Fachidiot, der die Zukunft seines Landes nur auf dem Wasser gesehen hätte. Er förderte Automobilwerke und die Elektrifizierung, die Einführung der Schreibmaschine und das Fernmeldewesen.
Besonderes Augenmerk richtete der Großherzog auf ordentliche Haushaltsführung. Er verbat sich bei seinen Reisen durchs Land kostspielige Dekorationen und brachte seinen Beamten bei, daß sie für die Bevölkerung daseien und nicht umgekehrt: damals eine durchaus un-

gewöhnliche Haltung. So sparsam er freilich im kleinen war, so aufwendig war seine Reiselust und seine Seefahrerei. Wenn der Kaiser seine ›Hohenzollern‹ hatte, mußte auch der Großherzog sich eine eigene Dampfjacht namens ›Lensahn‹ leisten können. Dafür verlangte er eine beträchtliche Aufbesserung seiner Bezüge – dafür berief er, als das erste Ministerium nicht mitmachen wollte, ein neues. Seine Bauern hatten wenig Verständnis für das nasse Hobby ihres Fürsten.
Alles in allem war Friedrich August nicht unbeliebt im Lande. Als er zum Beispiel während des Weltkrieges jede Friedenspropaganda für Landesverrat erklärte und scharfmacherisch mit dafür sorgte, daß 1917 zwei Soldaten erschossen wurden, nur weil sie zur Beendigung des Krieges aufgefordert hatten, schadete ihm das kaum. Schließlich war er ja fast so etwas wie ein Held, weil er sich auf seine alten Tage im August 1914 eine kleine Verwundung zugezogen hatte, die ihm das Eiserne Kreuz Erster Klasse eintrug. Er selbst fand übrigens, die Zweite Klasse hätte durchaus auch gereicht.
Eher übelgenommen wurden ihm einige private Affären. Weltläufiger Seemann, der er war, schien er in manchem Hafen eine Braut zu haben, was ihm seine zweite Frau ihrerseits mit galanten Abenteuern vergalt, wie der Hoftratsch wissen wollte. Wie sich's für die damalige Zeit gehörte, spielte der Großherzog den Beleidigten und setzte die Trennung von seiner Frau durch, ohne daß lange danach gefragt worden wäre, wer von den beiden es nun mit der ehelichen Treue weniger genau genommen hatte. Noch kurz vor dem Umsturz mußte sich der Landtag mit dem Eheleben seines Herrscherpaares in einer Geheimsitzung befassen. Im übrigen ließ sich auch Kaiser Wilhelm II. über die oldenburgischen Affären ausführlich von seinem Gesandten unterrichten, wobei er mit Randbemerkungen nicht sparte und nach-

rechnete, wie oft oder wie selten das großherzogliche Paar zusammen lebte.

Nach seiner Absetzung und Abdankung und einem kurzen Exil in Dänemark kam Großherzog Ernst August zurück nach Oldenburg, um mit der Regierung und der verfassungsgebenden Landesversammlung einen vermögensrechtlichen Vertrag zu schließen. Im Juni 1919 einigte man sich auf ein Abkommen, das die Interessen des Landes in den Vordergrund stellte. Das gesamte Dominalvermögen ging in das Eigentum des Freistaates Oldenburg über, der Großherzog behielt lediglich seine Sommerresidenz Rastede und das Schloß in Eutin mit sämtlichen landwirtschaftlichen Nebengebäuden. Er vermochte freilich leicht großzügig zu sein, weil er im preußischen Holstein große Güter mit 18 000 Hektar Grund besaß, reiner Privatbesitz, an den keiner herankonnte.

Die in Oldenburg befindliche Gemäldegalerie verkaufte der Großherzog zu einem passablen Preis an den Staat, allerdings ohne einige wertvolle Stücke, die er in den Revolutionstagen nach Holland geschafft hatte. Eine Sammlung von Kupferstichen und Handzeichnungen, von Manuskripten und Münzen überließ der Großherzog ebenso wie seine umfangreiche Privatbibliothek der neuen Republik zur unentgeltlichen Nutzung.

Von den bei der Abfindung erzielten Barbeträgen fiel einiges der Inflation zum Opfer, obwohl der Großherzog versucht hatte, das Geld sofort anzulegen. Dabei hatte er wenig Glück mit einer Industriebeteiligung, die er 1928 nur unter Millionenverlusten loswerden konnte.

Die Familie der ehemaligen Großherzöge zu Oldenburg ist weit verzweigt, die Erben führen ein mehr als gesichertes Leben. In der Öffentlichkeit halten sie sich weitgehend zurück, wie es auch Friedrich August bis zu seinem Tod im Februar 1931 tat.

Das Großherzogtum Sachsen

Das Großherzogtum Sachsen, auch Großherzogtum Sachsen-Weimar-Eisenach genannt, weist eine Gesamtfläche von 3610 Quadratkilometern auf und zählt insgesamt 417000 Einwohner. Es verfügt über kein zusammenhängendes Staatsgebiet, sondern besteht aus drei großen und drei kleinen voneinander getrennten Gebieten.
Zwischen Land- und Forstwirtschaft und Industrie herrscht ein ausgewogenes Verhältnis. Neben Salzbergbau, Glashütten, Baustoffindustrie und Porzellanproduktion ist es vor allem die Automobilindustrie in Eisenach und die Produktion optischer Geräte in Jena, die für die Wirtschaftskraft des Großherzogtums von Bedeutung sind.
Das Großherzogtum Sachsen ist eine konstitutionelle Monarchie, die auf die Verfassung von 1816, die erste ihrer Art in Deutschland, zurückgeht. Der Monarch ist bei der Ausübung seiner Regierungsrechte an die Mitzeichnung verantwortlicher Minister und an die Mitwirkung des Landtags gebunden.
Von 33 Abgeordneten stellen fünf die Großgrundbesitzer und weitere fünf die Höchstbesteuerten, während die restlichen 23 aus allgemeinen, aber indirekten Wah-

len hervorgehen. Gewählt werden kann jeder unbescholtene Bürger, der das dreißigste Lebensjahr vollendet hat. Im Bundesrat hat das Großherzogtum Sachsen eine Stimme, in den Reichstag entsendet es drei Abgeordnete.

Der Schwierige

Der dramatische Dialog um die Abdankung des Großherzogs Wilhelm Ernst von Sachsen

Das Großherzogtum Sachsen, bis 1903 Sachsen-Weimar-Eisenach genannt, ist der wichtigste der von den sogenannten ernestinischen Linien des Hauses Wettin regierten sächsischen Staaten. Im Gegensatz zur albertinischen Linie (Königreich Sachsen) sind die Ernestiner evangelisch-lutherisch. Der berühmteste Vertreter der Dynastie war Herzog Karl August, der nach den napoleonischen Kriegen Großherzog wurde und in seiner Residenzstadt Weimar nicht nur das geistige Deutschland seiner Zeit um sich versammelte, sondern den deutschen Dichterfürsten Johann Wolfgang von Goethe zu seinem Staatsminister machte und ihn adelte. Karl August folgte 1828, also noch zu Lebzeiten Goethes, für 25 Jahre Großherzog Karl Friedrich. Dann kam Karl Alexander auf den Thron, der – 1818 geboren – Goethe auch noch persönlich kannte. Er regierte 48 Jahre bis ins 20. Jahrhundert hinein.

Großherzog Karl Alexander ist viel Unrecht widerfahren, was er freilich mit großer Gelassenheit trug. Gemeint ist nicht politisches Unrecht. Da kam er hervorragend durch die Zeitläufe. Im deutschen Bruderkrieg schlug er sich, obwohl mit dem Preußenkönig verschwägert, auf die Seite Österreichs und kam glimpflich davon, eben weil er mit den Hohenzollern verwandt war. Aber nicht deshalb ging er in die Geschichte ein: Karl Alexander ist das Ur- und Vorbild des berühmten ›Serenissimus‹, des vertrottelten alten Duodezfürsten, der sich in der Welt nicht zurechtfindet, alles verwechselt und ein Meister des unfreiwilligen Humors ist. Das Berlin des ausgehenden 19. Jahrhunderts hat Tränen über die Bühnenfigur des Serenissimus gelacht. Ganze Jahrgänge von Witzblättern lebten von den immer neuen, meist erfundenen Serenissimuswitzen.

Wahr daran ist, daß der greise Fürst, der fast 83 Jahre alt wurde, der Typ des zerstreuten Professors war. Wahr ist aber auch, daß er sich für alles Neue und Schöne lebhaft interessierte und engagierte, daß er – wie sein Vorfahr Karl August – versuchte, die Dichter und Denker, die Künstler und Musiker der deutschen Nation an Weimar zu binden. Karl Alexander war der Mentor des nachklassischen Weimar, der nur das Pech hatte, daß es keinen zweiten Goethe mehr gab und daß seine kleine Residenzstadt nicht in der Lage war, Künstler auf Dauer zu binden. Immerhin haben ein Franz Liszt und ein Richard Strauss einige Jahre in Weimar gewirkt.

In seinen letzten Jahren vereinsamte Großherzog Karl Alexander. Er hatte seine Frau überlebt und seinen Sohn beerdigen müssen. Sein Enkel Wilhelm Ernst beerbte ihn 1901 und wurde 25jährig Großherzog. Mit Goethe hatte der junge Fürst wenig im Sinn. Zum Entsetzen kritischer Zeitgenossen nahm er nicht einmal an den Generalversammlungen der Goethe-Gesellschaft regelmäßig teil.

Wilhelm Ernst war kein Plauderer und Charmeur, kein musischer Mensch. Dafür war er ein schneidiger Soldat, ein wilder Autofahrer, ein Mann auch von scharfem Verstand, der über ein hervorragendes Gedächtnis und, ganz im Gegensatz zu seinem zerstreuten Großvater, über ausgezeichnete Personenkenntnis verfügte. Seine Mutter war eine Königstochter aus dem Hause Oranien. Sie hatte ihm wohl die Nüchternheit und Pflichttreue, die Strenge auch gegen sich selbst mitgegeben. Zu seinen Ahnen zählte ebenfalls der russische Zar Paul I., der ihm möglicherweise das cholerische Temperament vererbt hat. Wilhelm Ernst war ein Schwieriger.

Als er seine erste Ehe mit Caroline Prinzessin Reuß schließen wollte, mußte Kaiser Wilhelm II. persönlich eingreifen. Offenbar hatte die junge Dame erst im letzten Moment erfahren, auf was sie sich da einlassen würde, und war drauf und dran, vor der Vermählung Reißaus zu nehmen. Der Kaiser sah sich persönlich veranlaßt, ihr gehörig die Leviten zu lesen. Wenn Majestät schon einmal extra angereist waren, dann hatte die Hochzeit auch gefälligst stattzufinden! Die Ehe soll nach entsprechenden Anfangsschwierigkeiten auf dem besten Wege zum Glück gewesen sein, als die Großherzogin Caroline zwanzig Monate nach der Hochzeit überraschend starb.

Jedenfalls trauerte Wilhelm Ernst aufrichtig um seine Frau und wurde noch um einiges verschlossener. Seine zweite Frau, Feodora, die er fünf Jahre später heiratete, war eine Tochter seines Meininger Vetters Friedrich. Hier mußte der Kaiser bei der Hochzeit nicht eingreifen; dafür verkrachte sich Wilhelm Ernst anläßlich der Festivitäten derartig mit seinem Schwiegervater, daß dieser öffentlich lospolterte: »Dieser hohe Herr sieht mich bestimmt nicht wieder!«

Man mußte Wilhelm Ernst offenbar lange und gut kennen, damit sich seine guten Charaktereigenschaften erschlossen. Bezeichnend für ihn ist jedenfalls auch der Umstand, daß er in den fast 18 Jahren seiner Regierung mit demselben einzigen leitenden Minister auskam, der schon seinem Großvater gedient hatte. Mit ihm regierte

der Großherzog ein Staatsgebiet, das in drei größere und drei kleinere nicht zusammenhängende Landesteile zerfiel. Neben Weimar und Eisenach waren die Universitätsstadt Jena und die Industriestadt Apolda die wichtigsten Zentren des Großherzogtums.
Die Verfassung des Großherzogtums war verhältnismäßig modern. Der Landtag hatte sogar das Recht der Ministeranklage. Die Regierung allerdings, das Ministerium, war allein vom Großherzog abhängig: jedenfalls bis zum 6. November 1918. An diesem Tag reichte das Ministerium um seine Entlassung beim Großherzog ein, der die Regierung mit der Weiterführung der Geschäfte beauftragte und Neuwahlen anordnete, nach denen dann ein Ministerium aus Volksvertretern gebildet werden sollte. Tags darauf verzichtete der Großherzog auf das Vorrecht der Steuerfreiheit für sich und seine Familie, konnte aber damit nicht verhindern, daß sich am 8. November ein Arbeiter- und Soldatenrat in Weimar bildete, der die Abdankung des Großherzogs forderte.
Vorausgegangen war dem ein Einzelvorstoß des Weimarer SPD-Führers August Baudert, der schon am 31. Oktober im Landtag die Abdankung des Großherzogs verlangt hatte, ohne mit dieser Forderung bereits den Ruf nach der Errichtung der Republik zu verbinden. »In einem Land, wo der Fürst es wenig verstanden hat, sich populär zu machen«, so begründete Baudert seine Abdankungsforderung, »tritt dieser Ruf um so entschiedener und um so lauter in Erscheinung.« In der Nacht vom 8. zum 9. November begnügte sich Baudert dann nicht mehr mit der Abdankung des Großherzogs, sondern brachte schon ein Hoch auf die Republik aus. Aus der Menge, so heißt es, wurden Schmähungen und Verwünschungen gegen Wilhelm Ernst laut.
Am nächsten Tag stellte Baudert an den Staatsminister

das Verlangen, den Großherzog zur Thronentsagung zu veranlassen. Der Minister fällt aus allen Wolken und antwortet: »Er soll mich wohl die Treppe hinunterwerfen?« Jedenfalls hat er Angst und weigert sich, dem Großherzog ein derartiges Ansinnen zu unterbreiten. So sieht sich denn August Baudert veranlaßt, selbst das Schloß aufzusuchen, zumal der Großherzog wissen läßt, daß er an einer Aussprache mit dem Sozialdemokraten interessiert sei. Am Samstag, um 14.20 Uhr, trifft Baudert schließlich vor dem Schloß ein, wird vom Oberhofmarschall, einem Freiherrn von Fritsch, empfangen, legt seinen Lodenmantel ab und wartet auf den Großherzog. Der Oberhofmarschall fragt, ob der Rechtsanwalt Jöck Zeuge der Aussprache sein könne? Baudert hat nichts dagegen einzuwenden. Dem Oberhofmarschall laufen die Tränen über die Wangen, und er entschuldigt sich damit, daß ihm die Sache furchtbar naheginge. Worauf Baudert nichts anderes übrigbleibt, als den Freiherrn zu trösten.

Im Empfangszimmer, eine Treppe höher, wartet schon der Rechtsanwalt, und gleich darauf kommt der Großherzog in einfacher feldgrauer Uniform ohne Achselstücke und Ehrenzeichen herein. Wilhelm Ernst war einer der wenigen deutschen Fürsten, die nicht nur in hinteren Stäben, sondern wirklich an der Front gestanden hatten. Er hatte das Eiserne Kreuz beider Klassen erhalten für einen Sturmangriff im Oktober 1914 an der Ostfront, den er als Zugführer in einer Kompanie mitgemacht hatte. Wie seine Standesgenossen wurde er relativ früh aus dem Militär entlassen. Als sich der Krieg länger hinzog, hatten Kaiser und Oberste Heeresleitung Angst davor, daß regierende Fürsten den Heldentod sterben würden und damit Rückschlüsse gezogen werden könnten auf den hohen Blutzoll der Deutschen.

Über die Unterredung mit dem Großherzog hat der Sozialdemokrat August Baudert wenig später ein Gedächtnisprotokoll angefertigt und auch veröffentlicht. Es ist ein einzigartiges Dokument der deutschen Revolution von 1918.

Der Großherzog begann die Unterredung: »Guten Tag, Herr Baudert. Sie sind Republikaner, ich bin Monarchist, aber Menschen sind wir beide!«

Baudert: »Jawohl, das stimmt. Abgesehen von den politischen Momenten wollen wir menschlich miteinander verhandeln. Sie haben mich rufen lassen. Was wünschen Sie von mir?«

Der Großherzog: »Die Soldaten verlangen, daß ich abdanken soll. Wie kommen die dazu? Das sind ja keine Weimarer.«

Baudert: »Danach haben Sie früher nicht gefragt. Aber die Abdankung der Fürsten wird nicht nur von den Soldaten gefordert. Ich habe die gleiche Forderung schon in der vorigen Woche im Landtag ausgesprochen.«

Der Großherzog: »Ja! Sie haben da auch gesagt, ich hätte es nicht verstanden, mich populär zu machen. Das habe ich nicht notwendig gehabt. Aber ich habe meinem Lande und meinem Volke Gutes erwiesen, wo ich nur konnte.«

Baudert: »Das Gute wird auch anerkannt. Aber Sie haben es nicht verstanden, als Fürst zum Volk herabzusteigen. Mit falschen Ratgebern haben Sie sich vom Volke abgeschlossen.«

Der Großherzog: »Ich wollte schon vor zehn Jahren mit Ihnen einmal sprechen, aber es wurde mir gesagt, Sie würden nicht kommen. Das wurde mir nicht von konservativer, sondern von liberaler Seite gesagt.«

Baudert: »Das hätten Sie nur tun sollen. So gut, wie ich heute gekommen bin, wäre ich damals auch gekommen, und ich hätte Ihnen frei und offen gesagt, wie man im Volke denkt.«

Der Großherzog: »Ich hatte doch Audienzstunden eingerichtet!«
Baudert: »Ich weiß das, weiß aber auch, wie es da zugegangen ist. Ich hatte keine Veranlassung, um eine Audienz nachzusuchen.«
Der Großherzog: »Nun sagt man mir auch nach, ich hätte Soldaten mit der Reitpeitsche geschlagen, Herr Baudert! Ich weiß nicht, ob Sie etwas auf ein fürstliches Ehrenwort geben? Bei meinem fürstlichen Ehrenwort, es ist unwahr, daß ich je Soldaten geschlagen habe.«
Baudert: »Wenn Sie das behaupten, muß ich es glauben, aber bekannt ist mir, daß Sie kleine Kinder mit der Reitpeitsche geschlagen haben.«
Der Großherzog: »Ja, mein Temperament!«
Baudert: »Das ist für einen Fürsten keine Entschuldigung. Aber das spielt jetzt alles keine Rolle mehr. Bei dem Zusammenbruch, wie wir ihn jetzt erleben, ist die Zeit gekommen, wo die Fürsten vom Schauplatz ihrer Tätigkeit abtreten müssen.«
Der Großherzog: »Mit welchem Recht verlangt man das?«
Baudert: »Mit dem Recht der Revolution, die eine neue Verfassung bringen wird.«
Der Großherzog: »Meine Frau und meine Kinder habe ich in Sicherheit gebracht. Sie werden das verstehen. Ich bin nicht geflüchtet, ich will mich mit Ihnen aussprechen – deshalb habe ich Sie gebeten, zu mir zu kommen.«
Baudert: »Wo sind Ihre Frau und die Kinder? Die müssen wieder zu Ihnen ins Schloß.«
Der Großherzog: »Übernehmen Sie eine Garantie für unsere Sicherheit im Schloß?!«
Rechtsanwalt Jöck: »Königliche Hoheit! Als Bürger von Weimar stelle ich Eurer Königlichen Hoheit mein Haus zur Verfügung.«
Baudert: »Da wird nichts daraus. Der Großherzog

bleibt zunächst im Schlosse, und die Frau Großherzogin muß mit den Kindern auch wieder ins Schloß, und möglichst heute noch.«

Rechtsanwalt Jöck: »Herr Baudert! Sie übernehmen damit eine große Verantwortung. Auf Sie würde es zurückfallen, wenn Seiner Königlichen Hoheit dem Großherzog und seiner Familie auch nur ein Haar gekrümmt würde. Sie haben vor dem Lande und vor der Geschichte die Verantwortung dafür zu tragen, daß der letzte Sproß der Wettiner auf dem ruhmreichen weimarischen Fürstenthrone nicht in blutiger Tragödie endet.«

Baudert: »Diese Verantwortung übernehme ich, sofern der Verzicht auf den Thron in bindender Form ausgesprochen ist. Allerdings kann sich, im persönlichen Interesse des Großherzogs selbst, der weitere Aufenthalt im Schlosse nur noch auf wenige Tage beschränken.«

Der Großherzog: »Ich habe alles getan, was ich konnte. Ich hatte noch viel Gutes vor. Im Felde wollte ich einen Truppenteil führen, aber der Kaiser hat es abgelehnt. Ich weiß nicht warum.«

Dem Großherzog wurde gemeldet, daß Staatsminister Dr. Rothe vor der Tür stehe. Wilhelm Ernst will ihn warten lassen, Baudert bittet, ihn hinzuzuziehen. Zu viert beraten sie weiter, und langsam scheint der Großherzog einzusehen, daß er sich in das Unvermeidliche fügen muß. Wilhelm Ernst will mit seiner Familie nach Wilhelmstal oder Dornburg gehen. Baudert widerspricht und behauptet, daß der Großherzog wohl der gehaßteste Fürst in Deutschland sei und gerade in der Eisenacher Gegend starke Erbitterung herrsche. Sicherlich übertreibt Baudert damit. Er empfiehlt dem Großherzog, sich an irgendeinen schönen Ort in der Schweiz abzusetzen. Wegen der Unsicherheit im Reiseverkehr wird aber auch dieser Plan nicht weiter verfolgt. Schließlich einigt man sich auf Schloß Allstedt als vorläufigen

Wohnsitz. Der Großherzog verabschiedet sich von Baudert und dankt ihm für seinen Besuch.
Anschließend führt Baudert ein Gespräch mit dem Staatsministerium, dann tagt wieder die SPD-Fraktion mit dem Arbeiter- und Soldatenrat. Die Abdankungserklärung wird entworfen und dem Großherzog mit dem dringenden Wunsch zugeleitet, sie noch am Abend zu unterzeichnen. Wilhelm Ernst geht es jetzt nur noch um Garantien zur Erhaltung seines Privateigentums und um die Sicherung seiner Familie. Der Arbeiter- und Soldatenrat verweist auf seine Proklamation, wonach »das Privateigentum geschützt« bleibe, und erklärt sich bereit, die Großherzogin und die Kinder, die sich nicht in Weimar aufhielten, unter militärischem Schutz ins Schloß zurückzubringen.
Daraufhin überreicht Staatsminister Dr. Rothe die unterschriebene Abdankungsurkunde des Großherzogs. Sie lautet: »Dem mir von der Vertretung der Soldaten und Arbeiter in Weimar aufs ausdrücklichste ausgesprochenen Wunsch, für mich und meine Familie auf den Thron zu verzichten, um dem drohenden Bürgerkrieg vorzubeugen, leiste ich Folge und erkläre hiermit, daß ich für mich und meine Familie für alle Zeit auf den Thron und die Thronfolge im Großherzogtum Sachsen-Weimar-Eisenach verzichte.«
Rechtsanwalt Jöck äußerte zwar noch Bedenken wegen der Formulierung »für alle Zeit«, doch lehnte jetzt der Großherzog eine Änderung ab. Wilhelm Ernst hatte an der vorgelegten Verzichtsurkunde lediglich eine Streichung vorgenommen. Da war nämlich die Rede davon, daß auch »die Bürger« seine Abdankung gewünscht hätten. »Das ist nicht wahr«, sagt der Großherzog und läßt nur noch »die Soldaten und Arbeiter« im Text stehen.
Wilhelm Ernst und seine Familie begaben sich bald darauf auf ihre Güter in Heinrichau, einem kleinen nieder-

schlesischen Ort, etwa 50 Kilometer südlich von Breslau. Dort spielte Wilhelm Ernst noch ein bißchen Fürst, verlieh weiterhin Orden und Auszeichnungen, bis ihm die neue Weimarsche Regierung bedeutete, daß er das im Interesse der vermögensrechtlichen Auseinandersetzungen besser bleibenlassen solle. Bis zu seinem frühen Tode im April 1923 kehrte Wilhelm Ernst nicht mehr in seine Heimat zurück. Er hinterließ eine Tochter und drei Söhne, die ihrerseits wieder für sechs Weimarsche Prinzen und Prinzessinnen sorgten. Sein jüngster Sohn Georg verzichtete übrigens freiwillig auf Rang und Titel eines Prinzen und nahm 1953 den Namen Jörg Brena an.

Das Herzogtum Anhalt

Das Herzogtum Anhalt, gebildet aus den 1863 vereinigten Herzogtümern Anhalt-Dessau-Köthen und Anhalt-Bernburg, besteht aus einem größeren östlichen und einem kleineren westlichen Hauptteil, getrennt durch preußisches Staatsgebiet, sowie fünf von Preußen umschlossenen Exklaven. Insgesamt wohnen in Anhalt 331 000 Menschen auf einer Fläche von 2300 Quadratkilometern. Neben der Hauptstadt Dessau (55 000 Einwohner) haben die Städte Bernburg (35 000), Köthen (23 000) und Zerbst (19 000) einige Bedeutung. Die Landwirtschaft, die vom herzoglichen Grundbesitz und von großen Rittergütern bestimmt wird, produziert vor allem Weizen und ist für eine intensive Viehzucht berühmt. Auch die Industrie steht mit der Landwirtschaft in engem Zusammenhang: Zuckerrübenverarbeitung, Brauereien, Branntwein, Wolle. Daneben Braunkohlenabbau, Salzgewinnung, Maschinen- und Papierfabriken.

Das Herzogtum Anhalt ist eine konstitutionelle Monarchie, deren Verfassung den Herzog nur in der Gesetzgebung einschränkt. Der Landtag besteht aus 36 Vertretern, von denen der Herzog zwei ernennt. Acht Vertreter stellen die Großgrundbesitzer, zwei die Groß-

steuerzahler. In geheimer, aber indirekter Wahl entsenden die Städte 14, das flache Land 10 Abgeordnete. Aktives und passives Wahlrecht hängen von der Vollendung des 25. Lebensjahres ab. Im Bundesrat ist Anhalt mit einer Stimme, im Reichstag mit zwei Abgeordneten vertreten.

Die Prophezeiung

Das Ende der Askanier-Dynastie im Herzogtum Anhalt

Als Joachim Ernst, der letzte Herzog von Anhalt-Dessau, im Jahre 1901 auf die Welt kam, schrieb ihm der sozialdemokratische Abgeordnete H. Peus einen höchst bemerkenswerten Begrüßungsartikel: »Wir wissen uns völlig frei von jeder, auch der allergeringsten feindseligen Stimmung gegen die in Anhalt regierende Familie. Einmal verbietet uns solche Feindseligkeit schon unsere politische Anschauung, wonach nicht die Menschen die Dinge, sondern die Dinge die Menschen schaffen.« – Der Herr Abgeordnete kannte seinen Lehrvater Marx. – »Sodann aber fehlte es bei uns zulande«, fährt Peus fort, »bisher an jeder provozierten Bekämpfung des ›inneren Feindes‹, welche anderswo seitens der Mitglieder fürstlicher Familien, nicht zum Vorteil für die letzteren selber, üblich ist.«

Dann wird der Artikel beinahe prophetisch: »Welch ein Schicksal dem neugeborenen Herzog von Anhalt blüht, wer kann das sagen? Nicht daß ein Prinz geboren wurde, der in der Zukunft Herzog von Anhalt werden könne, ist das wichtigste, sondern ob die politischen Machtverhältnisse der Zukunft einem Herzog von Anhalt überhaupt eine Existenzgrundlage bieten werden . . .«

Keine 18 Jahre später war diese Frage beantwortet. Der

Neugeborene von 1901, Joachim Ernst, war nicht einmal mehr regierender Herzog geworden, weil ihm zur Volljährigkeit noch gute zwei Monate fehlten. Für ihn amtierte im November 1918 sein Onkel Aribert als Prinzregent. Vor Aribert waren dessen Brüder Friedrich 14 Jahre und Eduard, der Vater von Joachim Ernst, fünf Monate auf dem Thron von Anhalt.

Haupt- und Residenzstadt des Herzogtums Anhalt war Dessau. Daneben waren noch die Städte Köthen, Bernburg und Zerbst – ursprünglich alles selbständige Residenzen des Hauses Askanien – von Bedeutung. Die Verfassung des Landes war fortschrittlich und stellte dem Herzog als dem Träger der höchsten Staatsgewalt einen Landtag zur Seite, ohne dessen Einwilligung an der Staatsverfassung und am Staatseigentum nichts geändert werden konnte.

Die Herzöge von Anhalt waren auch im Volk geachtete Leute, die sich aus der Tagespolitik herausgehalten und sogar mit der Sozialdemokratie ein halbwegs normales Verhältnis gepflogen haben. In Anhalt gab es keine Prozesse wegen Majestätsbeleidigung, und den wilhelminischen Militarismus und Uniformfimmel machten die Herzöge auch nicht mit. Onkel Aribert zum Beispiel mußte 1899 seinen Dienst bei den Dragonern quittieren, weil er die Ungeheuerlichkeit begangen hatte, einige Offizierskameraden im Frack statt in des ›Kaisers Ehrenkleid‹, der Uniform, zu sich einzuladen. Ein so unverbesserlicher Zivilist machte sich damit einfach unmöglich. Statt Soldaten zu spielen, gingen die Askanier lieber auf die Jagd, ins Theater und ins Konzert. Im stillen taten sie auch viel Gutes. Reich genug waren sie dazu.

Am 8. Oktober 1918 eröffnete Prinzregent Aribert den Landtag mit einer Rede, die sich wohltuend von den Durchhalteparolen anderer Fürsten unterschied. Natürlich lobte auch er den »bewunderungswürdigen Heldenmut« und die »unvergleichliche Tapferkeit unserer herrlichen Truppen«, von denen er allerdings nicht mehr den Sieg, sondern nur noch den ersehnten Frieden herbeihoffte. Von irgendwelchen Änderungen oder Reformen, von der Gefahr gar des Umsturzes und der Revolution, war aus Ariberts Begrüßungsrede nichts herauszuhören. Die einzige Zukunftsperspektive war der friedliche Wiederaufbau der Wirtschaft und der Landwirtschaft.

Reformen hätten natürlich auch in Anhalt nahegelegen. Ein veraltetes Wahlrecht sorgte dafür, daß die Großbauern im Landtag überrepräsentiert waren. Der Wunsch der Arbeiterschaft, entsprechend der wachsenden Industrialisierung ein stärkeres politisches Mitspracherecht zu erhalten, wurde zwar nicht kategorisch abgelehnt, aber immer wieder auf die lange Bank geschoben. Die Herzöge hielten sich auch in diesem Punkt aus der Politik heraus. Sowenig sie die hohenzollersche Scharfmacherei mitmachten – für Demokratie wollten sie sich ebenfalls nicht engagieren.

Am 6. November empfing der Prinzregent die Vertreter der Nationalliberalen, der fortschrittlichen Volkspartei und der Sozialdemokraten, die zusammengenommen die Mehrheit im Landtag hatten und einen Katalog von Forderungen für die Parlamentarisierung des Herzogtums überreichten. Die Regierung sollte demnach künftig aus drei hauptberuflichen beamteten Mitgliedern und vier nebenberuflichen Vertretern der Landtagsmehrheit bestehen, nämlich einem Nationalliberalen, einem Fortschrittler und zwei Sozialdemokraten. Ein neues demokratisches Landtagswahlrecht wurde verlangt, nach dessen Verabschiedung unverzüglich Neuwahlen auszuschreiben seien. Der Prinzregent hörte sich das an und stimmte zu.

Tags darauf ließ sich der bisherige herzogliche Staatsminister in den Ruhestand versetzen. Sein Nachfolger wurde ein hoher Beamter, der versprach, den von den Mehrheitsparteien aufgestellten Forderungen Geltung zu verschaffen. So ging denn alles seinen geregelten Gang. Und als in ganz Deutschland am 9. November die Revolution ausbrach, entstand in Anhalt nicht der geringste Kampf. Beide Seiten – die linken Kräfte der Revolution und das Herzogshaus – warteten einfach die weitere Entwicklung ab.
Als drei Tage später der örtliche Arbeiter- und Soldatenrat vom Prinzregenten den Thronverzicht forderte, weil überall sonst in Deutschland die Monarchen auch verschwanden, zögerte der Prinzregent nicht erst lange und erklärte für den minderjährigen Herzog Joachim Ernst und für das ganze Haus Askanien den Thronverzicht. Der Ton der Abdankung ist von jener Mischung aus Nüchternheit und Anstand bestimmt, der die herzogliche Familie immer schon ausgezeichnet hat:
»Um dem anhaltischen Volke den inneren Frieden zu erhalten und das öffentliche Leben im Herzogtum vor schwereren Erschütterungen zu bewahren, habe ich mich entschlossen, für Seine Hoheit den Herzog Joachim Ernst auf den Thron sowie für das herzogliche Haus auf das Thronfolgerecht zu verzichten und Meinerseits die Regentschaft des Herzogtums niederzulegen. Geleitet von dem seit Antritt meiner Regentschaft betätigten aufrichtigen Streben, die volkstümliche Entwicklung der Staatsform im Herzogtum in ruhigen Bahnen zu fördern, richte ich an das anhaltische Volk die Bitte, daß jeder an seinem Platze und mit allen seinen Kräften bei der Aufrechterhaltung der Ordnung auch weiterhin mitwirke, und entbinde die öffentlichen Beamten von dem Meinem Hause geleisteten Treuegelöbnisse, die übrigen in ihrem Eide übernommenen Pflich-

ten auch in Zukunft gewissenhaft zu erfüllen. Möge die Neugestaltung der Verhältnisse für das anhaltische Volk, dessen Geschicke mit denen Meines Hauses seit ältesten Zeiten verbunden waren, immerdar von Segen begleitet sein.«

Die letzte Amtshandlung ist die Entlassung des Staatsministers, der nur fünf Tage im Amt war. Er erhielt seinen Abschied, weil es ihm versagt gewesen sei, »den im Einvernehmen mit Mir erstrebten Ausgleich zwischen den bestehenden Staatsformen und den Forderungen des Volkes herbeizuführen«. Der Arbeiter- und Soldatenrat erklärte auf die Abdankung hin, daß Leben und Eigentum der herzoglichen Familie nicht angetastet würden, da sie sich unter den Schutz des Arbeiter- und Soldatenrats gestellt hätte.

Am 15. November wird eine neue Regierung aus drei Sozialdemokraten und drei Bürgerlichen gebildet. Am gleichen Tag werden das neue demokratische Wahlgesetz verabschiedet und der 15. Dezember zum Wahltag für die Landesversammlung bestimmt. Noch vor der vermögensrechtlichen Auseinandersetzung schenkte Prinz Aribert der Stadt Dessau ein 200000 Quadratmeter großes Areal für einen Siedlungsbau. Vom Domänenbesitz überließen die Askanier den größeren Teil dem Staat, wofür dieser die Verpflichtung übernahm, die Schlösser und das Theater zu unterhalten. Das restliche askanische Grundvermögen ging nach dem Zweiten Weltkrieg an die DDR verloren.

Erbprinz Joachim Ernst heiratete zwei bürgerliche Frauen, hielt sich von allen reaktionären Umtrieben fern und kam nur noch einmal in die Schlagzeilen, als seine Verwandten wegen des Verkaufs wertvoller Bilder aus altem Familienbesitz erfolglos seine Entmündigung betrieben. Er starb Anfang des Jahres 1947 im ehemaligen NS-Konzentrationslager Buchenwald, wo ihn die Russen interniert hatten. Sein ältester Sohn Friedrich verunglückte 1963 tödlich in Garmisch, so daß jetzt der in München lebende Prinz Eduard Julius (Jahrgang 1941) als Chef des Hauses zumindest bei denen gilt, die keinen Anstoß an seiner bürgerlichen Mutter nehmen. In der Münchner Diskotheken-Prominenz spielt ›Prinz Edi‹ jedenfalls eine hervorragende Rolle, wie den Gesellschaftsspalten der örtlichen Boulevardpresse regelmäßig zu entnehmen ist.

Das Herzogtum Braunschweig

Das Herzogtum Braunschweig besteht aus drei Hauptteilen und sechs Exklaven, die verstreut in Preußen liegen, wie Braunschweig überhaupt hauptsächlich von preußischem Staatsgebiet umgeben wird. Insgesamt wird das Herzogtum Braunschweig von 495 000 Bürgern auf 3672 Quadratkilometer Fläche bewohnt. Das Herzogtum Braunschweig ist wirtschaftlich ausgewogen strukturiert: Auf dem landwirtschaftlichen Sektor dominiert im flachen und hügeligen Nordteil der Ackerbau, im gebirgigen Harz die Viehzucht. Berühmt ist die Braunschweiger Pferdezucht. Auch Obst- und Gemüsebau sind hoch entwickelt. Industriell hängen Zuckergewinnung, Wurstfabriken, Konserven, Brauereiwesen, Brennereien, Holzwaren- und Papierfabrikation mit der Land- und Forstwirtschaft zusammen. Dazu kommen Bergbau, Salzgewinnung, Braunkohlenabbau, bedeutende Steinbrüche, Maschinenbau, Pulver- und Zündholzproduktion, Spinnereien.

Braunschweig wird konstitutionell-monarchisch regiert. Die Landesversammlung besteht aus 48 Abgeordneten. Je 15 von ihnen werden in indirekter Wahl über Wahlmänner von den Städten und den Landgemeinden gestellt. Direkt gewählt werden zwei Abgeordnete von der evangelischen Geistlichkeit, je vier von den Vertretern der Wissenschaft und den Großgrundbesitzern, drei von den höchstbesteuerten Gewerbetreibenden und fünf von den höchstbesteuerten Einkommensteuerpflichtigen: ein Wahlmodus, der die Massen weitgehend von politischer Mitbestimmung ausschließt. Die Landesversammlung hat das Recht, Gesetze einzubringen, und ohne ihre Zustimmung können Gesetze nicht verabschiedet werden. Im Bundesrat ist das Herzogtum Braunschweig mit zwei Stimmen, im Reichstag durch drei Abgeordnete vertreten.

›Love-Story‹

Das kurze Herrscherglück des Herzogs Ernst August von Braunschweig

»Abends 7 Uhr«, so meldeten die großen deutschen Zeitungen unter dem Datum vom Freitag, dem 8. November 1918, »begab sich eine Deputation des Soldaten- und Arbeiterrats ins herzogliche Residenzschloß und legte dort dem Herzog Ernst August ein Schriftstück vor, des Inhalts, daß er für sich und seine Nachkommen auf den Thron in Braunschweig verzichte. Der Herzog hat dieses Schriftstück nach kurzer Bedenkzeit unterzeichnet und außerdem durch seine Minister gegenzeichnen lassen. Der Herzog erhielt darauf von der Deputation die Erlaubnis, sich noch einige Tage in Braunschweig aufzuhalten. Dann will er sich auf seinem Schloß in Blankenburg zur Ruhe setzen.«
Zum unfreiwilligen Frührentner wurde Herzog Ernst August neun Tage vor seinem 31. Geburtstag, nach fünf Jahren und sieben Tagen, die er in Braunschweig regiert hatte: ein kurzes Herrscherglück, für das er eigentlich nicht vorgesehen war. Und das nur möglich geworden war durch eine Liebesheirat, wie sie in Fürstenhäusern nicht gerade alltäglich genannt werden konnte. Die Ehe des Welfenprinzen Ernst August mit Viktoria Luise, der einzigen Tochter von Kaiser Wilhelm II., war die ›Love-Story‹ schlechthin, das schönste Lesefutter für

empfindsame Gemüter, die rührendste Geschichte jener Epoche, die wir das Zweite Reich nennen.
Man muß an dieser Stelle zurückgreifen in die Geschichte der Welfen, jenes uralten deutschen Herrschergeschlechts, das sich urkundlich schon Mitte des 8. Jahrhunderts nachweisen läßt und dem ein Wolf oder ein Welpe den Namen gegeben hat. Heinrich der Löwe war der berühmteste Welfe nicht nur des Mittelalters.
Machen wir einen Sprung ins 19. Jahrhundert, wo bis zum Jahre 1837 der König von Großbritannien gleichzeitig König von Hannover war und als solcher seit gut hundert Jahren deutscher Bundesfürst. Nach dem Tode König Wilhelms oder Williams kam in Hannover – wo man nach dem salischen Erbrecht keine weibliche Thronfolge kannte – dessen ältester Bruder, der Herzog von Cumberland, als König Ernst August II. auf den Thron. Ihm folgte Georg V., der 1866 im deutschen Bruderkrieg Krone und Land an König Wilhelm I. von Preußen verlor, den nachmaligen ersten Kaiser des Zweiten Reichs.
Diese Annexion war nicht nur wider alles Völkerrecht, sondern stellte auch eine krasse Verletzung des heiligen Grundsatzes von der Legitimität aller von Gottes Gnaden regierenden Fürsten dar. Aber Otto von Bismarck war hier nicht zum ersten und einzigen Male im Interesse der Großmachtstellung Preußens über Leichen und Kronen gegangen. So wie er sich zwei Jahre zuvor in Schleswig-Holstein – und damals schon gerieten die Welfen in harten Gegensatz zu den Hohenzollern – wenig um Völkerrecht und Fürstengesetz gekümmert hatte, so nahm er auch 1866 die Gelegenheit wahr, das Land seines Königs Wilhelm zu arrondieren.
Bismarck war Realpolitiker auch insofern, als er nach dem Bruderkrieg von 1866 die Devise des ›alles oder nichts‹ verfolgte. Österreich und die mit ihm verbünde-

ten süddeutschen Mittelstaaten ließ Bismarck weitgehend ungeschoren, weil er sie sich verpflichten wollte für die Zukunft. In Sachen Hannover setzte er sich mit seiner Meinung durch, daß man das ganze Königreich liquidieren und Preußen einverleiben sollte, um für immer Ruhe zu haben. Ein durch Gebietsabtretungen nur reduziertes Königreich der Welfen würde immer ein Unruheherd und ein Sicherheitsrisiko bleiben.
Natürlich gab der entthronte König keine Ruhe. Es bildeten sich Welfenparteien und antipreußische Vereinigungen im In- und Ausland, die für die Wiedereinsetzung des angestammten Herrschergeschlechts in Hannover eintraten. Bismarcks Antwort darauf war die Beschlagnahme des jetzt auf preußischem Boden befindlichen Privatvermögens des Exkönigs, aus dem er den Grundstock bildete für seinen berühmten und berüchtigten ›Reptilienfonds‹. Diese Finanzmasse, die keiner parlamentarischen Kontrolle unterlag, verwendete er vorwiegend dazu, Bestechungsgelder zu bezahlen. Auf der Liste der Empfänger standen geschmierte Journalisten ebenso wie Bayerns ›Märchenkönig‹ Ludwig II., der sich von Bismarck aus mancher Geldverlegenheit helfen ließ und sich dafür politisch erkenntlich zeigte; zum Beispiel in der Kaiserfrage bei der Reichsgründung 1870/71.
Als Herzog von Cumberland lebte der abgesetzte König Georg bis zu seinem Tod 1878 in Gmunden am Traunsee im Salzkammergut. Auf ihn folgte sein Sohn Ernst August, der Vater unseres Braunschweiger Hochzeiters, der sich ebenso wie der verstorbene König als rechtmäßiger Herrscher von Hannover empfand und in diesem Gefühl auch von einer großen Anhängerschar bestärkt wurde. Die erste Stunde der Versuchung und Bewährung zugleich schlug im Jahre 1884.
Und damit kommen wir wieder zurück auf Braun-

schweig. Dort war nämlich mit Herzog Wilhelm der letzte seines Stammes, der einzig verbliebene Welfe der Wolfenbütteler Linie, gestorben. Erbberechtigt war Vetter Ernst August, der den Herzogsthron von Braunschweig aber nur hätte besteigen dürfen, wenn er formell und in aller Feierlichkeit auf seine Rechte in Hannover verzichtet hätte. Für diese Bedingung hatte der Bundesrat auf mehr oder minder sanften Druck Preußens hin gesorgt.

Dem Cumberländer war Braunschweig ein so großes Opfer nicht wert. Wie Exkönig Georg blieb auch sein Sohn Ernst August im Schmollwinkel. Er weigerte sich nicht nur, jemals preußisches Territorium zu betreten, sondern ging den Hohenzollern überall aus dem Weg, auch als Wilhelm I. und sein Landräuberhauptmann Bismarck schon längst unter der Erde waren. Selbst im Ausland verließ der Cumberländer fluchtartig jede Stadt, in der sich der Deutsche Kaiser und König von Preußen zu Besuch angesagt hatte. Die Situation war verfahren, der Haß zwischen Hohenzollern und Welfen auch im Jahre 1912 noch so unüberwindlich groß wie im Juni 1866, bei Beginn des deutschen Bruderkriegs. Da die Welfen nie einen Friedensvertrag unterschrieben hatten, befanden sie sich offiziell nach wie vor im Kriegszustand mit Hohenzollern.

Braunschweig hatte – da Preußen es nicht gut auch noch annektieren konnte – eine Regentschaft erhalten, die zunächst von einem Hohenzollernprinzen, später von Herzog Johann Albrecht von Mecklenburg besorgt wurde. Diese Treuhänderschaft war der staatsrechtliche Zustand Braunschweigs, als am 20. Mai 1912 Prinz Georg Wilhelm, der älteste Sohn des Welfenoberhaupts Ernst August, mit dem Automobil tödlich verunglückte: Der junge Cumberländer war österreichischer Offizier und fuhr zur Beisetzung seines Onkels, des dä-

nischen Königs Friedrich VIII. Ausgerechnet bei Nackel in der Mark Brandenburg, eine Autostunde nordwestlich von Berlin – also auf preußischem Gebiet –, kam er von der Straße ab und konnte nur noch tot aus den Trümmern des Wagens geborgen werden.
Als Kaiser Wilhelm II., der gerade in Homburg weilte, von dem tragischen Unglück erfuhr – ein tödlicher Autounfall hatte damals noch Sensationswert –, entschloß er sich spontan zu einer Geste. Er erteilte den Befehl, sein Sohn Eitel Fritz solle sofort zum Unfallort reisen, um dem toten Welfenprinzen die letzte Ehre zu erweisen. Prinz Eitel Fritz war jedoch zunächst nicht auffindbar. Deshalb befahl der mit vielen Söhnen gesegnete Kaiser ersatzweise Prinz August Wilhelm an die Bahre des Verunglückten. Während der zweite abreiste, erreichte auch den ersten die kaiserlich-väterliche Order, und so geschah es, daß zwei Hohenzollernprinzen – zwei Kaisersöhne – beim Leichnam des Welfenerben Totenwache hielten.
Bei der Überführung der Leiche nach Gmunden übernahmen Ziethen-Husaren in ihren roten Uniformen das Geleit. Und um seinen guten Willen vollends zu demonstrieren, übermittelte Kaiser Wilhelm II. dem gramgebeugten Herzogspaar ein in wirklich herzlichen Worten gehaltenes Beileidstelegramm nach Österreich. Bewegend formulieren konnte der Kaiser ja, wenn er wollte.
Die Geste kam an. Wenige Tage später fragte Prinz Max von Baden, der spätere Reichskanzler, in Potsdam bei der kaiserlichen Familie an, ob man den jüngsten und jetzt einzigen Sohn des Cumberländers, Ernst August junior, empfangen würde, der den Dank des welfischen Thronprätendenten übermitteln solle. Max von Baden war sowohl mit dem Haus Hohenzollern als auch mit den Welfen näher verwandt: Einmal hatten Max und

Kaiser Wilhelm die gleiche Hohenzollerntante, zum anderen war der badische Thronerbe mit einer Schwester des jungen Cumberländers verheiratet. Beides kam seiner Vermittlertätigkeit auch in den kommenden Monaten zugute.

Kaiser Wilhelm II. genehmigte den Besuch des jungen Welfen sofort und arrangierte alles so, daß es einen möglichst informellen und familiären Charakter trug. Immerhin war fast ein halbes Jahrhundert vergangen, seit zuletzt ein Welfe bei Hohenzollerns einen Besuch abgestattet hatte. Man erwartete den Gast am Potsdamer Teehäuschen und war dann recht froh, daß Prinz Max mitgekommen war und geschickt über die ersten Verlegenheiten hinweghalf.

Selbstverständlich mied man alle politischen Themen. Am leichtesten ließ sich das Gespräch aufrechterhalten, indem sich der Kaiser angelegentlich nach dem Ersten Schwere-Reiter-Regiment der bayerischen Armee erkundigte, in dem der Welfe als Oberleutnant Dienst tat, wie aus seiner lichtblauen Uniform zu ersehen war. Beim Stichwort ›Reiter‹ schaltete sich Prinzessin Viktoria Luise, einzige Kaisertochter neben sechs Söhnen, ein und erbot sich, dem jungen Welfen die Pferde der Familie zu zeigen – was der Besucher begeistert aufgriff. Danach war die Stimmung schon um einiges gelöster.

Bei Viktoria Luise, noch keine zwanzig Jahre alt, war es – nach ihrem eigenen Bekenntnis – »Liebe auf den ersten Blick«. Sie schrieb später: »Ich war Feuer und Flamme. Schlagartig.« Offenbar war die kleine Prinzessin auch nicht ganz in der Lage, ihre Gefühle zu verbergen. Jedenfalls schrieb ihre Mutter, Kaiserin Auguste, gleich nach der Teestunde in ihr Tagebuch: »Macht vom ersten Moment an Eindruck auf mein Kind. Gott weiß, ob es je etwas werden kann.«

Daß die Kaiserin überhaupt so weit dachte, hatte auch

seine eigene Bewandtnis. Sie stammte aus dem Hause Augustenburg, das von Bismarck in der schleswig-holsteinischen Thronfolge ausmanövriert und dessen Land ebenfalls von Preußen annektiert worden war. Ihre Ehe mit Wilhelm II. war als eine Art Wiedergutmachung gedacht. Im Gegensatz zu ›Felix Austria‹, zum glücklichen Haus Österreich, das statt Kriege zu führen sich seinen Besitz erheiratete, schlugen die Preußen zuerst die Schlachten und bügelten erst später durch Hochzeiten alles glatt.

Die junge Kaisertochter vertraute sich einer gräflichen Freundin an und verriet sich bald darauf durch ihre Wißbegierde über die Welfenfamilie und ihre schwärmerischen Erinnerungen an Ernst August auch in der eigenen Familie. Nach einem gründlichen Mutter-Tochter-Gespräch wurde schließlich der Kaiser selbst informiert. Der sah sich nun in einer ganz und gar nicht beneidenswerten Lage: Auf der einen Seite war er ein wirklich rührender Familienvater, der alles tun wollte für das Glück seiner Tochter. Andererseits war er aber politisch klug genug, um die schier unüberwindlichen Schwierigkeiten zu erkennen, die sich so einer Verbindung entgegenstellen würden.

Wilhelm II. wandte sich wieder an Max von Baden, der in dieser Sache bereits eine erfolgreiche diplomatische Mission hinter sich gebracht hatte. Prinz Max ging ungeheuer vorsichtig zu Werke, schon weil ihm vom Kaiser eingeschärft worden war, lieber keinen Versuch zu wagen, als sich eine Abfuhr zu holen. Gleichzeitig mit diesen lange währenden Sondierungen übernahm es Viktoria Luises Schwägerin Cecilie, die Frau des Kronprinzen, die über ihren Bruder mit den Welfen verschwägert war, Kontakte mit dem jungen Ernst August zu knüpfen. Cecilie konnte Viktoria Luise bald mitteilen, daß auch der junge Welfe zumindest beeindruckt, wenn nicht gar verliebt sei. Mit der Zeit schaltete sich die halbe Familie ein und spielte ›Postillon d'amour‹ zwischen München und Potsdam.

Zu Beginn des Jahres 1913 kamen die Bemühungen ins Stocken, weil der alte Herzog in Gmunden unter keinen Umständen auf seinen Thronanspruch in Hannover verzichten wollte. Da setzten sich Max von Baden, der junge Ernst August und Viktoria Luises Bruder Adalbert noch einmal zusammen, um nach einem Ausweg zu suchen. Die Formel hieß: Stillschweigender Verzicht auf Hannover, dafür Thronbesteigung in Braunschweig. Der alte Herzog von Cumberland mußte dazu zugunsten seines einzigen Sohnes auf der Herzogtum Braunschweig verzichten, ohne für sich auch formell seine Rechte in Hannover aufzugeben. Der neue Herzog von Braunschweig sollte dann in die preußische Armee eintreten, Wilhelm II. den Fahneneid leisten und einen Schwur darauf ablegen, sich für seine Person aller Welfenumtriebe in Hannover zu enthalten.

Für diese Lösung, bei der beide Seiten irgendwie das Gesicht wahren konnten, waren sowohl der alte Cumberländer als auch der Chef des Hauses Hohenzollern aus Liebe zu ihren Kindern zu haben. Große Schwierigkeiten machten allerdings die Welfenvereine, die darin Verrat und Kapitulation sahen. Aber einflußreiche Kreise in Preußen schossen ebenfalls quer und wollten nicht nur vom jungen, sondern auch vom alten Ernst August eine offizielle Verzichterklärung auf Hannover.

Die Liebe der beiden jungen Leute war jedoch stärker als alle Proteste. Am 10. Februar 1913 lud die kaiserliche Familie den jungen Welfen nach Karlsruhe ein. Zuerst sprach der Kaiser unter vier Augen mit seinem künftigen Schwiegersohn, dann endlich – und zum ersten Mal – durften sich die jungen Leute allein zurückziehen. So war's damals nicht nur bei Fürsten üblich! Nach einer Stunde kam die Kaiserin ins Zimmer und fragte nervös, wie es denn stünde. Schon Stunden später mußte dann die Verlobung, entgegen ursprünglicher Planung, überstürzt bekanntgegeben werden, weil Viktoria Luise und ihrem Prinzen das Glück nur allzusehr aus den Augen strahlte.

Geheiratet wurde im September. Die Thronbesteigung in Braunschweig ging am 1. November 1913 über die Bühne. Ein Jahr nach der Hochzeit stand Deutschland schon im Ersten Weltkrieg. Der junge Herzog eilte als preußischer Offizier pflichtbewußt zu den Fahnen, wo man indes keine rechte Verwendung für ihn fand. Nach zwei Jahren Tätigkeit in Stäben und höheren Kommandostellen nahm Ernst August seinen Abschied und kehrte heim in sein Herzogtum, als dessen Oberhaupt er als erster deutscher Bundesfürst abdanken mußte. (Der flüchtige Bayernkönig Ludwig III. ließ sich mit dem Thronverzicht ja noch einige Zeit.)

Da keines der deutschen Fürstentümer den November 1918 überdauerte, mag es belanglos erscheinen, wo die Revolution den ersten Thron leerfegte. Daß es in Braunschweig geschah, dürfte dennoch kein Zufall sein. Und daß im Herzogtum Ernst Augusts das Pendel besonders stark nach links ausschlug, dafür lassen sich ebenfalls Gründe anführen. Dem altväterlichen, bis auf die Knochen konservativen Regiment der Grundbesitzer folgte fast zwangsläufig die Diktatur des Proletariats nach bolschewistischem Muster. Und später, als Gegenreaktion, etablierte sich in Braunschweig die erste nationalsozialistische Regierung auf deutschem Boden, die Adolf Hitler zum Regierungsrat machte und damit seine Einbürgerung bewerkstelligte.

Das Herzogtum Braunschweig hatte gerade in den knapp dreißig Jahren, da es unter Regentschaft stand, eine stürmische Entwicklung vom Agrar- zum Industriestaat genommen. An der politischen Willensbildung wurden Industrie und Gewerbe jedoch nicht angemessen beteiligt, und die Arbeiterschaft wurde sogar weitgehend ausgeschlossen. Vorsichtige Reformen von oben blockten die Grundbesitzer ab. Und selbst wenn diese Reformen verwirklicht worden wären, hätte sich die Sozialdemokratie damit nicht zufriedengeben können. Gerade in Braunschweig hätte man Grund gehabt, den Reformkurs früher und energischer zu steuern. Aber wie überall handelte man auch in Braunschweig zu spät. Die Wahlrechtsreform wurde erst wenige Stunden vor dem Ende der Monarchie verkündet.

Der junge Herzog Ernst August war mit dieser Aufgabe überfordert. Er war, nach dem Selbstverständnis deutscher Fürsten, zum Regieren geboren: gelernt hatte er es nicht. Die militärische Ausbildung in der königlich-bayerischen Armee machte keinen Herrscher und keinen Politiker aus ihm. Und die natürliche Würde, die manch altgedientem Fürsten zuwuchs, besaß er auch nicht. Selbst wenn der junge Herzog eingesehen hätte, was in Braunschweig zu tun war, so fehlten ihm alle Voraussetzungen, seine Erkenntnisse in Taten umzusetzen. Umgekehrt konnte er noch weniger als andere Fürsten erwarten, daß sich seine Untertanen für ihn schlugen.

Der 2. November, ein Samstag, markierte den Anfang vom Ende. Auf einer Arbeiterversammlung wurden Töne laut, die nach Aufstand klangen. August Merges, ein körperlich kleiner Schneidermeister mit großem rednerischem Talent, der bei seinen Ansprachen immer auf Wirtshaustische stieg, bedeutete seinen Genossen, er werde sie wohl in einigen Tagen wieder brauchen. Am 6. November tauchten die ersten Matrosen auf, am Abend des nächsten Tages lief die Revolution nach je-

nem Muster an, das bald überall Schule machen sollte: Ein kleiner Umzug, dem sich immer mehr Menschen anschlossen, teils aus echter Begeisterung, teils aus Neugierde, teils unter einigem Zwang – so fing es an.
Zuerst wurde das Militärgefängnis gestürmt, dann die Gefangenen in den anderen Strafanstalten befreit. Auch gefährliche Kriminelle kamen heraus, die ihren Befreiern später noch zu schaffen machen sollten. Ein paar Fußtritte halfen mit, um die Schloßwache mit wirbelnden Trommeln zum Volk übergehen zu lassen. »Die hohe Polizei«, so feixte anderntags die linke Presse, »geruhte um 11 Uhr abends, sich den Aufständigen zu ergeben.«
Ein eilig zusammengestellter Arbeiter- und Soldatenrat, von Schneidermeister Merges präsidiert, nahm einige Geiseln. Ansonsten aber ging es eher zahm zu bei dieser Revolution. Wenn die bitteren Klagen eines konservativen Chronisten später darin gipfelten, daß Offiziere geduzt worden seien und eine Arbeiterdelegation im Vorzimmer des Herzogs unaufgefordert in die Zigarrenkiste gegriffen habe, so spricht das sehr dafür, daß die Braunschweiger Räte keine Unmenschen waren.
»Frech wie Oskar«, berichtet besagter Chronist unter dem Pseudonym ›Teutonicus‹, sei die Delegation am Spätnachmittag des 8. November ins Schloß marschiert. Der von ›Teutonicus‹ überlieferte Dialog liest sich wie folgt:
»Ich sehe«, so Ernst August, »Sie haben sich bereits selbst bedient. Sie überheben mich damit der Höflichkeit, Ihnen eine meiner Zigarren anzubieten. Darf ich erfahren, was Ihr Begehren ist?«
Er durfte. »Herr Herzog«, antwortete der Wortführer, »wir haben Ihnen im Auftrag des Volkes ein Schriftstück vorzulegen, über dessen Unterzeichnung Sie sich unverzüglich schlüssig machen müssen.«

Ernst August spendierte nun eine zweite Runde Zigarren und bat um eine halbe Stunde Bedenkzeit, kam aber nach einer Unterredung mit seiner Frau und seiner engsten Umgebung schon nach zwanzig Minuten zurück, um die Abdankung zu unterzeichnen. Wie die meisten seiner Standesgenossen erklärte auch er, daß um des Thrones willen kein Blut vergossen werden sollte. Natürlich auch nicht sein eigenes ...

Beim Abschied aus Braunschweig weinte am nächsten Morgen die junge Herzogin: »Nun haben wir keine Heimat mehr.« Auf der nächsten Station im herzoglichen Jagdschloß Blankenburg am Harz weinten die Bediensteten, die nicht wußten, was aus ihnen werden sollte. Das Herzogspaar reiste, begleitet und beschützt von Mitgliedern des Soldatenrats, weiter nach Karlsruhe zu Ernst Augusts Schwester und zum Schwager. Doch als man dort ankam, war Max von Baden kein Reichskanzler mehr und auch kein Thronfolger. Schließlich landeten die Braunschweiger in Gmunden, wo Ernst August der Vater Ernst August den Sohn samt Schwiegertochter Viktoria Luise sowie deren drei kleine Kinder aufnahm.

August Merges, der Schneidermeister, überzog in der Folgezeit den Bogen. Zuerst mußte er sich nur einigen Spott gefallen lassen. So wurde das Reiterstandbild des 1884 verstorbenen Herzogs Wilhelm mit folgendem Vers geschmückt:

»Lieber Wilhelm, steig hernieder / Und regiere du uns wieder. / Hilf uns in den schweren Zeiten / Und laß August Merges reiten.«

Statt aufs Pferd zu steigen, stürzte Merges vom hohen Roß. Im April 1919 marschierten dann Reichstruppen ein, um die Rote Garde von Braunschweig zu entwaffnen und aufzulösen. Nachdem ernsthafte Ermahnungen aus Berlin, den Weg der parlamentarischen Demokratie

einzuschlagen, nichts fruchteten, wurde die rote Diktatur mit Gewalt beseitigt.
Damit war auch der Weg frei für eine hübsche Entschädigung des Herzogs: drei Schlösser, drei Güter, ein Gestüt, 26 Wohngebäude, mehr als 12000 Hektar Ackerland und Wald wurden ihm in einem Vergleich 1924 zugesprochen. Das versetzte den Herzog in die Lage, künftig seinen Hobbys zu leben: Reisen, schnelle Autos, Pferde und Hunde. Ernst August starb im Jahre 1953. Seine Witwe Viktoria Luise, eine charmante alte Dame, wurde eine überaus erfolgreiche Schriftstellerin, weil es immer noch viele Menschen in Deutschland gibt, die über ›Ein Leben als Tochter des Kaisers‹ alles lesen wollen.

Das Herzogtum Sachsen-Altenburg

Das Herzogtum Sachsen-Altenburg ist das kleinste der mitteldeutschen Herzogtümer und besteht aus zwei durch reußische Gebiete getrennten Landesteilen. Mit 1324 Quadratkilometern und 215 000 Einwohnern ist es ein sowohl landwirtschaftlich und forstwirtschaftlich orientiertes als auch industriell entwickeltes Land. Wichtig sind dabei vor allem Baustoffproduktion, Braunkohlenbergbau, Metallverarbeitung, Textilindustrie und Musikinstrumentenbau. Auch Hüte, Handschuhe und Zigarren werden im Herzogtum gefertigt. Sachsen-Altenburg gehört zu den ärmeren Staaten des Deutschen Reiches und hat mit erheblichen strukturellen Problemen zu kämpfen.

Das Herzogtum ist konstitutionell-monarchisch. Das Parlament, die Landstände, setzt sich aus 30 Abgeordneten zusammen, von denen 21 in Stadt und Land in direkter Wahl bestimmt werden, wobei jeder männliche Steuerzahler, der das 25. Lebensjahr vollendet hat, Wahlrecht besitzt. Die restlichen neun Mitglieder der Landstände werden aus dem Kreis der Großsteuerzahler entsandt. Sachsen-Altenburg hat im Bundesrat eine Stimme und entsendet auch in den Reichstag nur einen Abgeordneten.

Der Schwerenöter

Die Abdankung des Herzogs Ernst II. von Sachsen-Altenburg

Als Herzog Ernst II. von Sachsen-Altenburg im Februar 1908 den Thron bestieg, wurde das von der Bevölkerung durchaus begrüßt. Sein Vorgänger und Onkel Ernst I. hatte fast 55 Jahre lang regiert und war ein eher langweiliger Herr, der wenig zu sagen hatte, den Dingen ihren Lauf ließ und sich soweit als irgendwie möglich fernhielt von der Arbeit im allgemeinen und von der Politik im besonderen. Ernst II. war da aus anderem Holz geschnitzt. Er interessierte sich für Polarforschung und unternahm selbst eine Expedition nach Spitzbergen; er war ein ernst zu nehmender Astronom, ein schneidiger Soldat, und er förderte das Theater nicht nur dadurch, daß er in zweiter Ehe eine Soubrette heiratete.

Wie denn überhaupt die Frauen und die Liebe eine große Rolle spielten in seinem Leben: Auf seinem Schloß Hummelshain soll er manche ›Biene‹ vernascht haben. In ganz Deutschland flüsterte man von geheimen Liebeslauben und erotischen Spezialkabinetten, die der Altenburger dort eingerichtet habe. Selbst die Presse erging sich in mehr oder weniger deutlichen Berichten über den Schwerenöter. Ernst II. regierte das kleinste der sächsischen Herzogtümer; fast ein Fünftel seiner Einwohner wohnte in der Residenzstadt Altenburg. Das

Herzogtum war in zwei Teile geteilt. Wollte man vom einen in das andere gelangen, mußte man ein schönes Stück durch das Fürstentum Reuß jüngere Linie fahren. Um die Regierung hat Ernst II. sich auch nicht besonders gekümmert. Da herrschte wohl weiter der alte Schlendrian seines Onkels. Die Residenzstadt Altenburg stand in der Reichsstatistik der Säuglings- und Kindersterblichkeit an erster Stelle, was ursächlich zusammenhing mit teils unbeschreiblichen Zuständen in den Armenvierteln der Stadt. Aber um sich für das Problem des öffentlichen Gesundheitswesens, für Stadtteilsanierung , für Kanalisation, Straßenbau oder Elektrizität zu engagieren, hatte der Herzog einfach zuwenig Zeit und Energie. Seine Hobbys, die Liebesnester im Holzlande eingeschlossen, waren ihm wichtiger. Und natürlich lag ihm auch sehr an seiner militärischen Karriere. Ernst II. war General der Infanterie und übernahm bei Kriegsausbruch 1914 sofort ein Regiment, später eine Brigade und wurde schließlich Divisionskommendeur. Seine Leute gingen für ihn durchs Feuer, weil er mit ihnen im vordersten Dreck lag, keine Strapazen scheute und von wirklicher Tapferkeit war. Als einziger deutscher Fürst trug er den höchsten Orden, den ›Pour le mérite‹. Einem solchen Mann sah man schon einiges nach.
Im Gegensatz auch zu anderen Bundesfürsten verlor er den Spaß am Krieg nicht schon nach wenigen Monaten, sondern kehrte erst 1917 in sein Herzogtum zurück. Und nahm offenbar schnell seine alten Gewohnheiten wieder auf, weshalb seine erste Frau, eine geborene Prinzessin aus dem Hause Schaumburg-Lippe, der amourösen Abenteuer ihres Ehemannes endlich überdrüssig wurde und die Trennung der Ehe betrieb. Die Scheidungssache zog sich allerdings in die Länge: Das endgültige Urteil erging erst im Januar 1920.

Seine Begabung, mit dem einfachen Volk gut auszukommen, entfaltete Ernst II. nicht nur in den Liebeslauben und Schützengräben. Selbst mit den heimischen Sozialdemokraten pflegte er normalen und ungezwungenen Umgang. Solange sie von ihm nichts wollten, hatte er nicht das geringste gegen sie. Die sozialen Mißstände in seiner Residenzstadt – daran trugen seiner Ansicht nach üble Spekulanten die Schuld, denen der Herzog, umgänglich, wie er war, halt nicht weh tun wollte. Das Leben ist nun einmal kein Honiglecken, und eingefahrene Mißstände sind schwer zu beseitigen, mag er sich gedacht haben.
Alles in allem war er nicht unbeliebt. Deshalb erstaunte es ihn auch ausgesprochen, als sich sein Landtag im Oktober 1918 nicht nur mit dem Wahlrecht, das Ernst II. ziemlich egal war, beschäftigte, sondern auch an der Steuerfreiheit des herzoglichen Hauses herummäkelte. Das ging denn doch zu weit, dergleichen verbat sich der Herzog. Erst am 8. November – als er hörte, daß eine in der Nähe von Altenburg stationierte Fliegereinheit den Aufstand probte – wurde er den Argumenten der Sozialdemokraten zugänglicher. Er gab seine Steuerfreiheit auf und ließ am nächsten Tag verkünden, daß er das Wahlrecht ebenfalls im gewünschten Sinne ändern würde.
An diesem 9. November braute sich ein politisches Unwetter über Altenburg zusammen. Die Flieger hatten beim Heer Verbündete gefunden, auch einige Matrosen trafen ein. Und zusammen mit den Vertretern der Unabhängigen Sozialisten planten sie eine Großkundgebung vor dem Schloß, um den Herzog zur Abdankung zu zwingen. Aber die SPD verhinderte nicht nur die Demonstration, sondern setzte sogar durch, daß in einem neugebildeten Arbeiter- und Soldatenrat tags darauf folgende Entschließung gefaßt wurde:

»Jede Person steht unter dem Schutz des Arbeiter- und Soldatenrats. Das bezieht sich auch auf den Herzog und seine Familie. Seine Person ist so unantastbar wie jede. Es ist ein Irrtum, daß der Herzog der Entwicklung hindernd im Wege steht; das ist nicht der Fall. Er hat ausdrücklich auf jeden militärischen Schutz verzichtet. Damit ist er Staatsbürger wie jeder andere, damit hat er dasselbe Recht wie jeder andere.«
Der durchlauchtigste Staatsbürger Ernst II. erntete auf diese Weise die Früchte seines leutseligen Umgangs mit den Sozis: Die brachten am Abend des 10. November auf einer großen Volksversammlung zwar ein Hoch auf die ›Republik Deutschland‹ aus und konstatierten auch, daß mit dem heutigen Tag im Herzogtum Sachsen-Altenburg eine neue Ordnung eingetreten sei und sie die Regierungsgewalt und die Macht übernommen hätten. Von einer Absetzung des Herzogs war jedoch immer noch nicht die Rede. Irgendwie hörte sich das Ganze so an, als wolle man in Altenburg eine völlig neue Staatsform kreieren, ein republikanisches Herzogtum sozusagen.
Am 11. November trug der Herzog dem Rechnung, entließ sein bisheriges Ministerium und beauftragte den Altenburger Bürgermeister, der auf den schönen Namen Dr. Wilhelm Tell hörte, mit der Bildung einer neuen Regierung. Der Arbeiter- und Soldatenrat gab seinen Segen dazu, und über dem Schlosse wehte weiter die herzogliche Fahne. Die konservative örtliche Presse stellte an diesem Tage fest, daß sich »bisher der Verkehr der neuen Machthaber mit dem Landesherren in hochanständiger Weise vollzogen hat«.
Allerdings war der Thronverzicht nur aufgeschoben und nicht aufgehoben. Ernst II. ließ durchblicken, er würde freiwillig abtreten, wenn die neuen Minister ernannt seien. Die Führer des Arbeiter- und Soldatenrats be-

sänftigten ihre Basis und rieten, die paar Tage auch noch zuzuwarten. Wieder kommentierte – in der Ausgabe vom 13. November – das konservative Blättchen: »Mit Hochsinn haben seine Gegner gehandelt, unsere Landesgeschichte wird das festhalten.«

Zum gleichen Zeitpunkt, da die Altenburger Leser das hohe Lied auf die »Wahrung der Form«, auf »die Regeln des guten Verkehrs und Anstandes« lasen, war's dann doch vorbei mit der herzoglichen Herrlichkeit. Drei Bürgerliche und zwei Sozialdemokraten bildeten das neue Ministerium. Der Herzog setzte sich an seinen Schreibtisch und schrieb: »Der Unterzeichnete verzichtet für sich und seine Nachkommen auf den Thron für das Herzogtum Sachsen-Altenburg.« Er verpflichtete sich, alle Maßnahmen der provisorischen Regierung anzuerkennen, und erklärte sich voller Vertrauen bereit, auch die Regelung seiner Abfindung einer künftigen, auf demokratischer Grundlage gewählten Körperschaft zu überlassen.

Neben der formellen Abdankung erließ Ernst II. zum Abschied noch eine schöne Proklamation an seine ehemaligen Untertanen, sagte ihnen zugleich im Namen seiner Familie »ein herzliches Lebewohl« und »wärmsten Dank« für ihre Anhänglichkeit. Mit einem weiteren Dankschreiben wurden die Beamten, Lehrer und Angestellten des Herzogtums bedacht, und schließlich ließ er auch noch dem Arbeiter- und Soldatenrat seinen Dank für die Bewachung des Schlosses übermitteln.

Sodann begab er sich außer Landes, kam aber bald wieder zurück in sein Eros-Schlößchen Hummelshain und zog schließlich später in das Schloß mit dem sinnigen Namen ›Fröhliche Wiederkunft‹ bei Neustadt an der Orla. Doch von Wiederkehr konnte keine Rede sein. Und der Herzog hat es wohl auch nicht erwartet.

Die Abfindungsverhandlungen dehnten sich in die Län-

ge. Zunächst erhielt Herzog Ernst an die 10 Millionen Mark, größere Waldungen und die beiden Lieblingsschlösser Hummelshain und Fröhliche Wiederkunft. Mit dem Geld hat er wohl schlecht gewirtschaftet, bzw. er merkte zu spät, daß ihm die Inflation sein Barvermögen wegfraß. Deshalb stellte Ernst II. 1924 noch einmal Ansprüche, beispielsweise mit dem Argument, daß sich unter einem von ihm dem Staat überlassenen großen Areal erhebliche Kohlevorräte befanden, von denen er nichts gewußt habe. Es kam schließlich zu einem neuen Vergleich, bei dem man dem lebenslustigen Herzog allerdings keine Barabfindung mehr zusprach, sondern für ihn und seine Erben Renten festsetzte. Das geschah nicht zuletzt aus der Befürchtung heraus, Ernst II. würde sich wieder verspekulieren, das Geld verbrauchen und dann erneut zum Nachfassen kommen.
Von allen deutschen Bundesfürsten hat Ernst II. am längsten gelebt. Nach dem Zusammenbruch 1945 richtete die DDR ein Erholungsheim im Schloß Fröhliche Wiederkunft ein und quartierte den alten Herzog in ein paar Zimmer eines Seitenflügels ein. Dort lebte er im wesentlichen von kleinen Almosen, die ihm seine ehemaligen Landeskinder zusteckten. Am 22. März 1955 ist er im 84. Lebensjahr gestorben und unter erstaunlich großer Beteiligung der Bevölkerung auf einem stillen Waldfriedhof in der Nähe des Jagdschlosses beigesetzt worden.

Das Herzogtum Sachsen-Coburg und Gotha

Das Herzogtum Sachsen-Coburg und Gotha besteht eigentlich aus zwei Herzogtümern unter einem Monarchen: im Süden das kleinere Coburg (im heutigen Bayern), das sich aus einem Hauptteil, einer Exklave und zwei Parzellen zusammensetzt und von Bürgern fränkischer Abstammung bewohnt wird. Im Norden, von Coburg durch den Thüringer Wald getrennt, das größere Gotha, zu dem ebenfalls noch einige Exklaven gehören. Die Bewohner sind thüringischen Stammes. Das vereinigte Staatsgebiet umfaßt 1977 Quadratkilometer (davon Coburg 562 Quadratkilometer) und zählt 257000 Einwohner (75000 davon in Coburg). Wirtschaftlich haben die Herzogtümer unterschiedliche Strukturen: In Coburg dominiert eindeutig die Landwirtschaft; daneben etwas Heimindustrie, Baustoffe und Bier. In Gotha dagegen wird die Landwirtschaft zunehmend von der Industrie zurückgedrängt. Zum beachtlichen Bergbau (Salze, Kohle) kommen Maschinenindustrie (Rüstungsgüter) und die Produktion von Baumaterial, Porzellan, Glas, Öfen und Kofferwaren.

Das Herzogtum Sachsen-Coburg und Gotha ist eine konstitutionelle Monarchie. Beide Herzogtümer haben einen eigenen Landtag; der für Coburg besteht aus 11, der für Gotha aus 19 Mitgliedern. In besonderen, beide Landesteile betreffenden Fragen treten die 30 Abgeordneten zu einem gemeinsamen Landtag zusammen. Die Wahl erfolgt indirekt durch Wahlmänner. Das Wahlrecht hat jeder 25jährige, unbescholtene, selbständige Bürger, der direkte Steuern entrichtet; wählbar ist jeder Wahlberechtigte, der das 30. Lebensjahr vollendet hat. Im Bundesrat ist das Herzogtum Sachsen-Coburg und Gotha mit einer Stimme vertreten, in den Reichstag entsendet das Doppelherzogtum zwei Abgeordnete.

Hoflieferanten

Die etappenweise Entmachtung des Herzogs Carl Eduard von Sachsen-Coburg und Gotha

Eigentlich hatte Herzog Carl Eduard von Sachsen-Coburg und Gotha in diesen Tagen andere Sorgen. Seine Frau erwartete das fünfte Kind; es sollte in drei Wochen geboren werden.

Carl Eduard, 34 Jahre alt, weilte auf seinem Schloß Callenberg bei Coburg und bekam zunächst gar nicht mit, wie er etappenweise entmachtet wurde. Zumindest den ersten Schritt zu seiner Absetzung realisierte er nicht. Jenseits des Thüringer Waldes, in seiner zweiten Residenzstadt Gotha, brach die Revolution schon am Freitag, dem 8. November, los.

Alles lief nach dem bereits bekannten Schema ab: Am Abend kam es dort zu einer Demonstration. Aus Kiel angereiste Matrosen, zahlreiche in und um Gotha stationierte Soldaten und Arbeiterführer verbrüderten und verbündeten sich. Ein Arbeiter- und Soldatenrat wurde installiert, in dem die Radikalen, die Unabhängigen Sozialisten, eindeutig das Sagen hatten. Nur der besseren Optik wegen – und um die Sozialdemokratie in den Umsturz mit einzubinden – wurde auch ein SPD-Mann in den Rat aufgenommen. Gehandelt aber wurde über seinen Kopf hinweg.

Bahn und Post wurden besetzt, nach und nach auch alle

übrigen öffentlichen Gebäude. Die herzoglich-gothaische Regierung rief um Hilfe. Doch das Militär winkte ab: Man habe weder zuverlässige Truppen, noch wolle man ein Blutvergießen riskieren, teilte das Generalkommando in Kassel mit. Als die Bürger Gothas am Samstag aufwachten, war die Revolution gelaufen. Die Räte hatten das Herzogtum zur selbständigen Republik erklärt und gingen dazu über, sie nach bolschewistischem Muter zu organisieren. Hindenburg und Ludendorff wurden als ›Kriegsverbrecher‹ beschimpft, die deutschen Fürsten für Krieg und Niederlage allein verantwortlich gemacht. Ihr Rücktritt wurde als Selbstverständichkeit angesehen.

Die Revolution war somit auf den ersten Blick eine klare, schnelle Sache. Aber das Herzogtum Sachsen-Coburg und Gotha bestand eigentlich aus zwei Herzogtümern – daher das ›und‹; es wurde nur seit einigen Generationen in Personalunion von einem Fürsten regiert. Es gab immer noch zwei verschiedene Verfassungen und zwei Landtage, die nur in ganz bestimmten Angelegenheiten gemeinschaftlich tagten. Die beiden Gebiete waren durch eine natürliche Barriere getrennt, waren wirtschaftlich verschieden strukturiert, auch vom Volks- oder Stammescharakter her von durchaus unterschiedlicher Mentalität. Entsprechend herrschte eine ständige Rivalität zwischen den beiden Herzogtümern, und ganz besonders gespannt waren die Beziehungen zwischen den beiden Residenzstädten.

Die Nachrichten aus Gotha drangen in den Revolutionstagen nur ratenweise nach Coburg durch. Hier spielte die Arbeiterschaft nie jene Rolle wie im nördlichen Landesteil. Und außerdem hatte hier die SPD die Lage fest in der Hand. Ruhe und Ordnung waren die erste Bürgerpflicht, so wie es der neue sozialdemokratische Reichskanzler Friedrich Ebert proklamiert hatte.

Der 8. und 9. November verliefen in Coburg ohne ernsthafte Zwischenfälle, obwohl es auch hier zu Kundgebungen und Umzügen gekommen war. Dennoch waren sich der Herzog und seine Umgebung darüber klar, daß der Gothaer Brand jederzeit auf Coburg übergreifen konnte. Auch wenn der eben begründete provisorische Arbeiter- und Soldatenrat in Coburg aus lauter honorigen Leuten bestand: aus Sozialdemokraten von altem Schrot und Korn und aus Vertretern vom Ersatzbataillon des ortsansässigen Landwehr-Infanterieregiments.

Am Sonntag traf man sich in der Regimentsstube des Rathauses. Der Arbeiter- und Soldatenrat, der seine endgültige Form erst finden müsse – so erklärt es die linke Seite –, verstehe sich als eine Kontrollstelle, die der Zivilverwaltung und dem Oberbürgermeister hilfreich zur Seite stehen wolle. Zwar versäumten die Räte nicht, zu erwähnen, daß die neue Zeit in Kürze auch in Coburg ihren Einzug halten werde. Aber sie ließen auch durchblicken, daß es damit keine besondere Eile habe; man wolle die Entwicklung abwarten und nicht von sich aus vollendete Tatsachen schaffen. Vom Sturz der Monarchie war nicht die Rede. Einem für Montag angesetzten Demonstrationszug war damit von vornherein die Spitze genommen. Der Magistrat der Stadt und die Beamten des Herzogtums Coburg erklärten sich bereit, in den Räten eine Art Aufsichtsorgan zu sehen, das die politischen Richtlinien bestimmte.

Natürlich machten sich auch der Herzog und sein Coburger Staatsrat Hermann Quarck Gedanken. Herzog Carl Eduard liebäugelte mit der Idee, sich lieber absetzen zu lassen, als freiwillig einen Thronverzicht zu erklären. Sein Staatsrat ging noch einen Schritt weiter und traf Vorbereitungen, den Thron notfalls zu verteidigen. Allerdings mußte er sich schnell sagen lassen, daß auch

Coburg nicht auf militärische Hilfe von außen rechnen könne. Und die paar alten Gendarmen – die Mehrzahl der jungen, gut ausgebildeten Polizisten stand im Feld – würden kaum ausreichen, das Schloß Callenberg wirksam zu schützen. Schließlich blieb als Minimalprogramm des Staatsrats übrig, den Herzog vor persönlichen Zudringlichkeiten zu bewahren.

Der Aufruf des provisorischen Ausschusses, am Montag mittag die Fabriken, Handwerksbetriebe und Geschäfte zu schließen, wurde an diesem 11. November ohne Ausnahme befolgt. Gegen 13 Uhr zogen bereits Menschenmassen durch die Straßen – die örtliche Presse sprach von »Wanderungen« –, deren Ziel der Bahnhofsplatz und das Schloß waren. Eine Stunde später marschierte man zur Kaserne, wo die Abordnungen der Arbeiter und Soldaten vom Bataillonskommandeur und seinen Offizieren empfangen wurden. Oberstleutnant von Erffa wurde aufgefordert, die militärische Kommandogewalt an den Soldatenrat abzutreten. Der Bataillonskommandeur, der noch Tage zuvor erklärt hatte, zumindest *er* habe seine Truppen fest in der Hand, erkannte jetzt den Soldatenrat widerspruchslos an und äußerte als einzige Bitte, ihm und seinen Offizieren die Achselstücke und den Degen zu belassen. Nachdem alle anderen Waffen und die Munition übergeben worden waren, erhoben die Räte dagegen keine Einwände.

Von der Kaserne aus zog man weiter zum Rathaus, wo Oberbürgermeister Hirschfeld, sein Stellvertreter und einige hohe Beamte versicherten, sie würden ihre Arbeit wie bisher pflichtbewußt verrichten und sich im übrigen der Kontrolle des Arbeiter- und Soldatenrats unterwerfen. Ein bißchen komplizierter wurde es auf der nächsten Station, im herzoglichen Ministerium: Staatsrat Quarck knüpfte seine Anerkennung der Räte und seine Bereitwilligkeit zur Mitarbeit an die Einschränkung, er

werde sein Amt fürderhin nur insoweit verwalten, als es sein Eid zulasse. Das konnte als Hinweis darauf verstanden werden, daß die Revolution nicht so weit gehen dürfe, den Herzog davonzujagen! Bis zu diesem Punkt aber wollte er seine Mitarbeit nicht versagen.
Mit diesen Erfolgsmeldungen eilte der provisorische Rat dann zum Schloßplatz, um vom Balkon der Residenz aus den vielen Tausenden Bericht zu erstatten. Wiederum wurde zu Ruhe und Ordnung aufgefordert, zur Zusammenarbeit zwischen der Zivilbevölkerung und den Soldaten, zur Einigkeit zwischen Arbeiterschaft und Bürgertum. Mitten in die Kundgebung platzte eine Abordnung des Arbeiter- und Soldatenrats Gotha, deren Wortführer dann ebenfalls zu den Coburgern sprach, und versicherte, daß der Sozialismus »seinem innersten Wesen nach friedlich« sei: Daher stehe und falle die soziale Revolution mit ihrem friedlichen Charakter. Der Redner schloß seine Ansprache mit einem Hoch auf den Sozialismus, auf die friedliche Revolution und – auf die sozialistische Republik. Zum ersten Mal also war auch in Coburg von Republik die Rede, von der Abschaffung der herzoglichen Dynastie.
Die Bevölkerung, die alle Redner mit großem Beifall bedachte, machte sich darüber wahrscheinlich gar keine großen Gedanken. Als die Gothaer wieder abgereist waren, sahen die Coburger noch keine Veranlassung, den republikanischen Reden irgendwelche revolutionäre Taten folgen zu lassen. Die SPD in Coburg hatte – wenn man von einigen Artikeln im parteieigenen ›Volksblatt‹ absieht – bisher nicht daran gedacht, die Abdankung Carl Eduards zu verlangen. Die Rücktrittsforderung der gothaischen Genossen schloß auch nicht unbedingt den Ruf nach der Republik ein. Es waren da noch allerlei Regelungen denkbar, eine Regentschaft für den 12jährigen Erbprinzen etwa.

Während an diesem Montag also der gothaische Staatsminister von Bassewitz mit dem Herzog über einen Teilverzicht im nördlichen Herzogtum verhandelte, war im südlicheren Coburg die monarchische Welt immer noch halbwegs in Ordnung. Nur die roten Fahnen der Revolution wehten auch in Coburg auf den öffentlichen Gebäuden. In Gotha hingen sie übrigens aus fast jedem Privathaus.

Am Donnerstag, dem 14. November, ist es dann soweit. Auf einer gemeinschaftlichen Sitzung der beiden herzoglichen Landtage in Gotha wird der Thronverzicht des Herzogs für sich und seine Erben gefordert. Staatsminister von Bassewitz sieht nun ein, daß jetzt »kein Raum für das Fortbestehen von Einzelmonarchien mehr gegeben ist, nachdem Deutschland eine auf sozialistischer Grundlage beruhende Republik geworden ist. Damit hat der Herzog aufgehört, in Coburg und Gotha zu regieren. Er hat alle Beamten von dem ihm geleisteten Eid entbunden.« Tags darauf legt Carl Eduard die Regierung offiziell nieder und entbindet alle Beamten von ihrem Eid.

Mit dem Thronverzicht Carl Eduards endete auch die staatsrechtliche Verbindung zwischen Gotha und Coburg. Vor allem die Gothaer Linke hatte auf der Trennung bestanden und sie im Landtag durchgesetzt. Das geschah wohl aus der Überlegung heraus, die weit gemäßigteren Coburger könnten sich als Bremsklötze auf dem Weg zur Räterepublik nach russischem Muster erweisen und überhaupt die reine sozialistische Lehre verwässern.

Die Coburger waren zunächst empört, zeigten sich allerdings später ausgesprochen glücklich darüber – und völlig unzugänglich, als von Gothaer Seite Annäherungsversuche gestartet wurden. Einer entsprechenden Abordnung aus Gotha, die Coburg aufsuchte, verweigerte man nicht nur jedes Gespräch, sondern nahm den Gothaern auch noch das Auto weg, mit dem sie gekommen waren. Es war ein Kraftwagen aus dem privaten Fuhrpark des Herzogs, mit dem sich die Delegation unvorsichtigerweise nach Coburg begeben hatte. Nun mußte sie sehen, wie sie heimkam.

Die Abfindung der herzoglichen Familie gestaltete sich einigermaßen schwierig, weil mit zwei Regierungen verhandelt werden mußte. Erwartungsgemäß verfuhr man in Coburg großzügiger als in Gotha, was sich für die herzogliche Familie besonders nach 1945 auszahlte. Da waren nämlich die Besitzungen in Thüringen und Preußen ohnehin nichts mehr wert.

Aus der Revolution war Carl Eduard mit mehr als 20000 Hektar Grundbesitz sowie einigen Schlössern und Gutshöfen prächtig herausgekommen. Nach dem Zweiten Weltkrieg blieben ihm zunächst nur noch 500 Hektar und einige Waldungen, die – in Österreich gelegen – erst später wieder in seinen Besitz übergingen. Immerhin genug, um ein angenehmes und gesichertes Leben zu führen und um nicht bereuen zu müssen, als junger Mann für Sachsen-Coburg und Gotha die Heimat verlassen zu haben.

Der letzte regierende Herzog von Sachsen-Coburg und Gotha, Leopold Carl Eduard Georg Albert, hatte nämlich als königlicher Prinz am 19. Juli 1884 in England das Licht der Welt erblickt. Er war ein Enkel der Königin Viktoria, die nicht nur Tochter einer Coburgerin war, sondern auch ihren Vetter Albert von Sachsen-Coburg und Gotha, den Bruder des damals regierenden Herzogs Ernst II., geheiratet hatte. Die Coburger waren ja überhaupt Europas Hoflieferanten für gekrönte Häupter, für Kronen und Throne. In Rußland und Bulgarien, in Portugal, Belgien und Schweden regierten oder regieren Herrscher mit herzoglich-coburgischem

Blut in den Adern. Und als Ernst II., ebenso wie sein auf ihn nachfolgender Neffe Alfred I., ohne eheliche Erben (wenn auch nicht kinderlos) starben und zwei andere Aspiranten verzichteten, war die Reihe an dem 15jährigen Carl Eduard, für den zunächst der Fürst Ernst zu Hohenlohe-Langenburg die Regentschaft übernehmen mußte.

Als allererstes mußte Carl Eduard, als britischer Prinz im Eton-College erzogen, die deutsche Sprache vollständig erlernen. Er wurde nach Deutschland gebracht, wo sich besonders Kaiser Wilhelm II., sein echter Vetter, um seine Ausbildung bemühte. Über den königlichen Hof in Stuttgart kam er nach Potsdam, wo er nach den Lehrplänen eines Realgymnasiums im Schnellzugtempo die schulische Kinderstube hinter sich brachte. Anschließend wurde er an die Hauptkadettenanstalt in Lichterfelde versetzt, machte sein Prinzenabitur, studierte drei Semester Recht und Staatswissenschaft in Bonn und erwarb im 1. Garderegiment zu Fuß in Potsdam das preußische Leutnantspatent. Dann steckte man ihn für ganze zwei Monate in zwei preußische Ministerien, um »den Gang der Regierungsgeschäfte« zu erlernen. Zwischendurch fand der Prinz auch noch Gelegenheit, in Genf seine französischen Sprachkenntnisse zu erweitern. Vor allem aber nahm er sich die Zeit für seine große Liebe, das Theater.

Dies alles absolvierte er in knapp sechs Jahren. Wenn auf irgendeinen deutschen Prinzen der Satz aus Thomas Manns ›Königliche Hoheit‹ zutrifft, dann auf Carl Eduard: ». . . ein junger Mensch, der nichts versteht, als sich hochleben zu lassen«. Wobei gerechterweise gesagt werden muß, daß Carl Eduard selbst an diesem mißlichen Umstand die geringste Schuld traf. Wie sollte er ahnen, daß er einmal regieren würde, geschweige denn abschätzen können, was das bedeutete? Übrigens hat er

später viel nachgelernt und eine – allerdings nicht immer glückliche – Liebe zur Politik entdeckt.
Am 19. Juli 1905 stand im ›Coburger Tageblatt‹ zu lesen: »Der heutige Tag ist für unsere Herzogtümer ein Tag von hoher Bedeutung. Heute in der elften Stunde hat unser junger Herzog die Zügel der Regierung ergriffen, und selbstverständlich richten sich die Augen aller im Lande Coburg Angesessenen nach Gotha, wo dieses hochwichtige Ereignis sich vollzogen hat.« Der gekränkte Unterton im ganzen Artikel ist unüberhörbar: Die Coburger waren sauer, daß Carl Eduard die Regierung in Gotha antrat. Trost fanden sie höchstens in dem Umstand, daß es nördlich des Thüringer Waldes an diesem Tag wie aus Kübeln regnete.
Versöhnung feierten die tiefgetroffenen Coburger ein paar Monate später. Ihr junger Herzog hatte die Prinzessin Victoria Adelheid von Schleswig-Holstein-Sonderburg-Glücksburg geehelicht und zog nun nach vollbrachter Hochzeitsreise am 5. November in Coburg ein. Und siehe da, das Wetter ist spätherbstlich strahlend. Zwölf Postillione blasen zum Einzug des Paares, die Vereine, Verbände, die Turner und die Feuerwehr stehen Spalier. Die junge Herzogin geht den Coburgern um den Bart. »Ich bitte Sie, mich voll zu den Ihrigen zu rechnen«, antwortet sie auf den gedichteten Willkommensgruß. Das war beileibe kein leeres Versprechen: Frau Herzogin fiel keine Perle aus ihrer Krone, wenn sie höchstpersönlich mit der Einkaufstasche auf dem Gemüsemarkt erschien. Die kleinen Leute in Coburg fanden das toll, die feineren Herrschaften rümpften über die Herrscherin die Nase.
Ein Festgottesdienst in der Schloßkirche, ein Familienessen, ein großer Fest- und Huldigungszug mit 43 Festwagen, mit 300 Pferden und tausend Menschen schlossen sich an. Wieder neue Gedichte und neue Geschenke,

am Abend eine festliche Opernaufführung im Hoftheater, ein Zapfenstreich und eine als sensationell empfundene Gaslichtillumination des Schloßplatzes: Es war ein Feiertag für 30000 entzückte Coburger, die sich nichts entgehen lassen wollten.

Die Begeisterung im Herzogtum Coburg war gewiß echt. Hier dominierte ein behäbiges Bürgertum. Anders sah es im Herzogtum Gotha aus, wo die Sozialdemokraten in fünf Wahlen seit 1893 nur einmal die absolute Mehrheit der Stimmen knapp verfehlt hatten. Zur Majorität im Landtag hatten ihnen freilich die besten Wahlergebnisse nie verholfen. Ein ausgeklügeltes indirektes Wahlsystem sorgte dafür, daß die bürgerlichen Kräfte die Zügel in der Hand behielten. Im Coburger Landesteil hatte die SPD vor dem Krieg ohnehin keine Chance.

Carl Eduard führte ein wahrhaft fürstliches Leben. Der Hofalltag, wie er uns überliefert ist und wie er sicher nicht nur für ihn typisch war, verlief folgendermaßen: Um 6 Uhr morgens Ausritt, um 8 Uhr Frühstück. Um 9 Uhr begann der Ernst des Lebens, die Regentenarbeit, die sich im wesentlichen in Repräsentation erschöpfte: Empfänge, Besichtigungen, gelegentlich auch Entgegennahme von Berichten, zu denen der Herzog würdevoll zu nicken und ein paar interessierte Höflichkeitsfragen zu stellen hatte. Mittags war er von allen Pflichten erlöst. Um 13 Uhr war Hoftafel, zu der Carl Eduard normalerweise nur Seine Exzellenz, den Oberhofmarschall, und seinen Adjutanten mitbrachte, während Victoria Adelheid von der Oberhofmeisterin und einer Hofdame begleitet war.

Zu Tisch wurden hier und da auch noch einige Gäste geladen. Intensive Gespräche dürften sich selten ergeben haben, weil für die Hoftafel durchweg nur eine halbe Stunde Zeit vorgesehen war. Anschließend zog sich das

Herzogspaar zur Mittagsruhe in seine Gemächer zurück. Um 17 Uhr wurde Tee serviert, meistens im engsten Familienkreise. Dafür war eine Stunde vorgesehen. Der nächste Fixpunkt war um 20 Uhr die abendliche Familientafel, an die sich im Winter manchmal eine Geselligkeit anschloß. Um 23 Uhr erfolgte die Entlassung des Hofes, schon damit alle einigermaßen ausgeschlafen waren, wenn es am nächsten Morgen um 6 Uhr früh wieder zum Reiten ging.

Neben der Jagd war das Hoftheater die einzige große Leidenschaft des Herzogs. Er sorgte dafür, daß Richard Strauss und Hans Pfitzner, Siegfried Wagner (Richards Sohn) und Bruno Walter in Coburg gastierten, und setzte damit eine alte Tradition fort. Schon Hector Berlioz war Gast im Hoftheater, und Franz Liszt spielte in Coburg Klavier. Neben Oper und Konzert wurde natürlich auch das Schauspiel gepflegt. In der Rolle des Hamlet konnte man in Coburg Kainz, Devrient und Moissi bewundern. Wo die Gagen nicht reichten, mußten Titel und Orden locken. Es gab coburgische Hofopernsänger, Hofpianisten und Staatsschauspieler. Und viele Kreuze und Großkreuze mit Sternen und Schulterbändern.

Seine Abstammung wurde für Carl Eduard erst mit Beginn des Weltkrieges zum Problem. Plötzlich sah man in ihm wieder den Engländer, und auch seine Tante, eine geborene russische Großfürstin, wurde neu entdeckt. Übereifrige wähnten gar eine internationale Verschwörung, ein Spionage- und Agentennetz am Hof zu Gotha und Coburg. Die nationale Erregung kannte da so schnell keine Grenzen.

Herzog Carl Eduard versuchte dem zu begegnen, indem er schon am ersten Mobilmachungstag Kaiser Wilhelm II. um Kriegsverwendung bat. Gleichzeitig legte er seine Ehrenstelle als Chef eines schottischen Regiments nieder. Carl Eduard wurde dem Stab einer Infanteriedivision zugeteilt, ging dann mit einem Regiment nach Galizien, brach aber schon bei der ersten Inspektionsfahrt an der Front in seinem Wagen zusammen. Das böse Rheuma, das er auf seinen Jagden und Ausritten so heroisch bekämpft hatte, war für die Strapazen an der Ostfront wohl zuviel. Der Herzog ersuchte um Versetzung in den Innendienst und sortierte, um seinen guten Willen zu beweisen, die Feldpost. Für höhere Aufgaben war er damals leider noch nicht zu gebrauchen.

Anfang des Jahres 1915 befand man, daß unser junger Held dem Vaterland genug gedient und seine englische Geburt ausreichend gesühnt habe, schon weil niemand wußte, wie lange dieser Krieg noch dauern würde, dessen Ende man doch für Weihnachten vorausgesagt hatte. Carl Eduard zog sich wieder zurück nach Coburg. Ein bißchen regierte er zu Hause herum, ein bißchen bereiste er die Kriegsschauplätze in Ost und West und auf dem Balkan, um überall dort Trost und Mut zu spenden, wo seine Landeskinder in den Schützengräben saßen. Andere deutsche Fürsten machten es – wie wir wissen – ebenso.

Seinen Nachholbedarf an deutscher und nationaler Gesinnung stillte Carl Eduard, der Engländer, dann im Dritten Reich in überdurchschnittlichem Maße. 1933 trat er der Partei bei, in der SA brachte er es zum Gruppenführer, was dem Rang eines Generals entsprach, und im NS-Kraftfahrer- und Fliegerkorps bekleidete er sogar den Rang eines Obergruppenführers. Auch die Wehrmacht mochte auf den Kriegshelden von 1914 nicht verzichten und gestattete ihm eine glänzende Laufbahn, an deren Ende der General der Infanterie Carl Eduard stand. Der Herzog unterhielt ein Stabsbüro in Berlin, war Mitglied des Nazi-Reichstags sowie Präsident des Deutschen Roten Kreuzes. Letzteres Ehrenamt führte

ihn um die halbe Welt; leider aber nicht in die Konzentrations- und Kriegsgefangenenlager, um dort für menschenwürdige Zustände zu sorgen.
Nach dem Krieg wurde Carl Eduard für einige Zeit in ein Internierungslager gesperrt. Beim Entnazifizierungsverfahren legten seine Anwälte vor allem auf die Tatsache Wert, daß er 1934 beim sogenannten Röhm-Putsch beinahe ebenfalls erschossen worden wäre. Außerdem habe er Hitler nur ein paarmal persönlich getroffen und auch nur ein bißchen finanziell unterstützt. Mit einem Wort: Carl Eduard war plötzlich nicht mehr als ein klassischer Mitläufer – wie ihm die Spruchkammer bescheinigte. Offenbar hatten da die englischen Verwandten etwas nachgeholfen.
Eigentlich ist es fast eine Schande, wenn ein ehemaliger regierender Fürst als Mitläufer eingestuft wird. Aber vielleicht handelt es sich auch nur um höhere Gerechtigkeit; denn ein Mitläufer war der Herzog schon im Ersten Weltkrieg – wie viele seiner Kollegen, die sich blind an dem orientierten, was Berlin an Parolen ausgab.
Eines darf jedenfalls festgestellt werden: Seine braune Vergangenheit hat dem Herzog in Coburg nicht geschadet. Als er im März 1954 starb, herrschte dort allgemeine Trauer, und die Fahnen wehten feierlich auf halbmast.

Das Herzogtum Sachsen-Meiningen

Das Herzogtum Sachsen-Meiningen besteht aus einem großen Hauptteil, zwei Exklaven und einigen zerstreut liegenden Parzellen. Zusammen ergibt das eine Fläche von 2468 Quadratkilometern. Die Einwohnerzahl beträgt 280000.

Das Herzogtum ist industriell gut entwickelt; schon um die Jahrhundertwende übertraf die Zahl der in der Industrie beschäftigten Arbeitskräfte die der in Land- und Forstwirtschaft Tätigen. Neben dem Bergbau (Kohle, Erze, Schiefer) bestimmen Holzprodukte, Textil- und Lederwaren, Haushaltsbedarf und Spielwaren das Wirtschaftsleben.

Sachsen-Meiningen ist eine konstitutionelle Monarchie, im Bundesrat durch eine Stimme vertreten, im Reichstag durch zwei Abgeordnete. Der Landtag besteht aus 24 Abgeordneten, von denen vier aus den Reihen der Großgrundbesitzer kommen und vier von den übrigen Großsteuerzahlern bestimmt werden. Der Rest, 16 Abgeordnete, wird in direkter und geheimer Wahl ermittelt.

Jeder männliche Bürger über 25 Jahre hat das aktive und passive Wahlrecht: es ist nicht an Erwerbstätigkeit oder Steueraufkommen gebunden.

Zivilcourage

Wie Herzog Bernhard III. von Sachsen-Meiningen abdankte

Den Herzögen von Sachsen-Meiningen konnte man eines nicht nachsagen: Preußenhörigkeit und Mangel an Zivilcourage. Herzog Bernhard II. hatte 1866 nicht nur am Krieg gegen Bismarcks Preußen teilgenommen, sondern sich auch nach der Schlacht von Königgrätz standhaft geweigert, die neuen Realitäten anzuerkennen. Aus Meiningen vor den Preußen geflohen, hoffte er bis zuletzt, daß vielleicht die Bayern die Sache noch aus dem Feuer reißen würden. Bismarck drängte deshalb nach dem Krieg darauf, das Herzogtum von der Landkarte zu tilgen.

Bernhards Sohn Georg rettete das Land davor, preußische Provinz zu werden. Er hatte 1850 eine Hohenzollern-Prinzessin geheiratet, die zwar 1866 schon einige Jahre tot war, deren Andenken aber nun bemüht wurde, um bei König Wilhelm I. um gut Wetter anzuhalten. Der wollte keinen Krach mit der Verwandtschaft und erklärte sich bereit, alles zu vergeben – wenn der widerspenstige Bernhard zugunsten seines Sohnes Georg auf der Stelle abdanken würde. Zähneknirschend fügte sich Bernhard II. in dieses Schicksal.

Sein Sohn Georg II. ging in die deutsche Theatergeschichte als der ›Theaterherzog‹ ein. Er war ein würdevoller, aber keineswegs protziger Mann, klug und gebildet, außerdem ein politischer Kopf. Dazu von ähnlichem Mut wie sein Vater, mit dem er sich allerdings seit 1866 nicht mehr allzugut verstand. Georg II. war ein vernünftiger Regent, der stets auf die Verhältnismäßigkeit der Mittel achtete. So wehrte er sich zum Beispiel gegen eine Verschärfung der Sozialistengesetze mit dem Argument, dies gereiche dem Deutschen Reich zur Unehre, führe zur Polizeiwillkür, verstümmele den Rechtsstaat und spreche der Gerechtigkeit hohn. Das waren Töne, wie sie im Zweiten Reich aus dem Munde eines regierenden Fürsten Seltenheitswert besaßen.

Wenig Sinn hatte Herzog Georg auch für die wilhelminische Prunksucht der Jahrhundertwende. Gegen die Feiern zum 100. Geburtstag des verstorbenen Kaisers Wilhelm I. opponierte er mit der Feststellung: »Wir kommen in letzter Zeit aus den Feiern gar nicht heraus und stumpft sich der Enthusiasmus ab, wenn man immer wieder mit der Nase auf denselben Punkt gestupst wird, über den man sich per ordre enthusiasmieren soll.« Ähnlich opponierte er gegen den Bau des Berliner Doms mit der ironischen Begründung, daß man Gott für kommende Siege auch unter freiem Himmel danken könne.

In seinem Herzogtum bekämpfte er die Titelsucht und die sprachliche Umstandskrämerei, die den ›durchlauchtigsten‹ Herzog nur ›huldvollst‹ und ›gnädigst‹ entscheiden ließ, nachdem seine Beamten sich ›untertänigst‹ an ihn gewandt hatten. Georg II. führte ein, daß im Zeitalter der Schreibmaschine Akten an ihn mit ›Dem Herzog‹ zu adressieren waren. Er wiederum unterzeichnete schlicht und ohne allen Formelkram mit seinem Namen.

Den meisten Mut bewies er jedoch, als er – zum zweiten Male verwitwet – im Alter von fast 59 Jahren die Hofschauspielerin Helene Franz heiratete, eine kluge und hochachtbare, aber eben bürgerliche Dame. Nicht nur sein noch lebender Vater zeigte sich darob höchst entsetzt, sondern auch der Berliner Hof, der von da an den Verkehr mit Meiningen einstellte – was Georg II., der mit Helene eine überaus glückliche Ehe führte, jedoch ziemlich gleichgültig war. Ihm erschien der gesellschaftliche Verkehr zum Beispiel mit seinem Generalmusikdirektor Max Reger oder mit seinen Schauspielern, Regisseuren und Bühnenbildnern entschieden lustiger als der höfische Umgang. Gestört hat ihn vielleicht nur, daß sich flegelhafte preußische Offiziere der Meininger Garnison, Offiziere von sogenanntem altem Adel, nicht schämten, seine Frau zu schneiden und sie in aller Öffentlichkeit anzupöbeln.

Der ›Theaterherzog‹ starb 88jährig wenige Wochen vor Ausbruch des Krieges und überließ seinem 63jährigen Sohn Bernhard III. die Regierung. Dieser war ein ebenfalls ungewöhnlich begabter, umfassend gebildeter und interessierter Mann. Er beherrschte Latein und Griechisch ebenso wie einige moderne Sprachen, übersetzte deutsche Klassiker ins Neugriechische, schrieb ein Schauspiel, trat als Komponist hervor, forschte in neuerer Geschichte und unternahm zahllose wirkliche Bildungsreisen.

Im Gegensatz zu seinem Vater war er aber auch ein ausgezeichneter Soldat. Der alte Moltke sagte einmal zu ihm: »Schade, daß Hoheit Thronfolger sind!« Seine militärische Karriere wurde noch gefördert durch den Umstand, daß er 1878 die älteste Schwester Wilhelms II., die Hohenzollernprinzessin Charlotte, geheiratet hatte. Der Knick in seiner Laufbahn datiert vom 23. März 1903, als er, Kommandierender General des VI. Korps in Breslau, einen Befehl erließ, der den Soldaten die Anzeige erlittener Mißhandlungen durch Vorgesetzte zur moralischen Pflicht machte. Außerdem verfügte er, daß

Beschwerdeführer, um vor weiteren Schikanen geschützt zu sein, in jedem Fall zu einem anderen Truppenteil versetzt werden müßten.

Solche Menschenfreundlichkeit stieß natürlich in Berlin auf einiges Unverständnis. Bernhard wurde zum Generaloberst hinaufbefördert und in eine Position abgeschoben, wo er der preußischen Drilldoktrin keinen Schaden mehr zufügen konnte. Im Rang eines Generalfeldmarschalls schied er 1912 aus dem Militärdienst. Allerdings war seine Enttäuschung groß, als 1914 – bei Ausbruch des Krieges – niemand daran dachte, den Feldmarschall zu den Waffen zu rufen. Vielleicht lag es an dieser Frustration, daß er schon ein paar Monate später die Ansicht vertrat, diesen Krieg könne Deutschland nie gewinnen.

Mit bösen Bemerkungen sparte der Herzog auch nicht gegen seinen kaiserlichen Schwager, oft unterstützt von seiner Frau, die ihrem Bruder ebenfalls recht kritisch gegenüberstand. Wo immer Bernhard und Charlotte, genannt ›Charly‹, in Gesellschaft auftraten, war mit ein paar frechen Bonmots über die kaiserliche Verwandtschaft zu rechnen. Charlotte hatte besonders die Kaiserin Auguste Viktoria, die ›Kirchen-Gustl‹, aufs Korn genommen, deren glattes Gegenteil sie war. Kaiserschwester ›Charly‹ rauchte, benutzte teure Parfüms, trug kurzgeschnittenes Haar, war eine blendende Unterhalterin, die über Kunst ebenso zu plaudern wußte wie über Politik. Kein Wunder, daß die frömmlerische, langweilig-häusliche Kaiserin mit dieser Schwägerin nicht zurechtkam.

Seine unabhängige Haltung gegenüber Berlin und den Auswüchsen des preußischen Militarismus verleitete Bernhard III. zu der falschen Annahme, bei den Demokraten und auch bei den Linken einigermaßen beliebt zu sein. Aber ein Volksmensch war der Herzog nun ganz und gar nicht. Und auch seine Frau, die in besseren Kreisen durchaus zu brillieren wußte, erregte beim einfachen Volk durch ihre Extravaganz eher Anstoß. Gewiß sprach das Herzogspaar bei Empfängen auch einmal mit Sozialdemokraten – aber als es zum Beispiel um seine Steuerprivilegien ging, ließ Bernhard III. noch im Januar 1918 überhaupt nicht mit sich reden.

Die Revolution in Meiningen fand am Spätnachmittag des 10. November in Form eines Demonstrationszuges statt. Der Soldatenrat wurde bei seinem Auftauchen vor dem Schloß vom Hofmarschall persönlich mit den Worten begrüßt: »Gott sei Dank, daß Sie kommen, der Herzog erwartet Sie schon.« Um so erstaunter war Bernhard III., als man seine Abdankung verlangte. Betroffen meinte er, er habe immer geglaubt, sein Volk liebe ihn. Die Soldatenräte versuchten, ihm beizubringen, daß es nicht um Liebe und Personen, sondern um die Sache, um die Politik und die Republik ginge.

Noch während die Gespräche liefen, drang eine Rotte von Matrosen und Soldaten gewaltsam in das Schloß ein und setzte dem Herzog quasi das Messer auf die Brust. Da resignierte der alte Feldmarschall und erklärte, er weiche der Gewalt. Man hatte ihm ein Schriftstück vorgelegt, des Inhalts, daß er die Regierungsgeschäfte niederlege und seine Abdankung mit »Unterschrift und dem zu dieser Zeit noch bestehenden herzoglichen Siegel« bescheinigte. Neben das Datum, 10. November 1918, 6 Uhr abends, setzte Bernhard die Worte: »Gott segne das Land Meiningen.« Anschließend wurde auch der zufällig im Schloß anwesende Prinz Ernst von den Soldaten aufgefordert, eine Thronverzichtserklärung zu unterschreiben – was er allerdings erst zwei Tage später tat.

Über die Abfindung einigte man sich noch am vorletzten Tage des Jahres 1918. Herzog Bernhard und seine Erben

erhielten 11 Millionen Mark, die nach der Inflation auf mehr als 8 Millionen Goldmark aufgewertet wurden. Bis zu seinem Tode im Januar 1928 lebte Bernhard still und zurückgezogen auf Schloß Altenstein zwischen Meiningen und Eisenach. Seine bösen Sottisen galten jetzt dem deutschen Volk im allgemeinen und den Sozialdemokraten im besonderen. Öffentlich aber äußerte er sich nie.
Chef des Hauses wurde nach Bernhards Tod Prinz Georg, von Beruf Rechtsanwalt, der in dieser Funktion als Familienoberhaupt seinen jüngeren Bruder Ernst ausbootete. Georg hatte nämlich falsch geheiratet: eine Gräfin zwar, aber halt nicht ebenbürtig. Katholisch war sie obendrein. Nach der neuen Reichsverfassung waren indes Adelstitel nur noch ein Bestandteil des Namens, und so wurde aus der Gräfin eine Prinzessin und aus Georg doch noch der Haupterbe. Diesem Rechtsstandpunkt beugte sich schließlich auch die Familie, zumal Georgs Tochter Regina die Mesalliance vollends wiedergutmachte, indem sie 1951 den österreichischen Kaisersohn und Kronprätendenten Otto von Habsburg heiratete.

Das Fürstentum Lippe

Das souveräne Fürstentum Lippe, im Sprachgebrauch oft Lippe-Detmold genannt, verfügt über ein zusammenhängendes Staatsgebiet von 1215 Quadratkilometer Fläche, auf dem 151 000 Menschen wohnen. Das Fürstentum Lippe ist ein Agrarstaat, der vom Export, vor allem land- und forstwirtschaftlicher Güter, lebt: Getreide, Kartoffeln, Schlachtvieh, Pferde, Wolle, Holz. Eine einmalige Erscheinung ist das Zieglergewerbe, das alljährlich im Sommer 15 000 Ziegler aus Lippe als Gastarbeiter und Devisenbringer in halb Europa beschäftigt sieht.

Die Verfassung des Fürstentums Lippe weist den Landständen bei der Gesetzgebung eine entscheidende Stimme zu. Das Parlament wird nach einem auf die Steuerleistung bezogenen Dreiklassenwahlrecht direkt und geheim gewählt und besteht aus 21 Abgeordneten. Sowohl im Bundesrat als auch im Reichstag ist Lippe (Detmold) mit je einer Stimme vertreten.

Der Erbfolgekrieg

Wie Fürst Leopold IV. von Lippe seinen Thron gewann und wieder verlor

Eines der bekanntesten deutschen Soldatenlieder, entstanden gegen Ende des 18. Jahrhunderts, besingt ›Lippe-Detmold, eine wunderschöne Stadt‹. Über Geschmäcker läßt sich streiten: deshalb sei dahingestellt, ob Detmold wirklich wunderschön war. Aber daß es ruhig und gemütlich zuging im souveränen Fürstentum Lippe, konnte niemand bestreiten. Seit der Schlacht im Teutoburger Wald (im Jahre 9 n.Chr.), die also schon etwas zurücklag, sei im Fürstentum Lippe nichts Wesentliches mehr passiert, spottete man außerhalb der Landesgrenzen. Woraus sich ein gewisser Nachholbedarf ergab, der zum Ausgang des 19. Jahrhunderts befriedigt werden sollte.

Sehr wesentlich war das, was nun geschah, zwar auch nicht, aber für Aufsehen und Aufregung war reichlich gesorgt. Lippe-Detmold war nun plötzlich alles andere als ›eine wunderschöne Stadt‹.

Im Jahre 1895 starb mit Fürst Woldemar das alte, seit Jahrhunderten in Lippe herrschende Geschlecht aus. Zwar gab es noch einen Bruder Alexander, aber der war – ein in deutschen Fürstenhäusern durch Inzucht und Degenerationsfolgen nicht eben seltener Fall – entmündigt und regierungsunfähig. Um die Erbfolge der Fürsten von Lippe-Detmold stritten sich drei Geschlechter: die fürstliche Linie im benachbarten Schaumburg-Lippe, die gräfliche Linie Lippe-Biesterfeld und die gräfliche Linie Lippe-Weißenfeld. Sehr bald spitzte sich das Rennen auf einen Zweikampf zwischen Schaumburg-Lippe und Lippe-Biesterfeld zu.

Dabei konnte das fürstliche Geschlecht derer zu Schaumburg-Lippe einen Startvorteil für sich verbuchen. Und das aus zwei Gründen: Zum einen hatte der verstorbene Fürst Woldemar in seinem Testament den Schaumburger Prinzen Adolf von Bückeburg als Regenten für seinen kranken Bruder eingesetzt und damit den weiteren Lauf der Dinge zu präjudizieren versucht. Zum anderen war dieser Adolf von Bückeburg mit Viktoria, einer Schwester Kaiser Wilhelms, verheiratet. Und bei dem ausgeprägten Familiensinn des Hohenzollern-Chefs war es nicht verwunderlich, daß Wilhelm II. alle Hebel in Bewegung setzte, um seinen Schwager und seine Schwester auf den Schild zu heben.

Adolf trat also die Regentschaft an; die Biesterfelder legten Protest ein und erreichten, daß ein Schiedsgericht unter dem Vorsitz von König Albert von Sachsen den Erbfolgestreit entscheiden sollte. Die bedeutendsten Vertreter der deutschen Rechtswissenschaft wurden aufgeboten, um gutachterlich tätig zu werden. Nach zwei Jahren erging ein Spruch, in dem der König von Sachsen dem Grafen Ernst von Lippe-Biesterfeld die rechtmäßige Regentschaft bescheinigte. Prinz Adolf mußte die Residenz in Detmold verlassen.

Der Kaiser allerdings gab sich noch längst nicht geschlagen und dachte sich eine Reihe von Nadelstichen und Schikanen aus, um den Biesterfeldern ihren Erfolg zu verleiden.

Das begann mit einem allerhöchsten Telegramm an den Herrn Schwager, in dem Wilhelm II. bewegte Worte der

Anerkennung für die zweijährige Regentschaft Adolfs fand: »Einen besseren und würdigeren Herrn und auch Herrin wird Detmold nie wieder erhalten.« (Über die ›Herrin‹ Viktoria wird an anderer Stelle noch zu reden sein.)

Es ging weiter, als der von einer Lähmung behinderte Grafregent Ernst seinen Sohn Leopold zum Antrittsbesuch beim Kaiser schickte. Wilhelm ließ Leopold zunächst einmal im Vorzimmer warten, trat ihm dann im saloppen Sportanzug entgegen und erklärte ihm, er erkenne die Biesterfelder nach wie vor nicht an. Und im übrigen verstehe er nicht, warum ein gelähmter Mann wie Leopolds Vater Ernst es sich ausgerechnet zutraue, die Regierung zu übernehmen. Außerdem fragte er, ob die Vermögensverhältnisse der Biesterfelder es überhaupt zuließen, den neuen Verpflichtungen nachzukommen.

Diesen verbalen Unfreundlichkeiten ließ der Kaiser einige skandalöse Anordnungen folgen, ohne sich im geringsten darum zu scheren, daß er damit den König von Sachsen und das ganze Schiedsgericht desavouierte. In seiner Eigenschaft als König von Preußen zog er seinen Gesandten aus Detmold zurück. Und als militärischer Vorgesetzter verbot er dem Regimentskommandeur in Detmold, die Truppen auf den neuen Bundesfürsten, also auf den Grafregenten Ernst, vereidigen zu lassen. Bei dieser Anordnung freilich machte dem Kaiser der Bundesrat einen Strich durch die Rechnung: Die Vereidigung fand doch statt.

Ernst, der nur körperlich, aber keineswegs geistig behindert war, nahm den Fehdehandschuh auf und wehrte sich unter anderem damit, daß er seinem Landtag ein Thronfolge- und Regentschaftsgesetz vorlegte, um die Erbfragen in seinem Sinne festzuschreiben. Das rief nun wieder die Schaumburger auf den Plan. Sie machten beim Kaiser und bei den anderen Bundesfürsten Stimmung dagegen, daß sich eine Volksvertretung anmaßte, in monarchische Belange einzugreifen. Den Schaumburgern in Bückeburg begegnete der Detmolder Landtag mit der Aufforderung, ihre Ansprüche mit Hilfe ordentlicher Gerichte prüfen zu lassen, wobei man Adolf sogar eine Frist setzte. Aber den übrigen Fürsten mußte man sich insofern beugen, als der Bundesrat an die Biesterfelder appellierte, die parlamentarische Behandlung des Thronfolgegesetzes auszusetzen.

Der kalte Erbfolgekrieg ging weiter. Grafregent Ernst hatte verfügt, alle in Lippe stationierten Truppen sollten – wie andernorts auch üblich – den Mitgliedern seines Hauses militärische Ehren erweisen und die Anrede ›Erlaucht‹ benutzen, was der zuständige Kommandierende General des Armeekorps in Münster ablehnte. Nachdem Ernst auf dem Dienstwege nichts erreichte, wandte er sich »mit dem Ausdruck unwandelbarsten Respekts« und »untertänigst verharrend« an den Kaiser und bat im Interesse seiner Autorität als Landesherr um Abhilfe.

Die Antwort Wilhelms II. war von einzigartiger Unverschämtheit: »Ihren Brief erhalten. Anordnungen geschehen mit Meinem Einverständnis nach vorheriger Anfrage. Dem Regenten, was dem Regenten zukommt, weiter nichts. Im übrigen will Ich Mir den Ton, in welchem Sie an Mich zu schreiben für gut befunden haben, ein für allemal verbeten haben.« Das geschah auf den Tag genau elf Monate nach dem Regentschaftsantritt von Ernst.

Der Grafregent ergriff die Flucht nach vorn und beschwerte sich in einem Rundschreiben an alle Bundesfürsten über den Kaiser: ein einmaliger Vorgang im Zweiten Reich. »Ich kann vor Gott und den deutschen Fürsten der Wahrheit gemäß bezeugen, daß ich von der

ersten Stunde meines Regentschaftsantrittes an bemüht gewesen bin, eine gnädige Gesinnung Seiner Majestät zu gewinnen und die Treue zur Allerhöchsten Person des Trägers der Deutschen Kaiserkrone ... zu bekennen. Ich muß aber ebenso wahrheitsgemäß vor Gott und den deutschen Fürsten zu meinem tiefen Schmerze aussprechen, daß ich während der Zeit meiner Regentschaftsführung mehrfach bitteren Erfahrungen durch die Ungnade seiner Majestät preisgegeben war ... Ich kann auszusprechen nicht unterlassen«, kam er dann zum wesentlichen Punkt, »daß die Ausübung einer disziplinarischen Korrektur gegen ein deutsches Staatsoberhaupt das verfassungsmäßige Verhältnis der Bundesfürsten im Reich in seinen Grundlagen verändern müßte.«
Dieser ebenso deutliche wie vornehme Brief des Grafregenten verfehlte seine Wirkung nicht ganz. Zwar exponierten sich die Bundesfürsten nicht zugunsten der Biesterfelder, aber die öffentliche Meinung in ganz Deutschland nahm den Vorfall zum Anlaß, dem Kaiser ins Gewissen zu reden: Der Erbfolgestreit »droht zu einer nationalen Gefahr zu werden«, befand die Presse. So kam es zumindest zu einer Atempause.
Als Grafregent Ernst im Herbst 1904 stirbt, geht Wilhelm sofort wieder zum Angriff über. Zunächst einmal wird der Tod des Regenten nicht im ›Reichsanzeiger‹ bekanntgegeben, was sonst üblich war. Außerdem enthält das Beileidstelegramm des Kaisers an den Sohn Leopold, das in einem ausgesprochen unangenehmen Ton gehalten war, einen Nachsatz: »Da die Rechtslage in keiner Weise geklärt ist, kann ich eine Regentschaftsübernahme Ihrerseits nicht anerkennen und lasse auch das Militär nicht vereidigen.«
Hier stichelt der Kaiser nicht nur, hier irrt er auch. Denn unbeschadet der vielleicht noch offenen Erbfolgeentscheidung ist die Regentschaftsübernahme, solange der

kranke Alexander noch lebt, gesetzlich geregelt. Darauf stellt auch das Lippische Staatsministerium ab: »Die Staatsregierung steht auf dem Standpunkt und hält daran fest«, erklärt Minister Max Gevekot, »daß in die Landesgesetze des einzelnen Staates, soweit sie verfassungsmäßig zustande gekommen sind, niemand einzugreifen hat. Mögen solche Kundgebungen der Nichtachtung kommen, woher sie wollen, die Regierung vertritt die Ansicht, daß ihnen irgendeine rechtliche Bedeutung nicht beizulegen ist . . . soweit Recht und Gerechtigkeit vor Macht geht.«

Im Januar 1905 stirbt Alexander, und nun hat erneut ein Gericht – diesmal das Reichsgericht in Leipzig – das letzte Wort. Jetzt geht es auch um die Frage, ob Leopold aus einer ebenbürtigen Ehe stammt. Die Bückeburger machen nämlich dem verewigten Vater Leopolds, dem Grafregenten Ernst, zum Vorwurf, er sei 1869 mit Karoline Gräfin von Wartensleben eine Mesalliance eingegangen. Im Klartext besagt dieser Vorwurf, Graf Ernst hätte, in weiser Voraussicht, dereinst das fürstliche Erbe anzutreten, keine gewöhnliche Gräfin heiraten dürfen.

Im Oktober 1905 schmettert das Reichsgericht die Bükkeburger Einwände ab und bestätigt die Erbfolge der Biesterfelder. Als Leopold IV. nimmt der Erbe den Fürstentitel an und erhält jetzt endlich aus Berlin ein süßsaures Glückwunschtelegramm. Leopold läßt eine Gedenkmünze prägen mit der Aufschrift »Durch Kampf zum Sieg«, was den Kaiser erneut ärgert. Die Münze darf in Preußen nicht vertrieben werden. Erst im Krieg hören dann die kleinen Sticheleien zwischen Detmold und Berlin auf.

Diese lange Vorgeschichte mußte erzählt werden, um einige Charaktereigenschaften des 1871 geborenen Leopolds IV. zu erklären. Der neue Fürst ist ein von Anfang

an peinlich auf seine Würde bedachter Mann. Weil er, wie man heute sagen würde, dauernd frustriert und verunsichert worden war, kompensiert er seine Minderwertigkeitskomplexe mit betont fürstlichem Auftreten, was ihm später den Vorwurf einbrachte, er sei ein arroganter und hochmütiger Mann gewesen.
Er führt für sich und seine Frau, eine geborene Prinzessin von Hessen, die Anrede ›Hochfürstliche Durchlaucht‹ ein und versucht noch im letzten Kriegssommer 1918, als man eigentlich andere Sorgen im Reich hatte, seine fürstlich-regierenden Kollegen dazu zu bringen, gemeinsam das Prädikat ›Hoheit‹ zu beanspruchen.
Leopolds alte Offizierskameraden hatten ihm bei seiner Thronbesteigung ein Telegramm geschickt mit dem nicht gerade taktvollen Text: »Was das Würstchen unter den Würsten, bist Du unter den Fürsten.« Auch aus solchen Erfahrungen mag seine Protokollsucht resultieren sowie sein Ausschöpfen aller Hoheitsrechte, von der Ordensverleihung bis zur Nobilitierung: Leopold hatte einen Oberhofmarschall und einen Kammerherrn, einen Flügeladjutanten und einen Hofstallmeister, ein Geheimes Zivilkabinett neben dem Staatsministerium und eine eigene Hausuniform, die Wilhelm II. gerne als »Operettentracht« bezeichnete.
Die Hofrangordnung in Lippe-Detmold wies immerhin 66 Stufen auf, wobei für Akademiker, Künstler und Presseleute ebenso Stufen vorgesehen waren wie für Beamte, Offiziere und Politiker. Ein Abgeordneter zum Beispiel kam an 44. Stelle, während ein Leutnant auf Platz 64 eingereiht wurde. Besonders wachte Fürst Leopold auch über seine fürstlichen Vorrechte von der Steuerbefreiung bis zur Portofreiheit. Er gehörte zu den Wortführern der deutschen Bundesfürsten, wenn Berlin Anstalten machte, auch nur in Kleinigkeiten an ihren Rechten zu knabbern.

Freilich täte man Leopold IV. Unrecht, würde man ihn ausschließlich als geltungssüchtigen Fürstendarsteller abqualifizieren. Er war aufgeschlossen für moderne Technik und Industrie, er baute sein abgebranntes Hoftheater wieder auf, obwohl mitten in den Bauarbeiten der Krieg begann. Und gegen Ende des Krieges entstand auf seine Initiative hin eine Fürst-Leopold-Akademie für Verwaltung: eine Fachhochschule, in der schwerbeschädigte Offiziere zu Kommunalbeamten umgeschult wurden. Inwieweit solche Aktivitäten die Popularität des Fürsten bei seinen eigenen Untertanen stärkten, sei dahingestellt. »Ein jedes Volk hat seine Größe«, hieß es in einem Spottgedicht, »in Lippe kocht man die besten Klöße.«
Der introvertierte Fürst, der privat seiner Familie und seinem Jagdhobby lebte, war nicht gerade beliebt, aber immerhin respektiert und geachtet. Für seinen beherzten Kampf um den Thron gegen Berlin und Bückeburg war er einst umjubelt worden, und ganz hatte man ihm und seinem Haus diese Haltung nie vergessen. Er verstand es jedoch nicht, volksnah zu regieren; und echte Zuneigung oder gar Begeisterung konnte Leopold nie erringen.
Im Weltkrieg ging Leopold auch am Anfang nicht an die Front, sondern begnügte sich damit, seine Landeskinder beim Ausmarsch an die Front feierlich zu verabschieden und ihnen gelegentlich bei dortigen Inspektionen Liebesgaben zu bringen, Verwundete zu besuchen und lippische Kriegsauszeichnungen zu verleihen. Einige Verwandte Leopolds allerdings machten den Krieg mit und starben mit 8000 anderen Untertanen des Fürsten den Heldentod.
Von der Revolution wurde der Fürst völlig überrascht. Er hatte sich in den ersten Novembertagen, wie so oft, wieder einmal auf seinen Jagdsitz in tiefe Waldeinsam-

keit zurückgezogen. Leopold selbst hat seinem Bruder Bernhard, dem Vater des späteren Prinzen Bernhard der Niederlande (Gemahl von Königin Juliana), die Vorgänge in einem Brief geschildert. Die Darstellung beginnt unter dem Datum des 6. November in Lopshorn, zehn Kilometer südwestlich von Detmold gelegen: ». . . kam zu uns in die Ruhe des Waldes die unerwartete Meldung, es seien für die zwei nächsten Tage Unruhen zu erwarten; ob ich militärischen Schutz haben wollte. In Anbetracht der Nähe des Gefangenenlagers Senne nahm ich solchen dankbar an, und es rückte ein Zug Infanterie mit Offizieren und Maschinengewehr an. Dazu kam die Nachricht der Meuterei in Kiel, und die letztjährigen Vorgänge in Rußland zeigten die Gefahren des Gefangenenlagers im grellsten Licht. Aber schon am nächsten Tag kam die dringende Bitte, sofort mit meiner Familie nach Detmold zu kommen. Das war Donnerstag.«

Am Freitag ließ Fürst Leopold seinen Flügeladjutanten Major von Natzmer zu sich rufen zur Aufklärung und zum Bericht über die Lage. »Der Erfolg war, daß wir Hals über Kopf binnen drei Stunden das Notwendigste packten und alle nach Detmold fuhren, weil man uns gern in den bevorstehenden schweren Tagen unter sich haben wollte . . . Und Sonnabend ging es dann abends los. Ich hatte Befehl gegeben, da offizielles Schießverbot ergangen war, daß vom Militär kein Schuß zu fallen hätte, außer in der Notwehr, ließ auch, um zweckloses Blutvergießen zu vermeiden, meiner Schloßwache alle Patronen abnehmen. Und abends war bereits ein Volks- und Soldatenrat konstituiert, am nächsten Morgen meine Schloßwache verschwunden. Um alles Weitere zu vermeiden, hatte ich, nachdem von den Sozialdemokraten meine Abdankung gefordert war, die Sache so gedreht, daß ich mich nicht einseitig für befugt halte, abzudanken, dies vielmehr eine Landesangelegenheit sei. Sollte das Land gegen mich entscheiden, würde ich gehen. So wurde mein erster Erlaß vereinbart, und ich glaubte, allen weiteren Unannehmlichkeiten enthoben zu sein, zumal die Sozialdemokraten erklärten, damit zufrieden zu sein.« Der angesprochene Erlaß datiert vom 9. November.

Am Sonntag, dem 10. November, verschärfte sich die Lage weiter. Der Volks- und Soldatenrat erließ einen Aufruf an die Bevölkerung, der mit den Sätzen begann: »Mitbürger! Volksgenossen! Zutrauen veredelt das Volk! Ewige Vormundschaft hemmt seine Reife!« Dann folgte die Mitteilung, daß die vollziehende Macht in Lippe bei dem Volks- und Soldatenrate zu Detmold ruhe und daß die Landesregierung seinen Weisungen folge.

Der Volks- und Soldatenrat forderte eine sofortige und offizielle Abdankungsurkunde. Das Mitglied des Volksrates, Dr. Neumann-Hofer, wurde beauftragt, persönlich mit dem Fürsten in dieser Angelegenheit zu verhandeln und ihn zum Thronverzicht zu bewegen. Professor Dr. Neumann-Hofer, ein liberaler Abgeordneter, der das Vertrauen des Fürsten genoß, nahm den Auftrag an.

Aus der Sicht des Fürsten sah es so aus: »Da kam der Sonntag, an dem mir morgens Soldaten ins Schloß brachen und die rote Fahne hißten, und damit kam für mich die große Gefahr, daß ich ebenso gewaltsam von einer unberufenen Gesellschaft im Schloß zum Thronverzicht gezwungen werden könnte. So wurde in Eile ein Plan zur Flucht gemacht, um diesem zu entgehen. Das ging dann bis zum Nachmittag hin und her, bald sollte ich fahren, bald wieder nicht. Schließlich sagte ich mir, eine Flucht könnte vielleicht die Soldaten reizen, und dann könnte ja Berta und den Kindern etwas passieren. So

entschied ich: Ich bleibe. Ein Blick auf den Schloßplatz genügte, mich zudem zu überzeugen, daß keine Flucht mehr möglich. Er stand Kopf an Kopf voll Menschen, kein Ausgang war frei.«
Zu der Abdankungsfrage schreibt der Fürst: »Inzwischen wurde in dringenden Telefongesprächen und Telegrammen Neumann-Hofer hierher zu rufen versucht, der leider in Berlin von den Ereignissen überrascht wurde und der einzige war, der die Situation für mich noch retten konnte. Er langte noch spätabends hier nach fürchterlicher Reise an; aus einem Zuge war er herausgedrängt worden und wäre noch beinahe überfahren worden. Ich empfing ihn am Montag mittag.«
Neumann-Hofer erklärte dem Fürsten zunächst, daß sein Erlaß vom 9. November, in dem er sein weiteres Schicksal der lippischen Volksvertretung überantwortet habe, wohl voreilig gewesen sei. Er versuche aber trotzdem zu retten, was noch zu retten sei, gebe sich allerdings keinen allzu großen Hoffnungen hin. Und zwar deshalb, weil vor allem landfremde Revolutionäre die Entwicklung zunehmend beeinflußten. Einmal waren das Soldaten, die Anfang November aus unruhigen Garnisonen ins Lippische geschickt worden waren, weil dort die Welt noch in Ordnung zu sein schien, zum anderen handelte es sich um Matrosen aus Kiel und um Linke aus Berlin und Bielefeld, die nun in Detmold ganz offenbar das Heft an sich rissen.
Für Dienstag, den 12. November war um 9 Uhr früh eine weitere Sitzung der Räte anberaumt worden. Neumann-Hofer sah richtig voraus, daß weiteres Hinhalten nicht mehr möglich sein würde. Er empfahl dem Fürsten deshalb, Detmold so schnell wie möglich zu verlassen, damit er nicht unter Druck Entscheidungen treffen müsse, die nicht mehr zu revidieren wären. Während noch Fluchtpläne geschmiedet wurden, kam Neu-

mann-Hofer von einer Vorversammlung aus der Stadt zurück.

Der Fürst über den Bericht des Politikers:

»Es ist alles verloren! Es wäre von Bielefeld eine Stimmung hergetragen, wie er sie in seinem ganzen Leben in keiner Versammlung überhaupt noch je erlebt hätte. Die Menschen wären für kein vernünftiges Wort mehr zugänglich und verlangten bis morgen früh meinen Thronverzicht. Eine Flucht meinerseits nütze jetzt nicht mehr, sondern verschlimmere höchstens noch die Situation. Er hatte Tränen in den Augen vor innerer Erregung. Der Minister würde mir noch am Abend die Forderung des Thronverzichtes überbringen. Und dieser kam abends zehn Uhr, nachdem noch alles versucht war, mit der schweren Forderung, die unterstützt war mit dem drohenden Hinweis, daß die Bajonette dahinter ständen.«

Dienstag, 12. November: »So blieb mir nichts weiter übrig, wollte ich Ruhe und Ordnung im Lande nicht noch mehr gefährden, als der Gewalt zu weichen. Die Verzichturkunde wurde ausgearbeitet und nachts um ein Uhr von mir unterzeichnet; schweren Herzens, da ich dadurch die ganze Zukunft des Landes, dem ich das Beste zu geben gewillt war, mit einem Schlage vernichtet sah. Als am Morgen neun Uhr die Urkunde überreicht wurde, hieß es: Das ist gut, sonst wäre der Fürst in Haft genommen worden! So ist alles gekommen! Wie Du nun sehen wirst, nicht übereilt, sondern erst, nachdem alles versucht, es zu vermeiden, unter dem Druck der Gewalt.« Soweit Leopold an Bernhard.

Die Urkunde hatte folgenden Wortlaut: »In meinem Erlaß vom 9. November habe ich meinen und meines Hauses Verzicht auf den Thron der Entscheidung einer berufenen und auf denkbar breitester Grundlage gewählten Vertretung des Lippischen Volkes überantwortet. Für die Innehaltung dieses in ernster Stunde gegebenen Versprechens habe ich mein Fürstliches Wort verpfändet. Nachdem mir nun der Vorstand des Volksrates hat erklären lassen, daß er eine Entscheidung der Lippischen Volksvertretung nicht abwarten wolle, sondern sofortigen Verzicht verlange, entsage ich hiermit für mich und mein Haus dem Throne. Leopold, Fürst zu Lippe.«

Seinen Bericht an Bruder Bernhard schließt Leopold mit einer bemerkenswerten Erkenntnis: »Und wo bleiben die konservativen Männer in dieser Stunde? Da hat sich keiner gefunden, der für seinen Fürsten eingetreten wäre, sie hatten sich alle ängstlich in ihr Kämmerlein verschlossen.« Es war in der Tat so, daß die bürgerlichen Kreise, die sich bei Hofbällen, Geburtstagsempfängen und anderen Festen um die Fürsten drängten, in den Tagen der Revolution vorsichtshalber auf Tauchstation gegangen waren.

Die vermögensrechtliche Auseinandersetzung in Lippe zog sich fast zwei Jahrzehnte hin. Zunächst war der gesamte Domänenbesitz verstaatlicht worden. Nach und nach holte Leopold hier ein Wohnrecht, dort etwas Grundbesitz oder finanzielle Entschädigung heraus, wobei er bereits geschlossene Verträge mit dem Argument bekämpfte, sie seien unter Druck zustande gekommen. Mit den Geldern, soweit sie von der Inflation nicht aufgezehrt wurden, kaufte der Fürst Grundbesitz, den er aber zum Teil wieder veräußern mußte, was zu weiteren Prozessen führte. So mit dem Industriellen Thyssen, gegen den er das ›Armenrecht‹ beantragte. Nun, im Vergleich zu Thyssen war Leopold wohl tatsächlich arm.

Zum Abschluß kamen die Verhandlungen und Prozesse erst Anfang 1937, als Leopold noch einmal zwei Millionen Reichsmark zugesprochen erhielt, die er für Landkäufe in der Mark Brandenburg einsetzte. Leopold – der erst 1949 starb – und seine sechs Kinder aus zwei Ehen mußten noch mit ansehen, wie auch dieser Besitz in der sowjetischen Besatzungszone verlorenging.

Die Fürstentümer Reuß

Das souveräne Fürstentum Reuß ältere Linie, auch Reuß-Greiz genannt, besteht aus drei voneinander getrennten Gebieten und ist mit einer Fläche von 316 Quadratkilometern das kleinste Fürstentum sowie mit 72770 Einwohnern der drittkleinste Staat im ganzen Reich. Die Landwirtschaft spielt in dem bergigen Fürstentum eine eher untergeordnete Rolle gegenüber der Forstwirtschaft. Industriell fällt vor allem die Wollwaren- und Strumpffabrikation ins Gewicht. In Greiz und Umgebung stehen mehr als 11000 mechanische Webstühle. Daneben sind Maschinenbau, Seifenindustrie, Färbereien, Gerbereien, Porzellan- und Papierfabriken erwähnenswert.

Das Fürstentum Reuß ältere Linie ist seit 1867 eine konstitutionelle Monarchie, die dem Fürsten alle Rechte der Staatsgewalt überläßt. Der ihm beigegebene Landtag besteht aus zwölf Abgeordneten, von denen drei durch den Fürsten ernannt und zwei von den Großgrundbesitzern direkt gewählt werden, während aus indirekten Wahlen drei Abgeordnete für die Städte und vier für die Landgemeinden ermittelt werden. Im Bundesrat und im Reichstag ist das Fürstentum Reuß ältere Linie mit je einer Stimme vertreten.

Das souveräne Fürstentum Reuß jüngere Linie, auch Reuß-Schleiz-Gera genannt, besteht aus zwei durch das Großherzogtum Sachsen-Weimar-Eisenach getrennten Gebieten und ist der größere der beiden Reußschen Staaten. Auf 827 Quadratkilometer Fläche wohnen 152750 Menschen. Auch in diesem Fürstentum ist die Forstwirtschaft bedeutender als Ackerbau und Viehzucht. Hauptindustrieort ist Gera (47000 Einwohner): es gibt hier Teppichweberei, Färberei, Musikinstrumentenbau und chemische Fabriken. Im Fürstentum Reuß jüngere Linie stehen außerdem rund 12000 mechanische Webstühle.

Das Fürstentum Reuß jüngere Linie ist im Bundesrat und im Reichstag mit je einer Stimme vertreten und ist eine konstitutionelle Monarchie, in der alle Staatsgewalt vom Fürsten ausgeübt wird. Der Landtag besteht aus einem Vertreter des Fürstenhauses, drei Abgeordneten der Höchstbesteuerten und zwölf Abgeordneten, die von der ganzen Bevölkerung direkt gewählt werden.

Der Geburtstag

Das Ende Heinrichs XXVII. und der beiden Fürstentümer Reuß

Er war kein Fürst, der sich gern feiern und hochleben lassen mochte. Auch unter anderen Umständen als in den Wirren der Novembertage 1918 wäre der 60. Geburtstag von Heinrich XXVII., regierender Fürst des Fürstentums Reuß jüngere Linie und Regent für seinen geisteskranken Vetter von der älteren Linie, nicht mit übertriebenem Pomp und höfischem Zeremoniell bejubelt worden. Wahrscheinlich hätte der Fürst eine Gratulationscour über sich ergehen lassen, zum Essen ein paar Freunde um sich versammelt, und am Abend wäre in seinem Hoftheater zu Gera eine Wagner-Oper aufgeführt worden, und er hätte sich dem Volk – dem besseren Teil desselben – einmal kurz in der Loge gezeigt.
So aber verlief alles anders an diesem 10. November 1918, dem Fürstengeburtstag. Sechs Tage zuvor war Heinrich mit seiner Frau Elise mitten in der Nacht aus Belgien zurückgekehrt, wo man in einem Lazarett den schwer erkrankten Sohn und Erbprinzen besucht hatte. Als der Fürst am 5. November morgens seine Ratgeber zu sich befahl, herrschte bereits dicke Luft. Die Ereignisse in Kiel hatten sich schon bis nach Gera durchgesprochen, hatten auch hier schon Wellen geschlagen.
In der Residenzstadt wurde der Aufstand geprobt. Ein

Arbeiter- und Soldatenrat nach russischem Vorbild bildete sich. Im bürgerlichen Lager, bei Monarchisten und hohen Militärs, machte sich Resignation breit. Der Krieg war verloren, da galten auch Kronen nicht mehr viel. Aus Andeutungen von Augenzeugen geht hervor, daß der Fürst eher dazu geneigt schien, sich verteidigend mit fliegenden Fahnen unterzugehen. Er war zeitlebens ein begeisterter und schneidiger Soldat, hielt sich am liebsten draußen im Feld bei seinen Landeskindern auf – bei denen er freilich wenig zu sagen und nichts zu kommandieren hatte. Das taten schon die Preußen, von denen jetzt allerdings nichts mehr zu sehen und zu hoffen war.

Am Abend des 9. November versuchte man in Gera, der Situation durch Entgegenkommen, durch einen Kompromiß Herr zu werden. Paul Ruckdeschel, der fürstliche Minister, bat um seine Entlassung, um einem demokratisch legitimierten Nachfolger Platz zu schaffen. Wie überall war das auch in Gera viel zu spät. Ruckdeschel konnte seinem Herrn nur noch einen Gefallen tun: ihm die Forderungen des Arbeiter- und Soldatenrats übermitteln und ihm schonend beibringen, daß seine Zeit vorbei sei. Wahrscheinlich war diese freiwillige Mission auch ganz im Sinne der Revolutionäre; sie dürften es ebenfalls als höchst peinlich empfunden haben, ausgerechnet am Geburtstag des Fürsten persönlich dessen Abdankung zu verlangen.

»Es war wohl der schwerste Gang seines Lebens«, schrieb Ruckdeschel über sich selbst in der dritten Person. »Vom blauen Himmel leuchtete die milde Spätherbstsonne herab auf die scheinbar friedlich daliegende Stadt, als er emporstieg zum Schloß der Reußen. In dem Zimmer, in dem er so oft seinem Fürsten gegenübergestanden, traf er diesen an. Ruhig, gefaßt, ohne Bitterkeit, ohne daß man seiner Stimme die innere Erregung anmerkte, erklärte er sich bereit, für sich und sein Haus auf den Thron zu verzichten.«

Die Tränen hatte dafür der langjährige Minister Ruckdeschel in den Augen, als Heinrich XXVII. leise hinzufügte: »Ich hatte mir meinen 60. Geburtstag anders vorgestellt.« Sonst sagte der letzte Reußen-Fürst nichts in dieser mittäglichen Stunde. Am Nachmittag unterschrieb er die Abdankungsurkunde und den Thronverzicht – und damit indirekt auch die Liquidation der Eigenstaatlichkeit eines der kuriosesten Gebilde des Bismarckreiches.

Wer von Hof über die Autobahn durch die DDR nach Berlin fährt, kommt bald hinter dem Kontrollpunkt Hirschberg zur Ausfahrt Schleiz, das nur wenige Kilometer östlich der Autobahn liegt. Weiter im Hinterland ist Greiz und ein gutes Stück im Norden die größere Stadt Gera. Diese drei Orte waren bis 1918 Haupt- und Residenzstädte der Fürsten zu Reuß.

Das Fürstentum Reuß ältere Linie umfaßte eine Fläche von 316 Quadratkilometern mit gut 70000 Einwohnern. Neben der Haupt- und Residenzstadt Greiz mit 23000 Einwohnern gehörten zum Fürstentum noch die kleine Stadt Zeulenroda (knapp 10000 Einwohner), zwei Marktflecken und 71 Dörfer. Das Fürstentum Reuß ältere Linie war – von den Freien Hansestädten Lübeck und Bremen abgesehen – flächenmäßig der kleinste deutsche Staat. Von der Größe eines mittleren Landkreises, hatte es ein Landgericht, ein Gymnasium, eine Höhere Töchterschule, ein Lehrerseminar und eine gutentwickelte Textilindustrie, die den Landeskindern ausreichend Arbeit und bescheidenes Auskommen garantierte.

Das Fürstentum Reuß jüngere Linie mit der Haupt- und Residenzstadt Gera war mehr als doppelt so groß, verfügte jedoch ebenso wenig wie das der älteren Linie über ein zusammenhängendes Staatsgebiet. Um von der Hauptstadt Gera in die zweite Residenzstadt Schleiz zu kommen, mußte man weimarisches Gebiet durchfahren.

In Gera, vor dem Ersten Weltkrieg mit 47000 Einwohnern die größte Stadt im nichtpreußischen Thüringen, war eine starke Industrie angesiedelt, die 60 Prozent der Bevölkerung beschäftigte. Insgesamt umfaßte das Fürstentum sechs Städte, vier Marktflecken und 163 Dörfer. An schulischen Einrichtungen gab es zwei Gymnasien, ein Realgymnasium, eine Handelsschule, eine Höhere Töchterschule, drei Bürgerschulen und ein Lehrerseminar.

Die Grafen zu Reuß herrschten seit dem Dreißigjährigen Krieg und waren 1778 zu Greiz und 1806 auch zu Schleiz gefürstet worden. Bekannt geworden sind sie durch ihre Marotte, alle männlichen Nachkommen auf den Vornamen Heinrich zu taufen: Angeblich zu Ehren von Kaiser Heinrich VI., Vater des großen Staufers Friedrich II., fing Ende des 17. Jahrhunderts die eine Linie damit an, ihre Heinrichs bis hundert durchzuzählen, um dann wieder von vorn anzufangen, während die andere Linie mit jedem Jahrhundert neu mit der römischen Eins begann. Für die Landeskinder hatte das den Vorteil, stets zu wissen, wie ihr Herrscher hieß. Und aus den hohen Zahlen kann geschlossen werden, daß ihre Fürsten von beträchtlichem bevölkerungspolitischem Fleiß waren.

In unseren Tagen machten die zu Reuß noch einmal Schlagzeilen, als Prinzessin Marianne (Jahrgang 1936) nach den Olympischen Spielen von München Avery Brundage (Jahrgang 1887), den ebenso reichen wie greisen Präsidenten des Internationalen Olympischen Comitees, ehelichte und ihn bald darauf – wenn auch nur teilweise – beerbte. Eine andere Prinzessin Reuß namens

Maria Adelheid schuf sich im Dritten Reich als Referentin im persönlichen Stab des Reichsbauernführers einen zweifelhaften Namen durch ein Buch, das ›Nordische Frau und nordischer Glaube‹ betitelt war.
Die Geschichte der beiden Fürstentümer zu Reuß, die 1918 sozusagen in einem Aufwasch endet, wies ein Menschenalter zuvor wenig Gemeinsamkeiten auf. Im Jahr des deutschen Bruderkriegs 1866 begreift nur die jüngere Linie, was die Uhr geschlagen hat. Fürst Heinrich LXVII. hatte ganz kurz auf die österreichische Karte gesetzt, sich dann aber eiligst »als alter Preuße« der Gnade Bismarcks empfohlen. Anders die Fürstregentin Caroline von der älteren Linie, die für ihren minderjährigen Sohn das Zepter schwang. Sie fühlte sich auch nach der Schlacht von Königgrätz noch dem habsburgischen Erzhaus verpflichtet, so daß Bismarck nach dem Krieg auf Rache sann.
Weil man das Fürstentum beim besten Willen durch Gebietsabtrennung nicht mehr verkleinern konnte, wollte es Bismarck gleich ganz kassieren, wogegen sein König Wilhelm I. allerdings erfolgreich opponierte. Das große Hannover mochte eine Sünde wider das Recht wert sein – für das kleine Reuß wollte man das Prinzip der Legitimität der Fürsten von Gottes Gnaden jedoch nicht über Bord werfen, zumal sich die jüngeren Vettern wortreich für die Verfehlungen der älteren Linie entschuldigten.
Die Frau Regentin zahlte 100000 Taler Buße, wehrte sich aber mutig und nachdrücklich gegen die Zumutung, ihren Sohn und Erben in preußische Dienste abzustellen, so daß dieser Heinrich mit der Nummer XXII der einzige deutsche Bundesfürst blieb, der nie Uniform getragen hat. Ein Jahr nach dem Krieg kamen in beiden Fürstentümern dann neue Heinrichs auf den Thron. Heinrich XIV. von der jüngeren Linie war ein flexibler

politischer Kopf, der sich voll auf die neuen Machtverhältnisse einstellte. Der Wind wehte jetzt aus Preußen, und der Fürst hing seine schwarz-rot-gelbe Fahne voll in denselben.

Anders Heinrich XXII., Carolines Sohn, der bis zu seinem Tod ein erbitterter Gegner des Bismarckreiches blieb und gegen Berlin agitierte, wo immer er konnte, was ihm den Namen ›Heinrich der Unartige‹ eintrug. Er war ein introvertierter, aber respektgebietender Herrscher, konservativ bis auf die Knochen, unsoldatisch aus Erziehung und Überzeugung. Nicht einmal reiten konnte er. Seinen Hofstaat stellte er aus Leuten zusammen, die aus Ländern stammten, die mit Preußen verfeindet waren. Die preußischen Farben Schwarz-Weiß soll er selbst an Feuerwehrhäusern nicht geduldet haben. Dafür ließ er seine Kutschen mit dem österreichischen Schwarz-Gelb übermalen.

Im Bundesrat stimmte dieser Rebell oft als einziger gegen Gesetze, nur um seinen Widerstand gegen das ungeliebte Reich zu demonstrieren. Bei Wahlen war ihm sogar der sozialdemokratische Kandidat erklärtermaßen noch lieber als ein nationalliberaler ›Preußenknecht‹. Wenigstens hat Heinrich XXII. nicht mehr erleben müssen, daß seine zweitjüngste Tochter Hermine als verwitwete Prinzessin Schönaich-Carolath den im holländischen Exil lebenden Hohenzollernkaiser Wilhelm II. heiratete.

Über ›Heinrich den Unartigen‹ kursierten die tollsten Geschichten. So wurde verbreitet, der Fürst habe straffällig gewordenen jungen Mädchen gern das Gefängnis erspart und sie dafür zu einer Tracht Prügel ›begnadigt‹, deren Verabfolgung aufs nackte Gesäß er persönlich überwacht hätte. In Berlin, wo man den Preußenfresser mit Argwohn betrachtete, wurden gelegentlich sogar Pläne geschmiedet, den ›Unartigen‹ entmündigen zu

lassen. Aber leider mußten ›Bismarck & Erben‹ stets feststellen, daß der Fürst in seinem Lande keineswegs so unbeliebt war, wie man sich das gewünscht hätte.
Heinrich XXII. starb 1902. Neben fünf Töchtern hinterließ er nur einen geisteskranken Sohn, für den der Onkel von der jüngeren Linie die Regentschaft übernahm. Onkel Heinrich XIV. war damals auch schon siebzig Jahre alt, lebte mit seiner Frau Friederike, einer ehemaligen Schauspielerin bürgerlicher Abstammung, in Dresden und hatte die Regentschaft im eigenen Fürstentum seinem Sohn übertragen, dem Erbprinzen Heinrich XXVII. Dieser Erbe war nun besonders propreußisch eingestellt, und dem Fürsten der älteren Linie war deshalb der greise Vetter mit seiner zweifelhaften Gemahlin stets lieber gewesen als der stramme Neffe, der gern betonte, wie sehr er sich als preußischer Offizier fühle.
Aufzuhalten war Heinrich XXVII. natürlich nicht. Und glücklicherweise entwickelte sich der Erbprinzregent im Lauf der Zeit durchaus zu einer eigenständigen Figur. Gerade die tiefe Bewunderung für Bismarck und Kaiser Wilhelm I. machte Heinrich XXVII. in wachsendem Maße empfindlich gegen die allzu forsche neue Generation in Berlin. Gewiß war er für ein starkes Heer und für ausreichende Reichssteuern, etwa zur Finanzierung der Kaiserlichen Marine; aber ebenso wehrte er sich strikt gegen alle Übergriffe Berlins in Dingen, die der Reußenfürst für Landessache hielt. Wilhelm II. und seiner Umgebung traute er allerhand Schlechtigkeiten zu, über die er sich in sarkastischen Bemerkungen ausließ. Gelegentlich – so ist überliefert – hatte er sogar schlimme Vorahnungen, der Art, daß die Berliner seine Fürstenherrlichkeit noch einmal ruinieren würden.
Verheiratet mit Prinzessin Elise aus dem Hause Hohenlohe-Langenburg, führte Heinrich XXVII. ein eher zu-

rückgezogenes Leben. Beide waren sie alles andere als leutselig, sondern von einer schüchternen Schroffheit, die sich übrigens eher gegen Höhergestellte richtete als gegen einfache Leute, deren Anliegen er in regelmäßigen öffentlichen Audienzen geduldig anhörte. Beliebt oder gar geliebt war er wohl nicht, aber durchaus geachtet.
Heinrich XXVII. war ein Autokrat der alten Schule, ein passionierter Jäger, ein selbstsicherer Redner – und als Oberhaupt seiner protestantischen Landeskirche der Schrecken aller Pastoren. Bestieg ein Prediger die Kanzel, klappte der Fürst seine Taschenuhr auf und schlug sie vernehmlich zu, wenn ihm die Predigt nicht paßte. Dies geschah hauptsächlich immer dann, wenn dem Prediger das Gotteswort zu lang geriet.
Der Fürst kümmerte sich um alles. Werktags wie sonntags ließ er sich Aktenkoffer ins Schloß tragen, überwachte die Tätigkeit seiner fünf Sparkassen, die eine Million Jahresgewinn abwarfen, zählte die Steuereinnahmen, die an die zwei Millionen Mark pro Jahr ausmachten, und wirtschaftete so sparsam, daß in der Staatskasse nie Ebbe herrschte. Wobei Reuß fast ein Steuerparadies war, mit einem Höchstsatz von 12 Prozent für große Einkommen.
Als Umweltschützer stritt er um jeden Baum, der dem technischen Fortschritt zum Opfer fallen sollte. Umgekehrt freilich erwies er sich als großer Förderer der Eisenbahn und sorgte dafür, daß die preußischen und sächsischen Schienenstränge auch durch sein Land gingen. Die 300 Kilometer Straßen in seinem Herrschaftsgebiet hielt er gut in Schuß. Um die Einrichtung von Krankenhäusern und um die Unterstützung unschuldig in Not geratener Arbeiter sorgte er sich persönlich. Freilich war er auch ein überaus strenger und harter Mann, wo er Schuld vermutete. Von seinem Begnadigungsrecht machte er nur in Ausnahmefällen Gebrauch:

Todesurteile vollstrecken zu lassen scheint sein Gewissen nicht allzusehr belastet zu haben.
Sein besonderes Hobby war das Schulwesen, dem er viel Zeit und auch überflüssige Mühe widmete. Der Fürst spielte nicht nur den Schulrat, der überraschend den Unterricht inspizierte, sondern übernahm es sogar höchstpersönlich, die Abituraufgaben seiner Landeskinder zu kontrollieren und in Deutschaufsätzen herumzukorrigieren. Wobei überliefert ist, daß er nicht nur auf Orthographie, Grammatik und Zeichensetzung achtete, sondern auch »bessere Formulierungen in einfacher und klarer Sprache« an den Rand schrieb.
Fürstin Elise war eine gebildete Frau, die vier Sprachen beherrschte und die große Literatur des 19. Jahrhunderts möglichst im Original las. Ihre besondere Liebe gehörte der Musik. Sie spielte Geige und Klavier und versammelte in ihrem ›Hausmusik-Cercle‹ so berühmte Leute um sich wie den Pianisten Edwin Fischer, den Geiger Adolf Busch und den Dirigenten Hans Knappertsbusch, die gern kamen, obwohl sie dafür wenig erhoffen konnten. Denn mit Orden ging der Fürst äußerst sparsam um. Und von seinem Recht der Adelsverleihung machte er nie Gebrauch.
Gewiß, der Fürst war den Musen gegenüber freigebig. Er hatte in Gera die Oper eingeführt, zunächst mit Gastspielen aus Leipzig und Dresden, dann mit einem eigenen Ensemble und berühmten Gästen. Felix Mottl, Carl Muck und Arthur Nikisch gastierten in Gera, Wilhelm Furtwänglers Begabung wurde dort erkannt, Bruckner und Reger wurden gefördert. Auch Richard Wagners Bayreuth-Pläne hatte die Familie Reuß von Anfang an unterstützt. Mit Cosima Wagner hielt Heinrich XXVII. nicht nur regen Kontakt, sondern holte sich vom Grünen Hügel in Bayreuth immer wieder Anregungen für sein eigenes Opernhaus. Wurde in Gera

Wagner inszeniert, saß der Fürst bei Proben gern im Parkett und fuhr dazwischen, wenn etwas nicht so ausgeführt wurde, wie er es in Bayreuth gesehen und von Cosima gelernt hatte. Übrigens machte sein Sohn, Erbprinz Heinrich XLV., später aus der angeborenen Theaterleidenschaft einen bürgerlichen Hauptberuf und schuf sich einen guten Namen als Regisseur. Heinrich XLV. war der Letzte seines Stammes; er fiel 1945 den Russen in die Hände. Über sein Schicksal wurde nie etwas bekannt.

Das Theater war zunächst das einzige, was dem Fürsten nach seiner Abdankung blieb. Wenige Tage nach der Revolution nahm Heinrich XXVII. wie selbstverständlich wieder in seiner Loge Platz und damit eine Art Gewohnheitsrecht für sich in Anspruch, das ihm schon deshalb niemand verwehren wollte, weil der Fürst aus seiner Privatschatulle weiterhin Hunderttausende von Mark in ›sein‹ Theater steckte.

Ansonsten gestaltete sich die vermögensrechtliche Abwicklung der Abdankung ziemlich schwierig, was wiederum historische Hintergründe hatte. Im Revolutionsjahre 1848 hatte ein mutiger Landtag das gesamte Domänenvermögen zum Staatseigentum erklärt, während ein weniger geschäftstüchtiger und nicht so hartnäckiger Landtag 1880 denselben Grundbesitz von rund 16000 Hektar als Privateigentum der Familie Reuß anerkannte und daraus nur jährlich 40000 Mark über eine Hypothek für den Staat abschöpfte.

Immerhin konnte die Familie Reuß zwei Drittel dieses Grundbesitzes in einem Vergleich retten: dazu die Stammschlösser, sieben Gutshöfe und etliches mehr. Als Heinrich XXVII. im November 1928 siebzigjährig starb, galt er als fünfzigfacher Millionär, den man es trotzdem hoch anrechnete, daß er im Zug späterer, erfolgreicher Fürstenprozesse nichts unternahm, um sich

auch noch den 1919 freiwillig abgetretenen Besitz wiederzuholen.
Der Reußsche Anhang hat immer wieder verlauten lassen, die fürstliche Familie habe für Versorgung und Vermögen teuer bezahlen müssen: Die älteste Tochter beispielsweise sei in den Wirren der Revolution umgekommen. Woran so viel wahr ist, daß sie nach nur zwanzigmonatiger Ehe mit Herzog Adolf Friedrich von Mecklenburg im Dezember 1918 am Kindbettfieber starb – auf einem etwas zugigen Schloß, das ihr nach der Abdankung des Vaters als Zufluchtsstätte diente.
Schlimme Geschichten wurden auch über rote Gegenrevolutionäre verbreitet, die nach dem reaktionären Kapp-Putsch – mit dem der Fürst natürlich nichts zu tun gehabt habe – die Familie unter Hausarrest gestellt und sie mit Maschinengewehren bedroht hätten. Nur der würdevollen und souveränen Art des Fürsten sei es zu verdanken gewesen, daß Schlimmeres verhütet wurde. So habe er beispielsweise einen Roten, der zum Verhör kam, entwaffnend gefragt: »Sie sind doch der alte Knauf? Wollen Sie nicht Platz nehmen?« Fürstliche Umgangsformen und herrscherliches Namensgedächtnis als entspannendes Krisenmanagement ...

Das Fürstentum Schaumburg-Lippe

Das souveräne Fürstentum Schaumburg-Lippe ist mit 46651 Einwohnern der kleinste Gliedstaat des Deutschen Reiches, flächenmäßig aber mit 340 Quadratkilometern noch größer als das Fürstentum Reuß ältere Linie und die Freien Hansestädte Lübeck und Bremen. Schaumburg-Lippe, südlich des Steinhuder Meers gelegen, hat nur zwei Städte (Bückeburg und Stadthagen) und 90 Ortschaften. Zur Landwirtschaft, die mehr produziert, als im Fürstentum verbraucht wird, kommen viel Wald mit guten Buchen- und Eichenhölzern, der Steinkohlenbergbau und bedeutende Steinbrüche, die sich auf den Straßenbau günstig auswirken.
Schaumburg-Lippe ist im Bundesrat durch einen Bundesbevollmächtigten, im Reichstag durch einen Abgeordneten vertreten. Die Konstitution geht erst auf das Jahr 1868 zurück und beschränkt die Staatsgewalt des regierenden Fürsten kaum. Der Landtag, der jährlich einmal abgehalten wird, besteht aus zwei vom Landesherrn berufenen Vertretern des Dominalgrundbesitzes, einem gewählten Vertreter der Ritterschaft, einem (reformierten) Geistlichen, einem Vertreter der Akademikerschaft, drei gewählten Vertretern der Städte und sieben gewählten Vertretern der Ämter.

Der Kleinste

Warum Fürst Adolf von Schaumburg-Lippe freiwillig abtrat

Schaumburg-Lippe war von der Bevölkerungszahl her der mit Abstand kleinste Gliedstaat des Deutschen Reiches. Bei der Volkszählung vom 1. Dezember 1910 hätte Fürst Georg die Häupter seiner Lieben notfalls allein zusammenrechnen können: Ganze 46651 Untertanen lebten auf einer Fläche von 340 Quadratkilometern. Eine Gebietsreform unserer Tage hätte dieses Staatsgebildchen nicht einmal als selbständiger Landkreis überdauert.

Dennoch waren Georg oder sein Nachfolger Adolf keineswegs die geringsten unter Deutschlands Fürsten. An Reichtum konnten sie sich leicht mit manchem Herzog und Großherzog messen. Das Palais Schaumburg zu Bonn, das Konrad Adenauer zum Bundeskanzleramt umfunktionierte, gehörte ebenso zum Familienbesitz wie umfangreiche Güter und Häuser in Mecklenburg, Bayern und Österreich: vom Schloß-, Haus- und Grundbesitz im eigenen Lande einmal ganz abgesehen.

Im Palais Schaumburg wohnte im Jahre 1911 Prinz Adolf, ein Bruder des regierenden Fürsten Georg, mit seiner Frau Viktoria (›Vicky‹), die eine Schwester Wilhelms II. war, des Deutschen Kaisers und Königs von Preußen. Über Viktoria muß hier ein bißchen geklatscht

werden: Vicky war die Tochter des Neunundneunzig-Tage-Kaisers Friedrich III. und seiner Gattin Viktoria und damit die Enkelin der gleichnamigen großen englischen Queen.
Am Berliner Hof galt Vicky als mannstolle Person, die nicht nur jedem hochadeligen Freier nachstellte, sondern auch allen feschen Offizieren schöne Augen machte – und damit den Eltern und dem Bruder entsprechenden Kummer bereitete. Bei Hohenzollerns war man deshalb heilfroh, sie 24jährig endlich unter die Haube zu bringen; obwohl es nur der nachgeborene Prinz Adolf von Schaumburg-Lippe war, der die kaiserliche Prinzessin nach Bückeburg heimholte. Nicht gerade eine große Partie!
Vicky scheint ihrem kaiserlichen Herrn Bruder öfters in den Ohren gelegen zu haben, weil ihrem Tatendrang weder die schaumburgisch-lippische Residenzstadt Bückeburg noch das verträumte Universitätsstädtchen Bonn genügten. Abwechslung verschaffte ihr und dem Herrn Gemahl schließlich die zweijährige Regentschaft im Fürstentum Lippe (Detmold). Aber statt des ersehnten ›Hochsitzes‹, wie ein Fürstenthron im flapsigen Hofjargon genannt wurde, endete die Regentschaft mit einer juristischen Niederlage; statt der Schaumburger kamen in Detmold – wie schon an anderer Stelle berichtet – die Biesterfelder ans Ruder. Und Vicky samt Adolf mußten sich wieder ins damals noch idyllische, aber langweilige Bonn zurückziehen.
Dort lebte im Jahre 1911 bei Onkel Adolf und Tante Vicky der Erbprinz Adolf, erstgeborener Sohn von Fürst Georg. Der Erbprinz diente als Oberleutnant bei den Bonner Husaren und war besonders seiner Tante sehr zugetan. Im April 1911 aber wurden Viktoria und ihr Husar getrennt. Vater Georg starb, keine 65 Jahre alt, ganz überraschend; und Jung-Adolf bestieg den

Thron mit einer feierlichen Verlautbarung, die uns einiges über den Stil verrät, der an Deutschlands Fürstenhäusern – je kleiner, desto geschwollener – gepflegt wurde:

»Höchste Proklamation, betreffend das Ableben Seiner Hochfürstlichen Durchlaucht des Fürsten Georg und den Regierungsantritt Seiner Hochfürstlichen Durchlaucht des Fürsten Adolf. Wir Adolf, von Gottes Gnaden, Regierender Fürst zu Schaumburg-Lippe, Edler Herr zu Lippe, Graf zu Schwalenberg und Sternberg etc. etc. tun hiermit kund, daß es Gott dem Allmächtigen in Seinem unerforschlichen Ratschluß gefallen hat, Unseren innigst geliebten Herrn Vater, den Durchlauchtigsten Fürsten und Herrn, Herrn Georg, Fürsten zu Schaumburg-Lippe, Edlen Herrn zu Lippe, Grafen zu Schwalenberg und Sternberg etc. etc. durch einen schnellen sanften Tod aus dieser Zeitlichkeit abzurufen.«

Adolf war 28 Jahre alt und schenkte nun seinen Landeskindern den reichen Schatz seiner Erfahrungen. Er hatte immerhin das Abitur, hatte in Genf und Bonn ein bißchen studiert, seine obligatorischen Bildungsreisen nach Paris, London, Italien und Nordafrika unternommen und hatte auch die Kriegsschule absolviert. Mit 21 Jahren hatte er diese Rundumbildung hinter sich, mit jenem durchschlagenden Erfolg und der atemberaubenden Geschwindigkeit, wie man sich das von einem angehenden Fürsten erwarten durfte.

Die dem Regierungsantritt folgenden drei Jahre bis zum Ausbruch des Krieges benutzte Fürst Adolf dazu, seine militärische Karriere voranzutreiben, wobei nicht anzunehmen ist, daß er noch zu wesentlich mehr als einigen Manöverbesuchen Zeit fand. Das hinderte ihn freilich nicht, von Kriegsbeginn an als Oberstleutnant ein Husarenregiment und später als Oberst eine Brigade zu führen. Neben dem Herzog von Sachsen-Altenburg war Adolf von Schaumburg-Lippe übrigens der einzige deutsche Bundesfürst, der es bis 1917 an der Front aushielt. Dann wurde er, ebenso wie der Altenburger, von der Obersten Heeresleitung nach Hause geschickt. Die Militärs sahen es nicht allzu gern, wenn sich regierende Fürsten aktiv betätigten. Sie störten ganz einfach, und so legte man ihnen nahe, baldigst um den Abschied einzukommen.

Im Mai 1918, wenige Monate vor der Revolution, starb Adolfs Mutter Maria-Anna, eine geborene Altenburgerin, die ihrem Mann Georg in einer langen Ehe acht Kinder geschenkt hatte. Die jüngsten waren gerade 10 und 12 Jahre alt und wurden nun vom Familienoberhaupt, dem älteren Bruder, erzogen. Von Prinz Friedrich Christian, Jahrgang 1906, haben wir eine Schilderung jener Novembertage, die auch für die Schaumburger den Verlust ihrer Krone brachten (Friedrich Christian ist übrigens der Prinz, der im Dritten Reich als Beamter im Propagandaministerium von Dr. Joseph Goebbels und als Reichsredner der NSDAP eine aufsehenerregende Karriere machen sollte, ehe er im Juli 1944 unter Hausarrest gestellt wurde).

Wie einige seiner Kollegen spürte auch Fürst Adolf im November 1918 die Unruhe, die in der Luft lag. Für verfassungsrechtliche Schritte sah er keine Notwendigkeit, aber einen Appell an seine Mitarbeiter und Beamten hielt er für angebracht; ein Appell, der sich im Ton wohltuend von anderen Verlautbarungen jener Tage unterscheidet. Und der zudem ein erstaunliches Maß an Einsicht und politischer Klugheit verrät: »Was die Zukunft bringt«, schrieb er unter dem Datum vom 8. November an seinen Staatsminister, Freiherrn von Feilitzsch, »was die allernächste Zeit bringt, weiß ich nicht, aber es erscheint mir ein Gebot der Stunde, alle Eventualitäten ins Auge zu fassen. Der preußische Landratston in seiner mehr schroffen als verbindlichen Art hat die Leute teilweise in Preußen sehr gereizt. Er ist daher heute wenig am Platze. Im Falle einer Demonstration oder ähnlichem rate ich, die Leute ruhig anzuhören und mit ihnen dementsprechend sachlich zu verhandeln. Eine direkte schroffe Ablehnung demokratischer Forderungen halte ich für nicht erwünscht. Man muß dem Geist der Neuordnung unter selbstverständlicher Wahrung des monarchischen Gedankens Rechnung tragen und alles aufbieten, die Bevölkerung zur Ruhe und Besonnenheit zu ermahnen. Auf jeden Fall muß es vermieden werden, daß sich Einwohner gegen Aufrührer zur Wehr setzen. Das wäre ganz verkehrt und gäbe Anlaß zu unnötigem Blutvergießen. Die Wut scheint sich mehr gegen die militärischen Führer zu richten, es sollen da schwere Fehler gemacht worden sein. Vor allem, daß man die Leute nicht anhörte.«

Das war eine Anspielung auf die Anfänge des Matrosenaufstandes in Kiel. In seine Vorwürfe, die Fürst Adolf in den nächsten Tagen noch weit deutlicher formulieren sollte, bezog er schließlich auch noch den Kaiser mit ein. Durch Tante Viktoria ließ er einige drastische Sätze an Wilhelm II. übermitteln, dem er vorwarf, mit seiner Abdankung die verbündeten deutschen Fürsten wieder einmal übergangen zu haben: Wenn Wilhelm schon zurücktreten wollte, dann mit weniger Theater und nach vorheriger Absprache mit den übrigen Fürsten. Gemeinsames Handeln jedenfalls wäre vernünftiger und honoriger gewesen als der ratenweise Ausverkauf der monarchischen Idee. Adolf, so berichtet sein jüngerer Bruder weiter, habe vor Wut ins Telefon gebrüllt. Das war wohl in der Nacht vom 14. zum 15. November, wenige Stunden vor dem Thronverzicht.

Dieser noch halbwegs freiwilligen Abdankung gingen

eher untypische Ereignisse voran. Am 9. November war es in der Garnison zur Bildung eines Arbeiter- und Soldatenrates gekommen, der sich aber angesichts der Haltung der einheimischen Bevölkerung weise zurückhielt und vor allem in bezug auf die künftige Staatsform keinerlei Forderungen aufstellte, die auf eine Republik abzielten. Die zum größten Teil aus landfremden Soldaten bestehenden Bückeburger Truppen zogen sich zwar von der Bewachung der Residenz zurück, wurden aber von Bürgern der Stadt, von treuen Förstern des Fürsten und von Polizisten bestens ersetzt. Solchermaßen ließen die Bückeburger deutlich erkennen, daß sie zu ihrem Fürsten und seiner Regierung standen.
Diese Haltung fand auch Ausdruck in Erklärungen des Landtags, der sich in den nächsten Tagen mehrfach mit der bestehenden Staatsgewalt solidarisierte. Sogar der Führer der schaumburg-lippischen Sozialdemokratie verwahrte sich ganz entschieden gegen alle Versuche, den Fürsten von außen mit Abdankungsforderungen zu bedrängen. So erklärte er beispielsweise den radikaleren Genossen aus Bielefeld, es sei das ausschließliche Recht des Landtags, die künftige Staatsform zu bestimmen. Im übrigen sei der Fürst Arbeitgeber auch vieler braver Sozialdemokraten, die man nicht durch voreilige Handlungen erwerbslos und damit brotlos machen wolle. »Wenn unser Fürst nur nicht abdankt«, waren sich die Landesparteien einig, »das Land jedenfalls läßt ihn nicht fallen.«
Nur »ein paar Hofschranzen«, erzählte später Prinz Friedrich Christian, »bekamen es mit der Angst zu tun. Aber unser Land blieb auch in diesen Tagen, was es immer gewesen war: eine große Familie.«
Der Fürst zeigte sich seinen Landeskindern dafür durchaus erkenntlich. Am 12. November bot er dem Landtag an, künftig auf Teile seiner Bezüge zu verzich-

ten und sie dem allgemeinen Staatshaushalt zur Verfügung zu stellen, was vom Parlament dankbar angenommen wurde. Im übrigen gab Adolf zu verstehen, daß er sich nicht in den Weg stellen würde, wenn der Landtag oder auch nur eine große politische Kraft im Lande – womit die Sozialdemokratie gemeint war – seinen Rücktritt wünsche. Nur Drohungen und Pressionen auswärtiger Revolutionäre wolle er sich keinesfalls beugen.

Vorsichtshalber freilich entwarf Adolf auch für den Fall fremder Einmischung schon eine wohlklingende Abschiedserklärung: »Ich weiche also der Gewalt und verbleibe als Privatmann inmitten der schaumburg-lippischen Bevölkerung.« Für die Abgabe dieser Erklärung ergab sich allerdings keine Veranlassung.

Am Freitag, dem 15. November, sah der Fürst selbst ein, daß seine Stellung als Monarch in einem rundum republikanischen Umfeld zusehends unmöglicher wurde. Nachdem er sein Ministerium und den Hofstaat offiziell entlassen hatte, formulierte er seine Abdankung: »Obgleich die Verhandlungen des Landtags am 12. des Monats die völlige Übereinstimmung zwischen Meiner Regierung und der Volksvertretung ergaben, lassen die politischen Ereignisse der letzten Tage erkennen, daß der im Landtage ausgesprochene Wunsch, das Fürstentum in seiner bisherigen Staatsform zu erhalten, nur unter großen Gefahren für die Ruhe und Sicherheit des Landes erfüllt werden kann. Unter diesen Umständen entsage Ich für Mich und Mein Haus dem Thron des Fürstentums, dessen Glück und Gedeihen zu mehren allezeit die schönste Aufgabe Meines Lebens war.«

Bereits in der darauffolgenden Nacht verließen der Fürst, seine Familie und seine engsten Vertrauten in vier Autos heimlich das Land und begaben sich, aus eingebildeter Furcht vor Unruhen, auf ihren mecklenburgischen Besitz, wo sie unter anderem Namen einige Zeit lebten und wohl auch mancherlei Belästigungen ausgesetzt waren, die sie sich zu Hause hätten ersparen können. In Bückeburg hatte inzwischen der Arbeiter- und Soldatenrat die Macht übernommen, ohne daß es ihm gelang, dem Land seinen Stempel aufzudrücken. Schaumburg-Lippe wirkte noch Jahre hindurch wie »ein Freistaat mit derzeit vakantem Fürstenthron«. So empfanden es jedenfalls Beobachter in den zwanziger Jahren.

Die örtliche Presse hatte den Rücktritt Adolfs mit der Versicherung kommentiert, es habe »keinen Erlaß des Fürsten« gegeben, »der Knechtschaft oder Unterdrückung des Volkes auch nur in der gelindesten Form bedeutete«. Selbst später wurde immer wieder beteuert, daß »das Geschick, das den Fürsten ereilte, nicht dem Wunsch der überwiegenden Mehrheit des Volkes entsprach«.

Prinz Friedrich Christian zog nach 1945 in amerikanischer Gefangenschaft die Bilanz des November 1918. Er warf dabei der damals herrschenden Schicht politische Unbildung vor, die sie nicht habe erkennen lassen, daß diese Revolution nur die Revolte einiger hundert von Rußland bezahlter Menschen gewesen sei. Und auch das legte sich der Prinz zurecht: »Eine wahrhafte Revolution hätte nun, da alles schon so geschehen war, dennoch von Nutzen für Volk und Reich sein können. Das Mittelalter beseitigen – gut; aber nun mußte Besseres an seine Stelle gesetzt werden. Dazu reichte freilich diese Revolte nicht im entferntesten aus.« Soweit Friedrich Christian, von dem wir wissen, welche Schlußfolgerung er aus dieser Analyse gezogen hatte: für ihn war der Nationalsozialismus dieses Bessere.

Bleibt noch der weitere Lebensweg unserer handelnden Personen nachzutragen: Fürst Adolf heiratete 1920 die geschiedene Gemahlin eines Prinzen Bentheim, eine geborene Elisabeth (Ellen) Bischoff, was ihm von seiner Familie sehr übelgenommen wurde. Ellen war übrigens eine leidenschaftliche Glücksspielerin und wurde deshalb zeitweilig unter Kuratel gestellt. Das war auch der Anlaß, weshalb der Fürst samt Frau ins bayerische Oberland ›emigrierte‹. Adolfs Schwester Elisabeth machte es dem Fürsten nach und vermählte sich ebenfalls mit einem Bürgerlichen: mit Benvenuto, dem Sohn des Dichterfürsten Gerhart Hauptmann. Für einen echten Skandal im Hause Schaumburg-Lippe sorgten freilich nicht *die* Bischoff und nicht *der* Hauptmann, sondern unsere Kaiserschwester Vicky.

Elf Jahre nach dem Tod ihres Mannes verliebte sich die lustige Witwe Viktoria – damals immerhin schon 61jährig – in einen russischen Abenteurer namens Alexander Zoubkoff, der gerade 27 Jahre alt und ebenfalls bürgerlicher Abkunft war – wenn er auch gewiß keinen typisch bürgerlichen Beruf ausübte. Sascha Zoubkoff hatte zuletzt in Paris als ›Eintänzer‹ gearbeitet. Der Exkaiser in Doorn und die Familien Hohenzollern und Schaumburg setzten alle Hebel in Bewegung, um das ungleiche Paar zu trennen. Aber Vickys Hormone waren stärker als ihr Verstand, und so marschierte sie im November 1927 mit ihrem Galan aufs Standesamt.

Die reine Liebe war es wohl von seiner Seite aus nicht. Wenige Wochen nach der Hochzeit sah man den Russen so ziemlich jeden Abend, und natürlich allein, in Berliner Nachtlokalen, wo er als Amateur das tat, was er als Profi in Paris gelernt hatte: Sascha spielte den Frauentröster. Irgendwann zettelte er dann in einer großen Bar im Bahnhofsviertel eine Schlägerei an, verprügelte einen Pagen, wurde von der Polizei gestellt und schließlich 1928 als lästiger Ausländer aus Preußen ausgewiesen. Womit Vicky – sie starb im Jahr darauf – zum Schaden

auch noch den Spott hatte: keinen Mann mehr, aber viele Nachrichten über neue Affären, in die Herr Zoubkoff verwickelt war.
Fürst Adolf und seine Frau Ellen kamen 1936 bei einem Flugzeugabsturz in Mexiko um, als ihre Maschine in den Krater eines tätigen Vulkans geschleudert wurde. Ihre Ehe war kinderlos geblieben. Um so fruchtbarer war das übrige Haus Schaumburg, so daß der beträchtliche Reichtum in der Familie blieb.

Die Schwarzburger Fürstentümer

Das souveräne Fürstentum Schwarzburg-Rudolstadt besteht aus mehreren voneinander getrennten Teilen, umfaßt insgesamt eine Fläche von 940 Quadratkilometern und zählt 100700 Einwohner. Das Land ist überwiegend gebirgig und waldreich (in der sogenannten Oberherrschaft, wo die Forstwirtschaft eine große Rolle spielt).

Landwirtschaftlich überwiegt Obst- und Gemüseanbau (in der kleineren Unterherrschaft) vor der Getreideerzeugung. Gewerblich sind Porzellan- und Glasindustrie sowie Holzverarbeitung bedeutend. Im Bergbau werden Eisen, Braunkohle und vor allem Schiefer gewonnen.

Die Verfassung des Fürstentums Schwarzburg-Rudolstadt ist monarchisch-konstitutionell und räumt dem Landtag eine weitgehende Mitbestimmung bei der Gesetzgebung und im Steuerrecht ein.

Der Landtag besteht aus 16 Abgeordneten, von denen vier aus dem Kreis der Höchstbesteuerten kommen. Die restlichen 12 Abgeordneten werden in direkter und geheimer Wahl ermittelt. Im Bundesrat und im Reichstag hat das Fürstentum Schwarzburg-Rudolstadt je einen Sitz.

Das souveräne Fürstentum Schwarzburg-Sondershausen besteht aus einem großen und zwei mittelgroßen, voneinander getrennten Gebietsteilen und drei kleinen Exklaven. Zusammen ergibt das eine Fläche von 862 Quadratkilometern und eine Bevölkerungszahl von 89900 Einwohnern. Die größere sogenannte Unterherrschaft ist landwirtschaftlich geprägt; hier wird intensiver Ackerbau betrieben, aber auch Obst und Gemüse werden produziert. Die Oberherrschaft wird von der Industrie bestimmt, wobei Glas- und Porzellanfabriken sowie Lederverarbeitung besonders gut entwickelt sind.
Das Fürstentum Schwarzburg-Sondershausen ist im Bundesrat und im Reichstag mit je einer Stimme vertreten. Die Verfassung sichert dem regierenden Fürsten einen bedeutenden Einfluß auch auf die Gesetzgebung durch die Zusammensetzung des Landtags: sechs Abgeordnete werden aus dem Kreis der Großsteuerzahler ermittelt, sechs vom übrigen Volk gewählt, und bis zu sechs Abgeordnete zusätzlich kann der Fürst ernennen.

Der Letzte

Das Ende von Fürst Günther Viktor und der Schwarzburger Dynastie

Die Revolution in den Fürstentümern Schwarzburg-Rudolstadt und Schwarzburg-Sondershausen, beide in Personalunion von Fürst Günther Viktor regiert, fand nicht einmal im Saale statt, sondern im Geheimkabinett Seiner Fürstlichen Durchlaucht. Wenn irgendwo die Umwälzung von 1918 den Namen Revolution am allerwenigsten verdient hat, dann im Schwarzburgischen, wo kein Arbeiter- oder Soldatenrat je an den Herrscher herantreten konnte, wo der Fürst höchstselbst, als im übrigen Reich alles gelaufen war, die Einführung der republikanischen Staatsform verfügte, wo der fürstliche Minister, Franz Freiherr von der Recke, auch nach Abdankung seines Landesherrn die Geschäfte voll weiterführte.

Auf den ersten Blick sieht es so aus, als hätte die Revolution in der unübersichtlichen mitteldeutschen Kleinstaaterei die Schwarzburger einfach vergessen. Und die Beiläufigkeit, mit der Günther seine Herrschaft liquidiert, verstärkt diesen Eindruck noch. Die entsprechenden Auszüge aus den Gesetzessammlungen der beiden Fürstentümer sind bezeichnend. Unter dem Datum des 22. November beginnt diese Revolution von oben mit dem Rudolstädter Gesetz Nr. XXVIII, in dem es zu-

nächst einmal nur um die Regierung und Verwaltung geht:
»Wir, Günther von Gottes Gnaden, Fürst zu Schwarzburg, Graf zu Hohnstein, Herr zu Arnstadt, Sondershausen, Leutenberg und Blankenburg, verordnen auf Antrag unseres Ministeriums unter Zustimmung des Landtages, was folgt: Artikel 1. Nach dem Verzicht des Fürsten auf die Regierung geht die gesetzgebende Gewalt im vollen Umfange auf den Landtag über. Im übrigen werden die Regierungsrechte durch das Ministerium ausgeübt . . .«
Folgt noch am gleichen Tag das Gesetz Nr. XXIX, wo es unter der gottesgnadlichen Formel heißt: »Mit dem Verzicht des Fürsten auf die Regierung des Fürstentums Schwarzburg-Rudolstadt geht das gesamte Fürstlich Schwarzburg-Rudolstädtische Hausfideikommißvermögen (Kammergut) in das Eigentum des Staatsfiskus über.« Gesetz Nr. XXX regelt die Abfindung des fürstlichen Hauses, legt Renten und Wohnrechte fest, befaßt sich mit der Jagd und der Fischerei, teilt Möbel, Tafelsilber, Geschirr und Wäsche in Privat- und Staatseigentum auf und bestimmt sogar, wer für die einzeln aufgeführten Gegenstände künftig die Hausratversicherung zu zahlen hat.
Dann schieben sich drei Gesetze in die Sammlung, die mit unserem Thema nur insofern zu tun haben, als sie die Kontinuität in dem Fürstentum dokumentieren. Es handelt sich um höchste Verordnungen über eine Stiftung, um Regelungen für Tagegelder von Beamten und um kriegsbedingte Teuerungszuschläge auf die Diäten der Abgeordneten: alles in ordentlichem Kanzlei-Juristisch formuliert. Dann erst folgt der Höchste Erlaß mit dem Betreff »Niederlegung der Regierung« für Rudolstadt unter der Nummer XXXIV am Samstag, dem 23. November 1918, ausgefertigt:

»Wir, Günther von Gottes Gnaden, Fürst zu Schwarzburg, Graf zu Hohnstein, Herr zu Arnstadt, Sondershausen, Leutenberg und Blankenburg, tun kund und zu wissen: Nachdem Seine Majestät der Deutsche Kaiser die Regierung niedergelegt hat und die meisten deutschen Bundesfürsten seinem Beispiel gefolgt sind, haben wir Uns entschlossen, die Regierung im Fürstentum Schwarzburg-Rudolstein niederzulegen und für Uns und Unser fürstliches Haus auf die Krone zu verzichten. Allen Unseren getreuen Dienern und allen Staatsbürgern danken wir für ihre langjährige Treue und Anhänglichkeit. Wir entbinden alle Beamten, Geistlichen und Volksschullehrer von dem Uns geleisteten Eide und hoffen, daß sie auch ferner alle ihnen vermöge ihres Amtes obliegenden Pflichten dem Lande gegenüber nach bestem Wissen und Gewissen erfüllen werden.

Schwarzburg, den 23. November 1918

Günther

(gegengezeichnet:) Freiherr von der Recke«

In seinem anderen Fürstentum Schwarzburg-Sondershausen läßt sich Günther noch bis Montag, den 25. November Zeit, um seinen dortigen Untertanen das gleiche Ergebnis kundzutun. Unmittelbar nach einer »Verordnung betreffs Änderung der Verordnung über Verfahren bei außergewöhnlichen Todesfällen« wird der letzte deutsche Souverän feierlich begraben: »Urkundlich unter Unserer Unterschrift und Unserem Fürstlichen Siegel«, wie es am Ende des Dokuments heißt. In Sondershausen tritt der letzte deutsche Repräsentant eines monarchischen Führersystems ab, dessen Wurzeln sich bis in die Zeit der Völkerwanderung über eineinhalb Jahrtausende zurückverfolgen lassen.

Fürst Günther, Jahrgang 1852, war 1890 in Rudolstadt und 1909 nach dem Aussterben der Linie Sondershausen

auch im zweiten schwarzburgischen Fürstentum auf den Thron gekommen. Er war ein gebildeter Mann, hatte Rechts- und Staatswissenschaft studiert, sich mit Kunstgeschichte und dabei vor allem mit Malerei beschäftigt. Soweit seine labile Gesundheit – wahrscheinlich litt er an epilepsieartigen Anfällen – es zuließ, widmete er sich der Jagd, wobei er kein Massenabschießer war wie mancher seiner Kollegen, sondern der Typ des naturverbundenen Hegers, der auf den rund 45 000 Hektar seines Besitzes in beiden Fürstentümern vorbildliche Arbeit leistete.
Seinen Untertanen zeigte sich der Fürst, der auch oft zu Kuraufenthalten außerhalb des Landes weilte, nur selten. Günther war ein introvertierter Mann, kontaktscheu und melancholisch, ganz im Gegensatz zu seinem Vorgänger und Vetter Georg, über dessen Leutseligkeit und Witz zahlreiche Anekdoten kursierten. Die Pflichten der Repräsentation ließ sich Günther gern von seiner Frau Anna-Luise, einer geborenen Prinzessin Schönburg-Waldenburg, abnehmen, die eine fröhliche, unkomplizierte Frau war. Die um 19 Jahre jüngere Fürstin bewegte sich auch nach der Revolution ganz unbefangen unter der Bevölkerung, während Günther nach 1918 in der Öffentlichkeit noch seltener gesehen wurde.
Dabei war Fürst Günther gewiß kein arroganter Herr, der sich hinter seiner hohen Stellung verschanzte. Er hielt Kontakt zu seinen ehemaligen Offizierskameraden, die ihn bei Besuchen in einem seiner Residenzschlösser manchmal arg in Verlegenheit brachten. Seinem Minister schrieb er überaus nette und natürliche Briefe, in denen er auch nicht vergaß, »herzlichste Grüße von meiner Frau an Ihre Frau Gemahlin« auszurichten, und die er nicht mit der durchaus üblichen Formel ›Ihr gewogener‹ oder ›huldvollst geneigter‹, sondern als »Ihr ganz ergebener Günther« unterzeichnete.
Geradezu rührend ist ein Brief aus dem Jahre 1917, als

dem mittlerweile 65jährigen Fürsten das Eiserne Kreuz verliehen worden war: »Das Unglück ist geschehen«, teilt er seinem Minister mit, »ich bin dazu verurteilt, für die Verdienste anderer das Eiserne Kreuz zu tragen. Es müßte nun ein Antwortschreiben entworfen werden, in dem ich mich lediglich im Namen der tapferen Landeskinder bedanke, von denen ich hoffe, daß jeder die von mir getragene Dekoration als die seinige wird auffassen dürfen.« Von manch anderem deutschen Monarchen las man ganz anderes.

Obwohl die beiden Fürstentümer Schwarzburg nur gute 1800 Quadratkilometer umfaßten und nicht einmal 200000 Einwohner zählten, war Günther ein ausgesprochen reicher Mann. Neben den zehn Residenzschlössern besaß er auf seinem umfangreichen Grundbesitz innerhalb und außerhalb der Grenzpfähle seines Landes noch zahlreiche kleinere Jagd- und Lustschlösser, Villen und Gutshöfe. Bloß einen Erben hatte er nicht, da seine Ehe nach einer Fehlgeburt kinderlos geblieben war. Der nächste Erbberechtigte war ein Prinz Sizzo, der mit vieler Mühe und einem genealogischen Trick in die Thronfolge aufgerückt war und dann ziemlich unverhohlen, aber vergeblich auf den Tod des kränklichen alten Herrn wartete.

Sizzo war der Sohn eines anderen Fürsten Günther, der von 1807 bis 1867 in Rudolstadt überaus lange regiert und als 62jähriger in zweiter Ehe eine Gräfin Helene von Reina geheiratet hatte, die ihrerseits die Frucht war aus einer Verbindung eines anhaltischen Prinzen mit einem schlichten Fräulein von Erdmannsdorff. War das Grafenattribut von Frau Helene schon ein Geschenk, so dachte sich die Familie Anhalt noch etwas Besseres aus, um Sohn Sizzo ebenbürtig und erbberechtigt zu machen.

Ein Bruder des Anhalt-Prinzen, der Helene gezeugt

hatte, adoptierte die Gräfin von Reina, um sie und ihren Sohn dadurch weiter im Rang zu erhöhen. Erst mit dieser Adoption – und weil keine anderen Erben in Sicht waren – wurde mit Hilfe der Gerichte aus dem Prinzen Sizzo von Leutenberg ein Prinz von Schwarzburg und ein Thronfolger. In der Folgezeit benahm er sich dann ziemlich schlecht und versuchte, hinter dem Rücken des zurückgezogen lebenden Günther Stimmung für sich im Lande zu machen. Als Sizzo dabei in der Wahl seiner Mittel zu weit ging, ließen Günther und seine Frau die Beziehungen zum Erben völlig einfrieren. Sizzo war in den schwarzburgischen Schlössern ›Persona non grata‹.

Ein anderes Problem waren die Sozialdemokraten, wenigstens zeitweise. Im Jahre 1912 hatten die Sozis im Landtag von Schwarzburg-Rudolstadt die absolute Mehrheit errungen, neun von sechzehn Mandaten, ein einmaliger Vorgang im Zweiten Reich. Berlin reagierte ganz aufgeregt und fürchtete schon, die Weltrevolution werde jetzt von Schwarzburg aus ihren Siegeszug antreten. Die Genossen selbst verloren im ersten Überschwang ihres Erfolges ebenfalls das Augenmaß und planten offenbar bereits, den Fürsten in seinem Rudolstädter Herrschaftsgebiet weitgehend zu enteignen.

Zur Durchsetzung dieses Zieles schalteten sie auf totale Obstruktion. Der Fürst reagierte mit Auflösung des Landtags, aber die Neuwahlen bestätigten die absolute Mehrheit der Sozialdemokraten. Als nächster Schritt wurde eine Änderung des Wahlgesetzes ins Auge gefaßt. Bevor es aber soweit kam, arrangierten sich die fürstliche Regierung und die Sozialdemokratie und fanden bald zu einer geradezu vorbildlichen Zusammenarbeit. »In der ganzen Kriegszeit«, bekannte später ein Gefolgsmann des Fürsten, gab es »keinerlei politische Schwierigkeiten. Es geht also mit den Sozis!« Minister von der Recke erklärte nach der Abdankung des Fürsten: »Meine Sozis tragen keine Schuld daran. Im Gegenteil, sie hielten die Arbeiterschaft ruhig und ließen die Soldatenräte nicht aufkommen.«

Dabei war es keineswegs so, daß es in Schwarzburg keinen sozialen Konfliktstoff gegeben hätte. Der Krieg hatte der Wirtschaft des Ländchens und seiner nicht unbedeutenden Industrie schwer geschadet. Einmal fehlten, durch die Anforderungen der Rüstungsindustrie in anderen Teilen des Reiches, den Rudolstädtern wichtige Rohstoffe. Zum anderen fielen die Auslandsmärkte aus, für die in Friedensjahren produziert worden war. Viele Landeskinder, soweit sie nicht ohnehin an der Front standen, mußten in anderen Regionen Arbeit suchen oder sich zum Schanzen verdingen.

In Schwarzburg traf die Teuerung – wie im übrigen Reich auch – besonders die Armen. Im ersten Kriegsjahr war Suppenfleisch in Rudolstadt von 60 Pfennig je Pfund auf 80 Pfennig gestiegen, im zweiten Kriegsjahr schon auf 1,80 Mark. Der Preis für Butter verdoppelte sich binnen zwei Jahren, ebenso der Preis für Reis und Nudeln. Textilien, Schuhe und Kohlen wurden im Lauf des Krieges um ein Mehrfaches teurer: insgesamt stiegen die Lebenshaltungskosten zwischen 1914 und 1918 um das Drei- bis Vierfache. Die Löhne dagegen verdoppelten sich gerade.

Ein Taglohn für acht Stunden Arbeit betrug 1914 im Schnitt 3,79 Mark, 1918 wurden für einen zehn- bis elfstündigen Arbeitstag in Schwarzburg 8,67 Mark bezahlt. Der Stundenlohn in der Rudolstädter Industrie lag etwas über 70 Pfennig, während zum Beispiel in Berlin für die gleiche Arbeit 1,20 Mark gezahlt wurde. Frauen erhielten übrigens nur die Hälfte. Und Frauen von Soldaten, die im Feld standen, bekamen eine monatliche Unterstützung von 12 Mark. Kein Wunder, daß gerade im Fürstentum Schwarzburg-Rudolstadt besonders gehungert und gefroren wurde, weil die Löhne der kleinen Leute kaum ausreichten, die knappen Rationen zu bezahlen. An zusätzliche Käufe auf den grauen und schwarzen Märkten konnten Arbeiterfamilien gar nicht denken.

Dennoch gelang es den am 10. und 11. November gegründeten Arbeiter- und Soldatenräten in beiden Fürstentümern nicht, die Bevölkerung mit revolutionären Parolen gegen den Fürsten einzunehmen. Lediglich die Verteilung der Lebensmittel überließ man den Räten. Was die künftige Staatsform betraf, so wollte sich der Landtag von außen nicht unter Druck setzen lassen.

Kein Vertreter der Arbeiter- und Soldatenräte kam auch nur in die Nähe des Fürsten. Der Übergang von der Monarchie zur Republik wurde unter Mitwirkung des Landtags vom Fürsten selbst und von seinem Minister in die Wege geleitet, wobei sich die Sozialdemokraten am 15. November noch damit zufriedengaben, daß Freiherr von der Recke entsprechende Übergangsgesetze ankündigte: Die Obrigkeit wird's schon richten . . .

So geregelt und vornehm es bei der Umgestaltung der staatsrechtlichen Verhältnisse zuging, so unschön waren später die Auseinandersetzungen um die vermögensrechtlichen Fragen. Der Fürst entdeckte bereits bald nach der Abdankung, daß die meisten seiner Kollegen in der Abfindungsfrage weit besser abgeschnitten hatten. Eine Serie von Prozessen begann, in denen Fürst Günther damit argumentierte, zu den Vergleichen im November und Dezember 1918 durch erpresserische Gewalt gezwungen worden zu sein – was ganz gewiß nicht zutraf. Er verlangte nicht gerade seine Rückkehr auf den Thron, wohl aber vermögensrechtlich seine »Wiedereinsetzung in den vorigen Stand«. Mehr als

einige Nutzungsrechte und einige größere Geldbeträge holten die Schwarzburger aber letztlich nicht heraus.
Als Fürst Günther 1925 starb, barst die Schloßglocke beim Totengeläut. Mit seiner Witwe als Erbin ging das Prozessieren weiter. Allerdings beteiligte sich jetzt auch Prinz Sizzo an den Auseinandersetzungen, indem er gleich an zwei Fronten kämpfte: einmal gegen den Staat, dann gegen Fürstin Anna-Luise, die ihren Erbschein nur der Republik verdankte, wogegen in kaiserlichen Zeiten der Prinz als einziger Mann in der Großfamilie der Alleinerbe gewesen wäre. Sizzo stritt für diese seine Auffassung nicht bloß vor Gericht, sondern setzte der Fürstenwitwe auch mit Flugblättern zu; wenigstens etwas hatte er also von den Revolutionären gelernt . . .
Über die Prozesse verschied aber im Alter von 66 Jahren auch Sizzo – nur elf Monate nach Günther. Mit Sizzos Sohn Friedrich Günther, der nach dem Zweiten Weltkrieg in recht bescheidenen Verhältnissen leben mußte, starb das Fürstengeschlecht Schwarzburg 1971 aus.

Das Fürstentum Waldeck-Pyrmont

Das Fürstentum Waldeck-Pyrmont besteht eigentlich aus zwei voneinander getrennten Fürstentümern: Das größere Waldeck mit 1055 Quadratkilometern, südwestlich Kassel gelegen, und das kleinere (Bad) Pyrmont weiter im Norden. Zusammen ergibt das eine Fläche von 1121 Quadratkilometern, auf denen 61700 Menschen leben (davon knapp 10000 im Kreise Pyrmont). Waldeck ist, vom Bergbau abgesehen (Eisen- und Kupfererze), sowohl durch die Land- und die Forstwirtschaft bestimmt, Pyrmont durch Fremdenverkehr und Bäderbetrieb.

Das Fürstentum Waldeck-Pyrmont, im Bundesrat und im Reichstag mit je einem Sitz vertreten, nimmt staatsrechtlich eine Sonderstellung im Reich ein, weil der Fürst nicht nur, wie viele seiner hohen Kollegen, die Militärhoheit an den König von Preußen abgetreten, sondern den Hohenzollern auch die innere Verwaltung seines Landes überlassen hat.

Preußen ernennt bis zum höchsten Beamten hinauf, bis zum Landesdirektor, alle Staatsbediensteten in Waldeck-Pyrmont. Der Fürst beschränkt sich aufs Repräsentieren in seiner Residenz Arolsen. Ihm obliegt auch die Kirchenaufsicht, und er wirkt an der Landesgesetzge-

bung mit, die er mit einem Landtag aus 15 Abgeordneten besorgt. Diese werden in indirekter, aber allgemeiner und freier Wahl bestimmt. Wählbar ist jeder männliche Staatsangehörige, der das 30. Lebensjahr vollendet hat.

Von Preußens Gnaden

Absetzung und ›freiwilliger Rücktritt‹ des Fürsten Friedrich von Waldeck und Pyrmont

Von einem der seit 1712 zu Waldeck und Pyrmont regierenden Fürsten ist ein Wort überliefert, das er auf dem Sterbelager sprach: »Mein Sohn, es ist zwar nur ein Völkchen, welches Du zu regieren bekömmst. Aber erinnere Dich, daß Du davor ebenso sorgen und ebenso Rechenschaft geben mußt, als wenn Du ein Kaiserreich beherrschtest.« Das Völkchen, über das Friedrich, der letzte regierende Fürst zu Waldeck und Pyrmont, herrschte, zählte zuletzt 61 700 Seelen, die sich auf dem flächenmäßig zweitgrößten Fürstentum des Zweiten Reiches verloren; dünner besiedelt waren nur noch die beiden mecklenburgischen Großherzogtümer.

Genaugenommen konnte von Regieren und Herrschen schon seit 1866 – seit dem deutschen Bruderkrieg – nicht mehr die Rede sein. Dem Marschton, den die neue deutsche Vormacht Preußen angab, vermochte man in Waldeck-Pyrmont finanziell nicht mehr zu folgen. Deshalb machten sich Fürst, Regierung und Landtag ernsthafte Gedanken darüber, ob man vielleicht die Souveränität aufgeben sollte, um im Königreich Preußen aufzugehen. Das paßte freilich König Wilhelm I. und seinem Staatsmann Bismarck gar nicht ins Konzept. Preußen schluckte zwar gern das ganze Königreich

Hannover, aber den kleinen Bissen Waldeck-Pyrmont verschmähte es, um vor aller Welt kundzutun, daß der Norddeutsche Bund – und später das Reich – ein Zusammenschluß freier und gleichberechtigter Staaten sei und das Legitimitätsprinzip die Souveränität auch der kleinen Fürsten garantiere.

So blieb denn Fürst Friedrich der Herrscher, regiert aber wurde sein Völkchen vom König von Preußen. Die gesamte innere Verwaltung wurde an das Königreich Preußen abgetreten. Der Fürst behielt sich nur noch die Vertretung nach außen, das Begnadigungsrecht und die Kirchenaufsicht vor. Er hatte bestenfalls die Möglichkeit, unter drei aus Berlin vorgeschlagenen Kandidaten zu wählen. Die Gesetze in Waldeck-Pyrmont wurden vom König von Preußen mit Zustimmung des Fürsten und seines Landtags erlassen. In Justiz- und Verwaltungssachen bedurfte es nicht einmal dieser Zustimmung.

Die fürstliche Familie in ihrer kleinen Residenzstadt Arolsen (2800 Einwohner) fuhr mit dieser Regelung gut. Ihre Hofhaltung finanzierte sie aus den Erträgen der Domänen; für den Staatshaushalt, der ein Zuschußbetrieb war, mußte Preußen aufkommen – für das Militär sowieso. Friedrich zahlte nur jährlich 3500 Mark aus seiner Privatschatulle zugunsten der Militärmusik, die dafür zu des Fürsten Geburtstag den ›Großen Zapfenstreich‹ zu blasen hatte, das ›Große Wecken‹ und das Standkonzert bei der Parade.

Umgekehrt stiftete der Fürst, wenn Kaisers Geburtstag anstand, den Unteroffizieren und Mannschaften der Garnison schon einmal ein paar Fässer Freibier und lud die Offiziere in der Messe zum Abendessen ein. Dafür setzte er wiederum durch, daß alle volljährigen Mitglieder seines Hauses vom preußischen Militär gegrüßt werden mußten. Die Offiziere entledigten sich dieser Aufgabe mit einer leichten Verbeugung und einem An-